Liebe Leserin, lieber Leser

Bereits zu seinen Lebzeiten war Leonardo da Vinci in seiner Heimat ein gefeierter Künstler. „Durch die herrlichen Werke dieses göttlichen Meisters war sein Ruhm so gewachsen", notierte Giorgio Vasari, einer seiner ersten Biografen, „dass jeder, der an der Kunst Freude hatte, ja ganz Florenz Verlangen trug, dass er daselbst irgend etwas zu seinem Gedenken hinterlassen möchte."

Und nicht nur die Florentiner warben um Leonardos Dienste: Italiens Fürsten lockten ihn an ihre Höfe, der Bruder des Papstes ließ ihn als Gast in einer vatikanischen Villa wohnen, und Frankreichs König bereitete ihm einen Altersruhesitz in einem Schlösschen an der Loire.

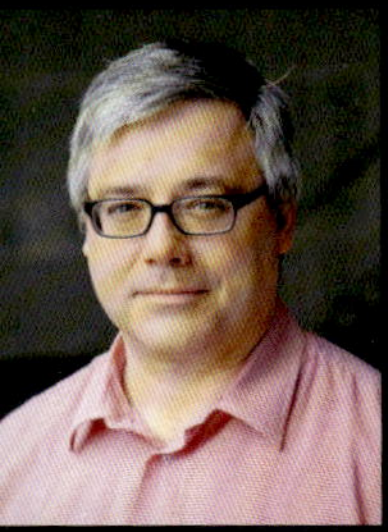

Dr. Frank Otto hat die Ausgabe redaktionell betreut

Heute allerdings, 500 Jahre nach seinem Tod am 2. Mai 1519, hat Leonardos Nimbus den eines verehrten Malers noch weit übertroffen: Man nennt ihn nun Universalgenie, Gigant der Renaissance, Erfinder der modernen Naturwissenschaften, preist ihn als ersten Mensch der Neuzeit, gar als Zeichner der Zukunft, der in seinen technischen Skizzen Flugmaschinen, künstliche Organe sowie Roboter und sogar Computer vorausgeahnt hat.

Vor allem aber hat die internationale Kunstszene den Maler der „Mona Lisa" – des berühmtesten Werkes der Geschichte – zum Superstar erkoren. Seit Kurzem gilt er nun auch als Schöpfer des teuersten Gemäldes aller Zeiten: Das Christusbild „Salvator Mundi" wurde 2017 für 450 Millionen Dollar versteigert und soll demnächst in einem Museum in Abu Dhabi gezeigt werden (wobei es höchst fraglich ist, ob der „Weltenretter" wirklich von der Hand des Meisters stammt; mehr darüber lesen Sie weiter hinten im Heft).

Überall und ständig sind Leonardos Bilder zu sehen, prangen wie der Engel links aus der um 1473 entstandenen „Verkündigung" auf Werbeplakaten, Postern, Kalendern, Kaffeetassen. Millionen Fans besuchen die Ausstellungen seiner Werke, stehen tage- und nächtelang an für ein Ticket.

Längst ist der Mann aus Vinci zu einem weltweiten Kulturphänomen geworden. Um für diese Ausgabe den wahren Menschen und Künstler hinter dem Mythos zu ergründen, haben wir uns außerordentlich kompetente Hilfe geholt: Dr. Kia Vahland, Kunsthistorikerin und Leonardo-Kennerin, hat die Redaktion beraten und die meisten Texte in diesem Heft verfasst. Die Autorin und ihre jüngst erschienene Biografie des Malers stellen wir auf Seite 128 ausführlich vor.

Trotz aller Übertreibungen seiner Bewunderer: Leonardo da Vinci war tatsächlich ein *uomo universale*, ein umfassend gebildeter Renaissancemensch mit zahlreichen Talenten und Interessen – als Künstler, aber eben auch als Forscher. So sezierte er mehr als 30 Leichen und fertigte anatomische Zeichnungen an, die präziser waren als alle zuvor; er studierte den Vogelflug und die Strömungen des Wassers; plante Hafen- und Befestigungsanlagen; inszenierte Feste und skizzierte Bühnenbilder.

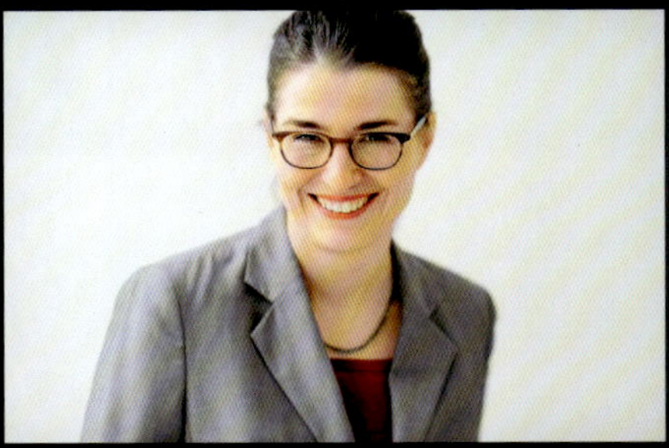

Die Kunsthistorikerin Dr. Kia Vahland hat eine Leonardo-Biografie geschrieben – und auch die meisten Texte in diesem Heft

Welch eine Fülle von Leben und Werk! Und eine besondere Herausforderung. Wir haben deshalb unsere Rekonstruktion seiner Biografie in drei Kapitel unterteilt: Im ersten erzählen wir das Leben des 1452 in der Toskana geborenen unehelichen Sohnes einer Magd und eines Notars. Der zweite Abschnitt widmet sich dem malerischen Œuvre, der dritte dem Zeichner und Forscher Leonardo. Weitere Artikel berichten über das Florenz der Renaissance, wo seine Karriere begann, über das Schaffen seiner Zeitgenossen und schließlich über die gewaltige Bedeutung, die Leonardo noch heute hat.

Das Leben und Werk eines einzigartigen Künstlers, ein halbes Jahrtausend nach seinem Tod.

Herzlich Ihr

Michael Schaper

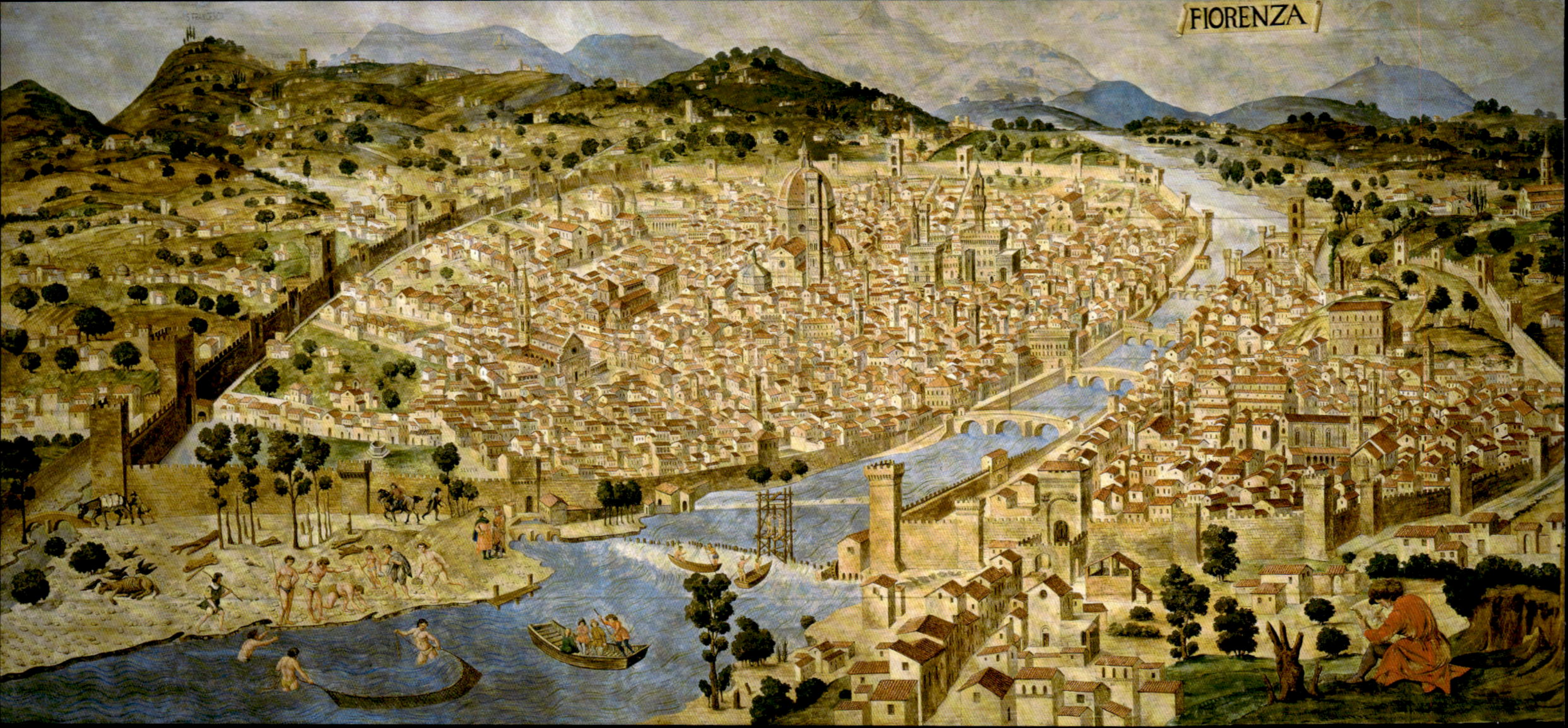

KUNSTMETROPOLE FLORENZ

Befeuert von den Aufträgen rivalisierender Kaufmannsfamilien, machen Künstler die Stadt am Arno zum kreativen Mittelpunkt des 15. Jahrhunderts. **Seite 22**

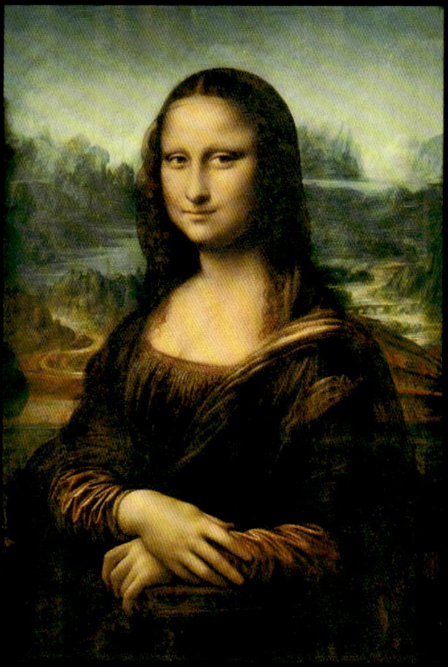

SEINE GEMÄLDE

Nur etwa 15 Bilder des Universalgenies sind erhalten – doch unter ihnen sind einige der bedeutendsten Werke der Kunstgeschichte. **Seite 38**

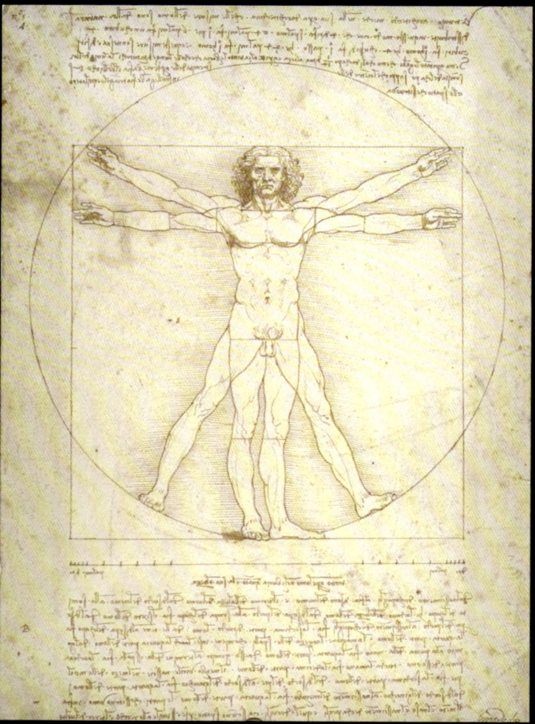

SEINE ZEICHNUNGEN

Alles will der Mann aus Vinci wissen, alles verstehen. Doch vor allem fasziniert ihn eines: das Wesen des Menschen. **Seite 88**

DIE GENIES DER RENAISSANCE

Neben Leonardo schaffen Maler wie Sandro Botticelli (hier dessen »Geburt der Venus«) sowie Raffael, Tizian und Michelangelo eine neue, nie gesehene Bildersprache. **Seite 70**

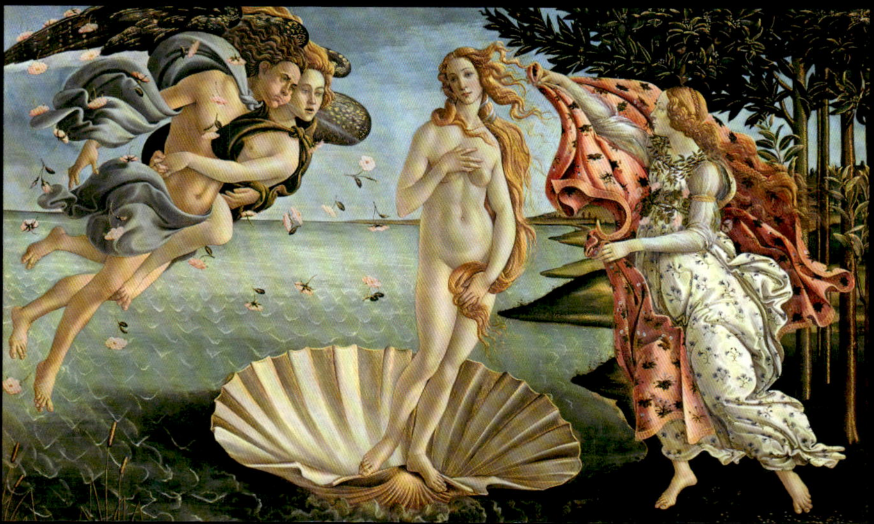

SEIN LEBEN

Aus einfachen Verhältnissen steigt der uneheliche Sohn einer Magd auf zum bewunderten Maler, Architekten und Naturforscher.

Seite 6

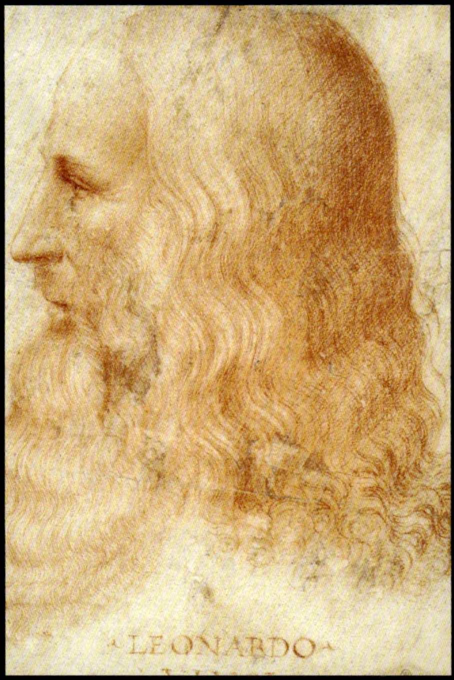

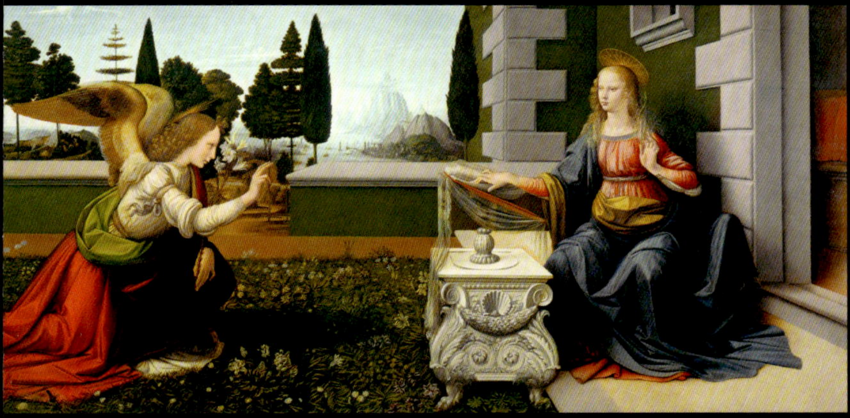

DREI MEISTERWERKE

In Gemälden wie der »Verkündigung« (oben), der »Madonna mit der Nelke« und der »Belle Ferronière« offenbart sich das einzigartige Können des Jahrtausendkünstlers. **Seite 56, 60, 64**

Alle Fakten und Daten in dieser Ausgabe sind vom GEO*EPOCHE* EDITION-Verifikationsteam auf ihre Richtigkeit überprüft worden. **Zitate** sind der neuen Rechtschreibung angepasst. Kürzungen in Zitaten sind nicht kenntlich gemacht. **Redaktionsschluss:** 25. März 2019

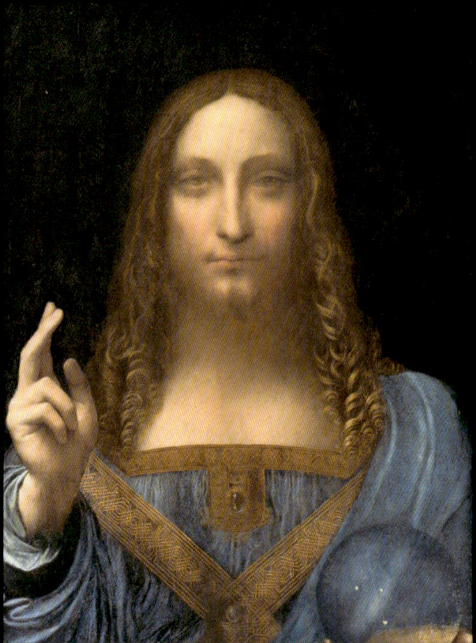

SEIN NACHRUHM

500 Jahre nach seinem Tod ist Leonardo der berühmteste Künstler der Geschichte. Und groß die Aufregung, wenn ein angebliches Original von seiner Hand auftaucht – so wie 2011 der »Salvator Mundi«.

Seite 122

AUFSTIEG eines AUSSENSEITERS

Wohl keine Epoche bringt derart viele bedeutende Künstler hervor wie die italienische Renaissance. Der berühmteste unter den gefeierten Virtuosen am Übergang vom Mittelalter zur Moderne ist das Universalgenie Leonardo da Vinci: Maler, Zeichner, Ingenieur, Naturforscher – und Günstling der Mächtigen seiner Zeit

TEXT: KIA VAHLAND

Wahrscheinlich nur ein einziges Porträt zeigt verlässlich die Züge Leonardo da Vincis, der schon für seine Zeitgenossen ein Rätsel war: Es ist diese Zeichnung, die sein Schüler Francesco Melzi um 1518 fertigt – kurz vor dem Tod des Meisters

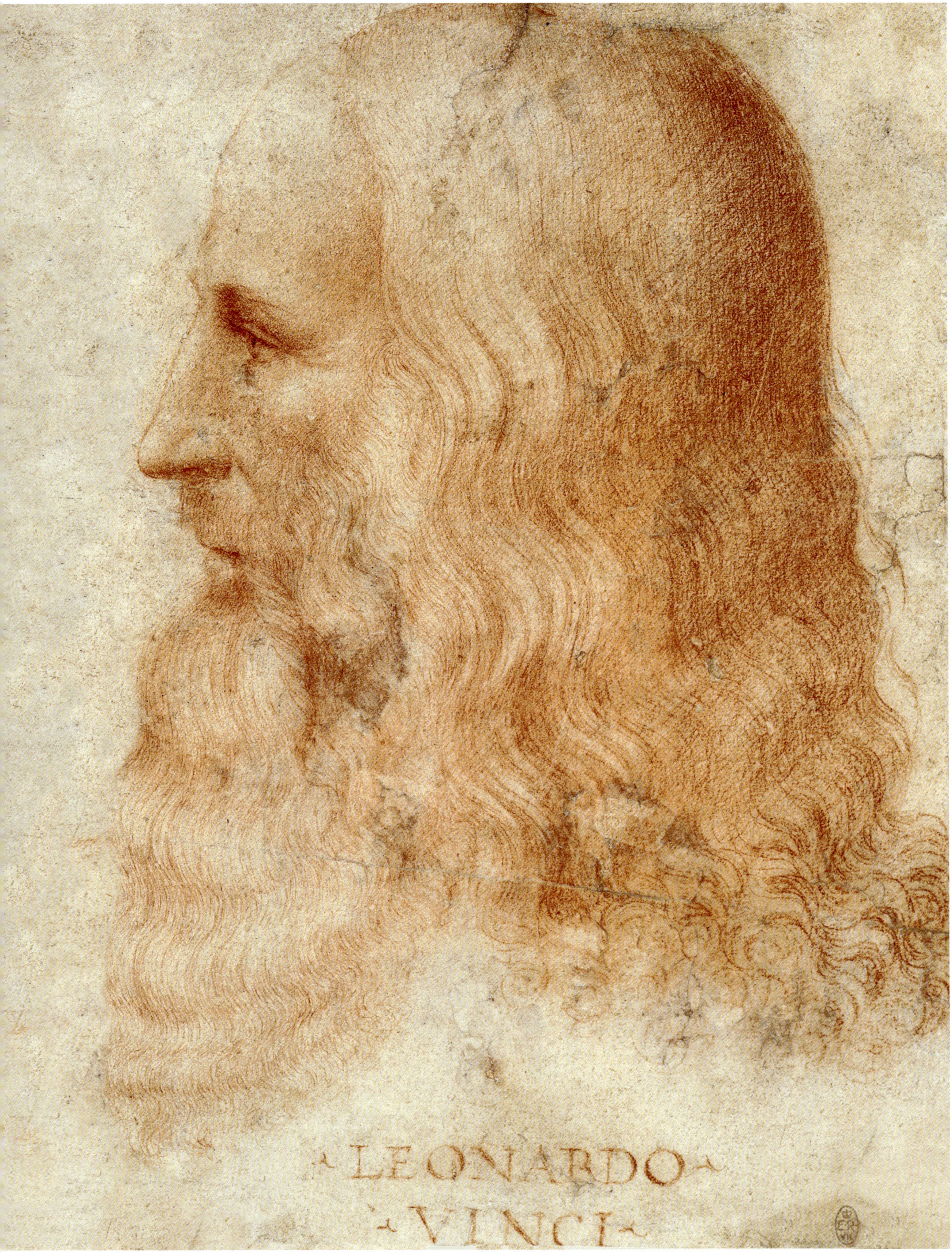
LEONARDO
VINCI

Das Taufbecken ist nicht besonders kunstvoll gearbeitet. In der Pfarrkirche Santa Croce im toskanischen Vinci werden einfache Leute vom Land im Leben empfangen und aus dem Leben geleitet. Doch an diesem ersten Sonntag nach Ostern des Jahres 1452, dem 16. April, drängt sich eine gut gekleidete Gesellschaft um die grob behauene Steinschale vor dem Altar der Kirche. Fünf Männer und fünf Frauen aus den besser gestellten Familien des Ortes haben sich hier eingefunden, um die Patenschaft für ein Neugeborenes zu übernehmen.

Der Gemeindepfarrer tauft den am Vorabend geborenen Knaben auf den Namen Leonardo. Der Priester ist ein Nachbar des 80-jährigen Antonio, dem Großvater des Kindes. Dessen Familie besitzt ein ausgedehntes Gut vor den Mauern der Stadt.

Sie ist so angesehen, dass niemand sich an ihrem Nachnamen stört: Der Clan nennt sich, als könne er für das ganze Dorf sprechen, da Vinci, aus Vinci stammend.

Antonio da Vinci ist ein besonnener Herr, der gern Halma spielt und mit seiner Frau Lucia als Privatier alle Familienangelegenheiten regelt. Er notiert die Taufe von Leonardo da Vinci in dem Buch, in dem er auch schon die Geburten und Taufen seiner eigenen Kinder verzeichnet hat, und er tut dies im Duktus stolzer Nüchternheit.

Offensichtlich hat Antonio schon lange zuvor entschieden, was aus dem Neuankömmling werden soll: Er soll im Haus der Großeltern aufwachsen. Das ist nicht selbstverständlich, der Junge könnte auch ins Kinderheim kommen. Denn auf dem kleinen Leonardo lastet ein Makel.

Seine Mutter Caterina ist eine jugendliche Waise aus der Umgebung, ein verzweifeltes Mädchen aus einfachen Verhältnissen, das nicht weiß, wie es sich und einen jüngeren Bruder durchbringen soll. Caterina hat sich auf ein Abenteuer mit Antonios Sohn Piero eingelassen, einem Mittzwanziger, der im nahe gelegenen Florenz als Notar arbeitet. Sein Beruf hat ihm früh zu dem Ehrentitel „Ser Piero" verholfen.

Eine Heirat kommt nicht infrage, zu eklatant ist aus Sicht der da Vinci der Standesunterschied. Für Ser Piero ist eine bessere Partie vorgesehen, außerdem hat er längst das Interesse an seiner Liebschaft verloren.

Es ist wohl Antonio, der dafür sorgt, dass Caterina eine schmale Mitgift erhält und bald darauf einen Kalkbrenner heiraten wird, mit dem sie weitere Kinder bekommt.

Wann genau der kleine Leonardo von seiner Mutter getrennt wird, ist nicht überliefert. Vielleicht darf Caterina ihn noch stillen. Normalerweise werden Söhne aus gutem Haus von ärmeren Ammen versorgt, die für den Lohn oft ihre eigenen Säuglinge vernachlässigen.

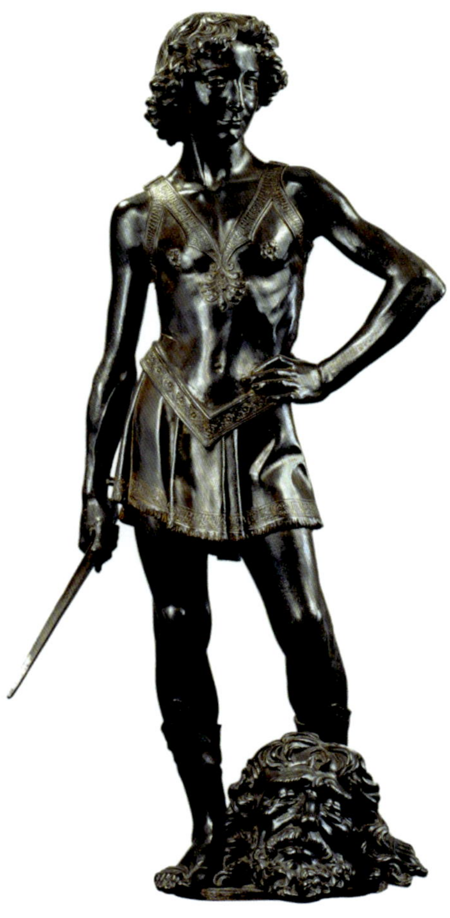

Um 1470 wird Leonardo Lehrling in der Werkstatt des Florentiner Malers und Bildhauers Andrea del Verrocchio. Der Meister ist beeindruckt von dem begabten Jungen: Dieser Bronzestatue des alttestamentarischen David gibt er wohl die Gesichtszüge seines Eleven

Der unehelich geborene Knabe aber hat ja schon eine potenzielle Amme als Mutter: Gesichert ist, dass die Familie da Vinci und Caterina noch über Jahrzehnte hin einen losen Kontakt pflegen werden.

Spätestens als Fünfjähriger wohnt der Junge, wie Steuerakten belegen, bei seinen Großeltern väterlicherseits. Womöglich genießt er dort besondere Freiheiten. Auf ihm lasten weniger Erwartungen als auf ehelichen Erstgeborenen, er darf in der Gegend herumstromern, Vögel beobachten, den Wolken nachschauen.

Seinen Vater Piero sieht er wohl nur selten, sein Onkel Francesco aber, der nebenan wohnt, kümmert sich um den vitalen Jungen. Diese besondere Familienkonstellation wird Leonardos ganzes Leben bestimmen: Er ist Teil der höheren Gesellschaft – und gehört zugleich doch nicht wirklich dazu. Er bleibt ein Außenseiter, aber einer mit Innenansichten. Und er weiß, dass er nur auf sich selbst zählen kann, nicht auf ererbte Privilegien.

So wird Leonardo zum selbstbewussten Beobachter, zu einer Persönlichkeit, deren künstlerische Existenz sich aus der eigenen Erfahrung, seinem Denk- und Einfühlungsvermögen sowie seiner enormen Schaffenskraft speist. Derart viel Freiheit und Selbstbesinnung wären einem traditionell erzogenen Mann, der aufgrund seiner Herkunft vor allem eine repräsentative Rolle in Familie, Beruf und Gesellschaft auszufüllen hat, nicht so einfach möglich.

Leonardos Vater Ser Piero ist so ein traditioneller Mann. Mit einer Ehefrau von Stand viele, möglichst männliche Nachkommen zu zeugen, Karriere und Geld in Florenz zu machen, das Ansehen der Sippe zu mehren: Das bedeutet ihm alles. Bald gründet Ser Piero eine standesgemäße Familie (und dann weitere, denn mehrere seiner Gattinnen sterben im Kindsbett).

Leonardo ist nun nur noch Sohn zweiter Wahl, er wird später nichts erben, und er darf keine höhere Schule besuchen: Diese Investition lohnt sich für den Vater nicht, schließlich bliebe dem illegitimen Sohn eine Laufbahn als Notar ja ohnehin verwehrt.

Also soll der Junge nach dem Besuch einer einfachen Schule, auf der er das Schreiben, Lesen und Rechnen gelernt hat, aber kein Latein, eine handwerkliche Lehre machen. Er zeichnet viel und gern.

Ser Piero lässt seine Kontakte spielen und bringt Leonardo Ende der 1460er Jahre in der Werkstatt des Malers und Bildhauers Andrea del Verrocchio unter, einem der besten Künstler von Florenz. Wohl angetan von den selbstständig entstandenen Zeichnungen des Knaben, sagt Verrocchio zu.

Der Umzug in den Trubel der engen Metropole muss für Leonardo eine Herausforderung sein. Sein Biograf, der Kunstschriftsteller Giorgio Vasari, schreibt später, er habe eines Tages auf dem Markt Vögel gekauft, nur um sie freizulassen.

Irgendwann, vielleicht schon jetzt, wird Leonardo Vegetarier und bleibt dies bis an sein Lebensende. Zeitgenossen notieren später befremdet, dass der Künstler nichts essen mag, „was Blut in sich hat".

Und der Neuankömmling wundert sich seinerseits über die blassen Städter, die immer nur in Innenräumen hocken. Er versteht nicht, schreibt er in seinen Notizen, weshalb die Leute nicht lieber auf langen Wanderungen durch Berg und Tal „die natürliche Schönheit der Welt" genießen.

Eingesperrt zu sein gehört zu den Dingen, die Leonardo am meisten fürchtet. Doch genau das droht ihm, als er zum jungen Mann heranreift und es mit den Behörden zu tun bekommt. Er ist nun ein schöner Jüngling mit langen, gepflegten Locken und trägt modische rosafarbene Umhänge, die die schlanken Beine in den engen Hosen betonen. Seine Hände reibt er mit Rosenwasser ein, um besser zu riechen als die Stadt.

Extravagant ist sein Auftritt – aber nicht ungewöhnlich. In der Stadt regiert gerade ein Generationsgenosse Leonardos, ein Mann, der viel Wert auf Eleganz legt und die Florentiner anregt, es ihm nachzutun: Lorenzo de' Medici, Sohn einer Bankiersfamilie, die nun schon in der dritten Generation zwar nicht offiziell, aber faktisch die Geschicke der Republik Florenz bestimmt.

Über Jahre haben die Medici die wichtigen Familien der Stadt durch Gefälligkeiten und Geschenke von sich abhängig gemacht, sie haben die Wahlverfahren für die Stadtregierung manipuliert und inszenieren sich in großen Festen und Turnieren auf der Piazza Santa Croce nahe dem Arno als die charismatischen Heilsbringer der Stadt.

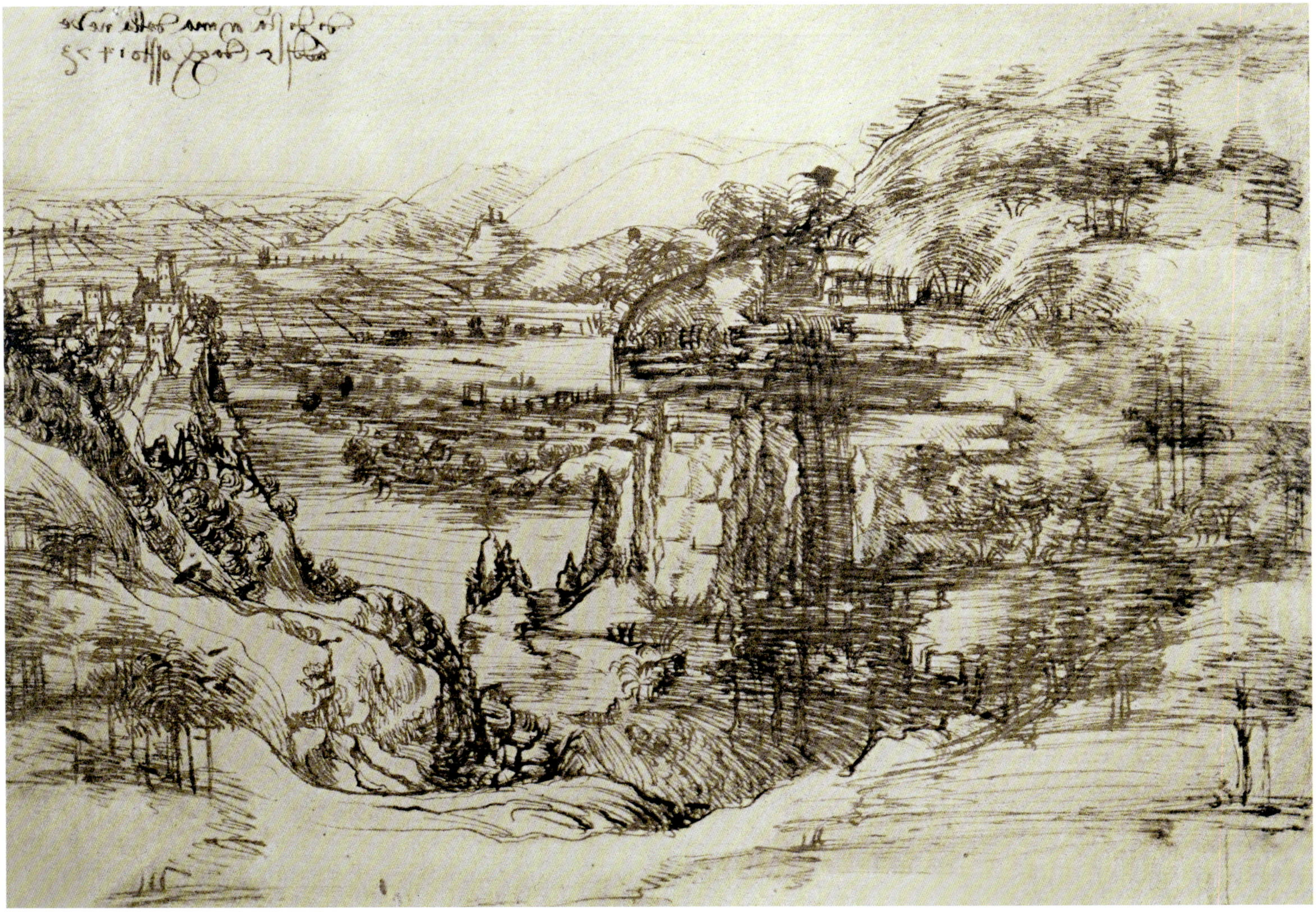

Diese »LANDSCHAFT MIT FLUSS« ist Leonardos erstes sicher datierbares Werk. Am 5. August 1473 vollendet er die Federzeichnung, die eine der frühesten reinen Landschaftsdarstellungen der abendländischen Kunst ist – und damit ein neues Sujet begründet

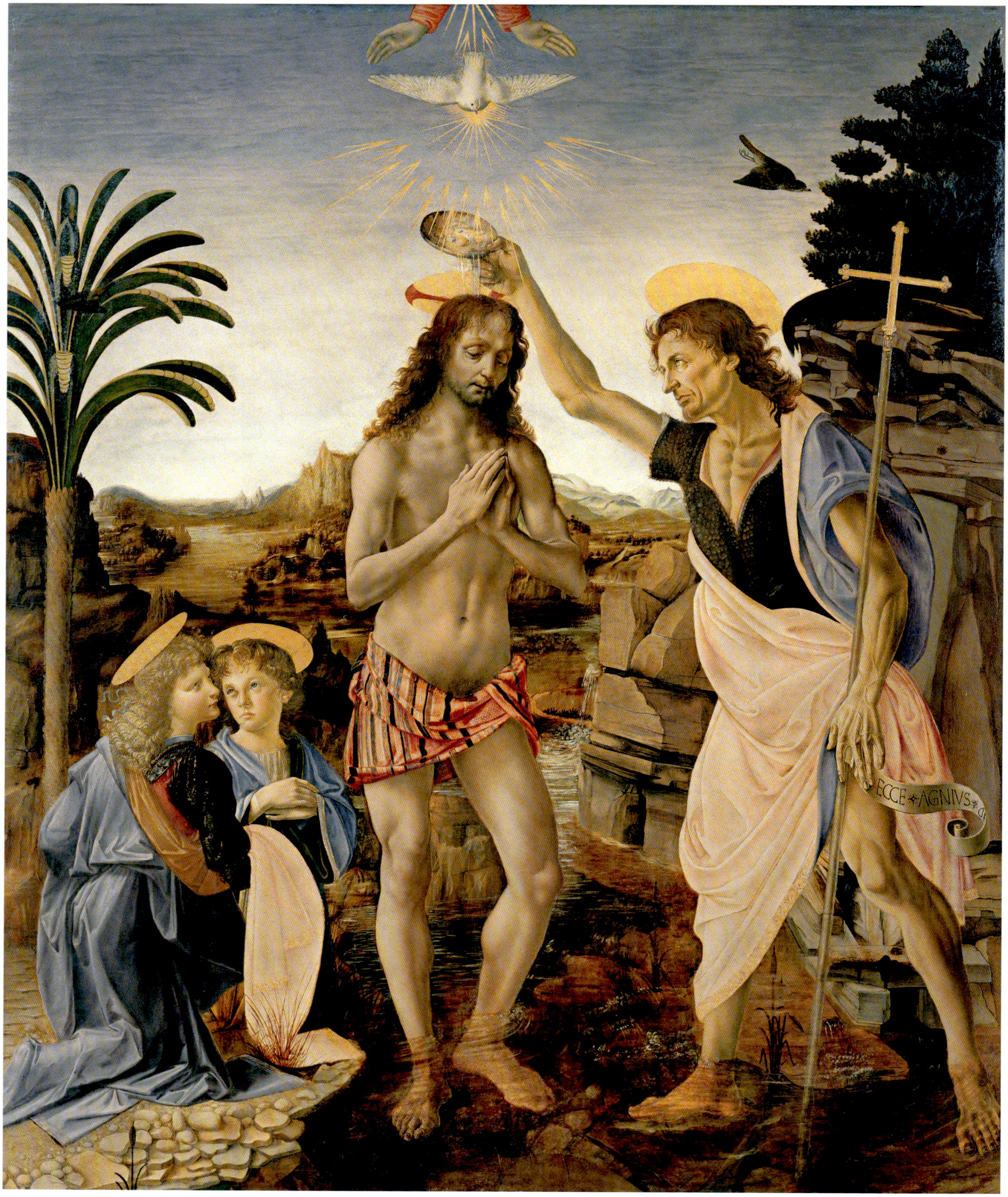

Oft entstehen die Gemälde der Renaissancemaler als Gemeinschaftswerke des Meisters mit seinen Gesellen und Lehrlingen. So ist an Andrea del Verrocchios um 1475 vollendeter »Taufe Christi« auch Leonardo da Vinci beteiligt: Er malt unter anderem den linken der beiden Engel

Lorenzo spielt mit seiner Verführungskraft, in aller Öffentlichkeit verehrt er eine junge Frau, die mit einem anderen verheiratet ist. Und er zeigt sich den Florentinern als dynamischer, jungenhafter Hoffnungsträger, der Männer wie Frauen gleichermaßen zu beeindrucken versteht.

Am Hofe Lorenzos wirken Humanisten und Literaten, von denen einige die *amore masculino* beschwören, die Liebe unter Männern. In Florenz pflegen etliche Männer aus allen Gesellschaftsschichten, bevor sie mit Mitte oder Ende zwanzig heiraten, sexuelle Kontakte zu Jünglingen.

Erlaubt ist das nicht, die ausgelebte Männerliebe wird, wenn sie aktenkundig wird, als Sodomie verfolgt. Darunter verstehen die Zeitgenossen alle sexuellen Praktiken, die nicht zur Zeugung führen; vor allem aber sind von dem Verbot Männer und Jungen betroffen, die einander lieben.

Lorenzo de' Medici verstärkt unter seiner Herrschaft die Strafmaßnahmen noch. Überall in der Stadt hängen Briefkästen, in die jedermann anonyme Anklagen werfen kann, die dann von den „Beamten der Nacht" überprüft werden.

AM 9. APRIL 1476, kurz vor Leonardos 24. Geburtstag, finden die Beamten in einem Kasten im Viertel Santa Croce einen nicht unterzeichneten Brief. Darin steht, der 17-jährige Goldschmiedelehrling Jacopo Saltarelli, der sich gern schwarz kleide, erfülle Männern unsittliche Wünsche. Dutzenden Personen sei er schon zu Diensten gewesen. Unter ihnen: „Lionardi di Ser Piero da Vinci, wohnhaft bei Verrocchio".

Der Künstler hat inzwischen ausgelernt, aber weil er sich mit seinem Meister versteht und alleine nicht genügend Aufträge bekäme, lebt und arbeitet er weiter in der gut ausgebuchten Werkstatt Verrocchios.

Nun steht Leonardo unter Anklage. Möglicherweise, das ist nicht überliefert, verbringt er beim Verhör eine Nacht in der Arrestzelle. Zwei Monate lang muss er bangen, der Stadt verwiesen zu werden, ins Gefängnis zu kommen oder zu einer hohen Geldstrafe verurteilt zu werden, für die er seinen Vater anbetteln müsste.

Sollte Saltarelli die Vorwürfe gegen den Künstler bestätigen oder sollten sich andere Zeugen finden, dann wäre Leonardos Laufbahn vorbei, noch ehe sie richtig begonnen hat. Doch er hat Glück. Der anonyme Autor hat in seinem Brief auch ein Mitglied des einflussreichen Tornabuoni-Clans beschuldigt, mit Saltarelli geschlafen zu haben.

Die Mutter Lorenzo de' Medicis ist eine Tornabuoni, vermutlich sorgt sie (oder jemand anderes aus ihrer Familie) dafür, dass die Anklage eingestellt wird.

Und Leonardo? Der denkt gar nicht daran, fortan jüngere Männer zu meiden und sein Verlangen zu unterdrücken. Etwas später, er bildet nun schon selbst Lehrlinge aus, wird einer seiner Schüler der Stadt verwiesen und muss nach Bologna ziehen, weil er sich nicht an die Sittenregeln gehalten hat. Noch später wird Leonardo so berühmt sein, dass er leben kann, wie es ihm gefällt. Im Gegensatz zu anderen Florentinern, die Affären mit Jungen haben, heiratet er nie, sondern bleibt der Männerliebe treu.

> Sein Mitgefühl gilt allen LEBEWESEN – auch Tieren und Pflanzen

Der Künstlerhaushalt, den er bis zu seinem Tod führen wird, ist eine Männergemeinschaft mit Schülern, Liebhabern, Gesellen. Die Freiheit nimmt sich Leonardo, und sie tut ihm und seiner Kunst gut. So ist sein Verhältnis zum anderen Geschlecht entspannter und freundschaftlicher als das vieler anderer Männer seiner Zeit, für die Frauen vor allem Jungfrauen oder Mütter, Heilige oder Huren verkörpern.

Doch Leonardos Außenseiterposition führt auch dazu, dass sein Talent nicht sofort in vollem Umfang gewürdigt wird. In Florenz, einer Stadt mit vielen Ateliers, tut der Maler sich schwer. Als er sich endlich selbstständig macht – wann genau, ist nicht überliefert –, hat er Mühe, über die Runden zu kommen. Er zeichnet viel und malt einige ungewöhnlich lebensnahe Stücke, vor allem Madonnen, eine auch für die Medici-Familie (siehe Seite 56).

Doch für repräsentative Aufträge zieht Lorenzo de' Medici andere Künstler vor wie etwa Sandro Botticelli, der in sanftem, klar konturiertem Stil eingängige Mythologien und Porträts malt.

Leonardo steht dagegen im Ruf, sehr langsam zu arbeiten, weil er viel nachdenkt und mit Maltechniken experimentiert. Er ist gezwungen, Knebelverträgen zuzustimmen, um überhaupt an Geld zu kommen.

Für ein Kloster vor den Stadttoren darf er ein Altarbild malen, muss aber, ehe er bezahlt wird, alle Kosten selbst übernehmen. Und auch diesen Auftrag hat er wohl nur bekommen, weil Ser Piero, der die Mönche als Notar berät, sich für ihn eingesetzt hat.

Das alles passt Leonardo offenbar nicht mehr. Das mangelnde Verständnis in der Kaufmannsstadt ist nichts für einen Forschergeist wie ihn, der vielleicht nicht immer zielorientiert ist, dafür aber Neues zu denken, zu malen und zu erfinden vermag, wenn man ihn denn lässt. Und es stört ihn auch die Abhängigkeit vom Vater, der im Zweifel doch die anderen Kinder vorzieht.

Wie zumeist in seinem Leben, muss sich Leonardo selbst helfen. Er bestellt im Kloster eine Kiste Rotwein; das belegt eine Rechnung. Und schmiedet Zukunftspläne.

Vermutlich hat er gehört, wie gut es einigen Kollegen inzwischen als Hofkünstler geht. Sie erhalten ein Salär, kümmern sich um die Innenausstattung von Palästen, konversieren, malen dies und das und können ansonsten tun, was ihnen so alles einfällt.

Leonardo ist, wie Zeitgenossen berichten, ein amüsanter Unterhalter, der immer einen klugen Scherz auf den Lippen hat und zudem Laute spielt.

Und er ist technisch interessiert, begeistert sich für Brücken, Maschinen, Hebevorrichtungen. Welcher Herrscher braucht ein solches Universaltalent?

Seine Wahl fällt auf Ludovico Sforza, der – wohl wegen seines dunklen Teints – *il moro* genannt wird, „der Mohr". Die Sforza waren erfolgreiche Söldnerführer; nun herrscht die Condottieri-Sippe schon seit drei Jahrzehnten über Mailand. Und Lu-

Im DIENST fürstlicher Herren

Mächtige Herrscher – von den Medici bis zum König von Frankreich – buhlen um Leonardos Zeit, seinen Rat, ein von ihm gefertigtes Kunstwerk

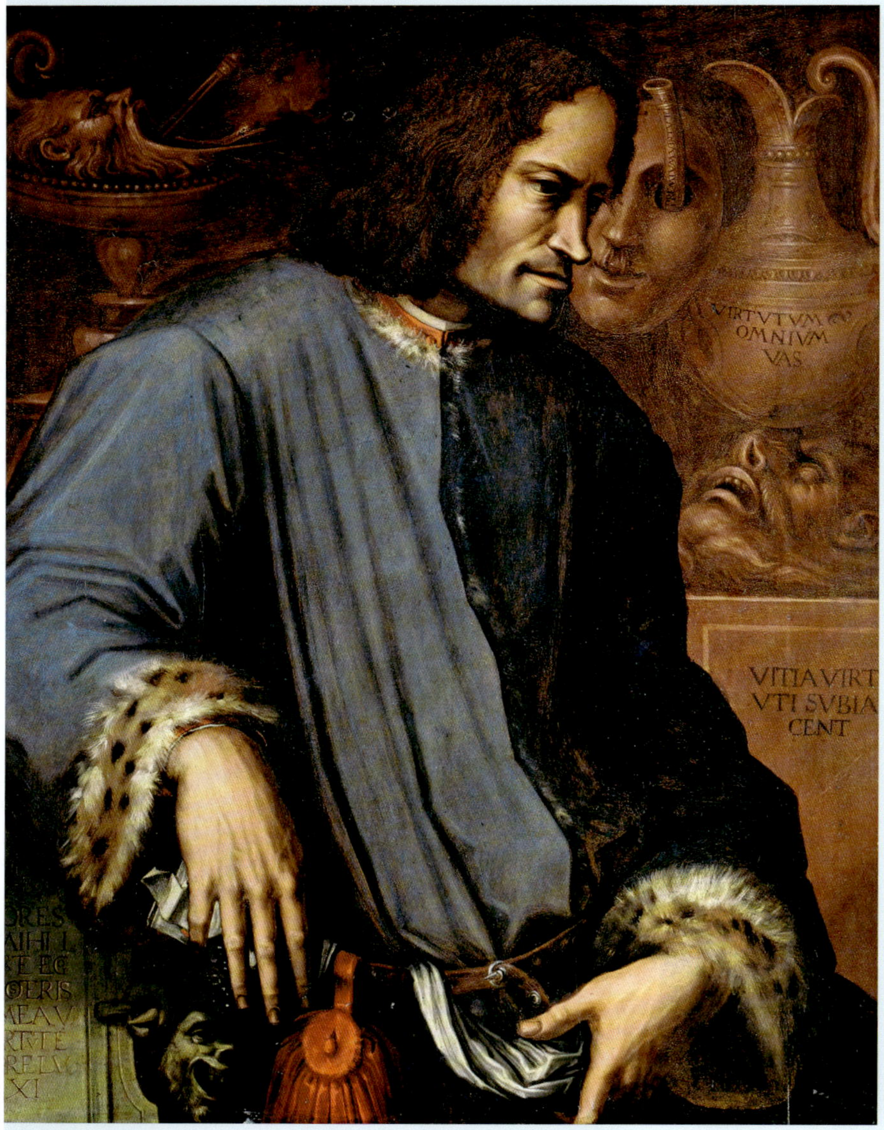

LORENZO DE' MEDICI wird »der Prächtige« genannt. Großzügig fördert der Florentiner Bankier viele Künstler, auch Leonardo arbeitet zeitweilig für dessen Familie

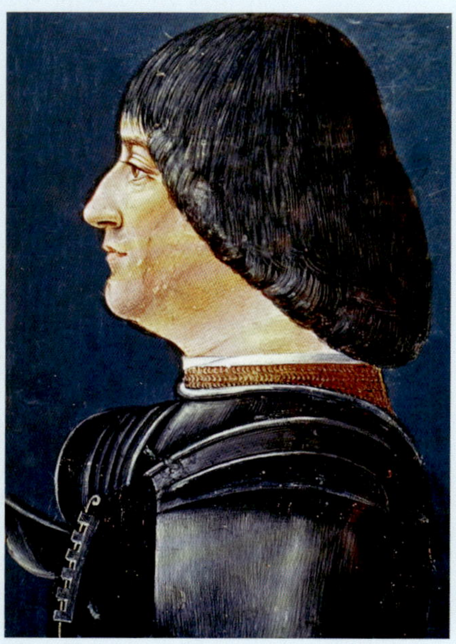

LUDOVICO SFORZA holt den aufstrebenden Leonardo als Hofkünstler nach Mailand

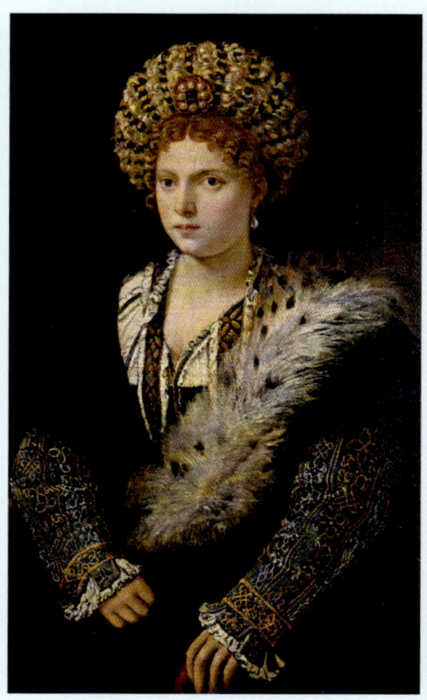

ISABELLA D'ESTE, Herzogin von Mantua, will von ihm gemalt werden. Er liefert eine Vorzeichnung

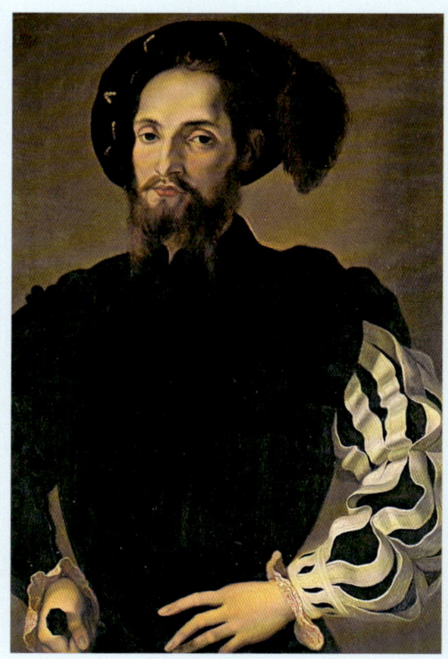

CESARE BORGIA, Sohn des Papstes und brutaler Söldnerführer, lässt Leonardo als Ingenieur für sich arbeiten

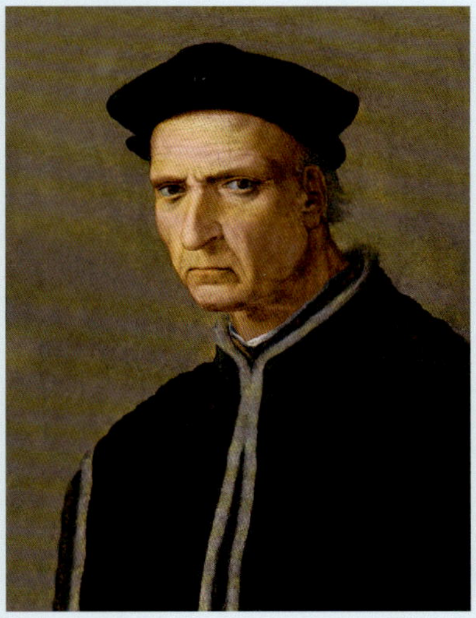

PIERO SODERINI beauftragt den Maler mit einem Schlachtengemälde für den Ratssaal von Florenz

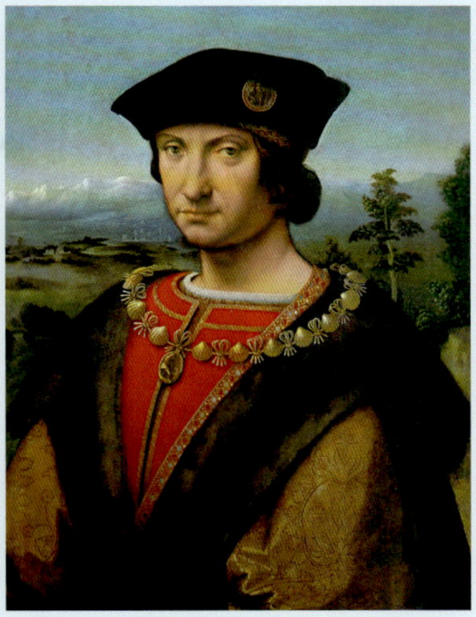

CHARLES D'AMBOISE, französischer Heerführer, vertreibt die Sforza – und sichert sich die Dienste Leonardos

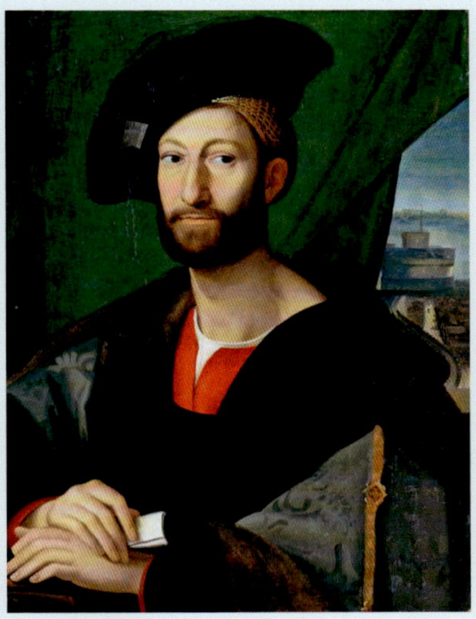

GIULIANO DE' MEDICI, Bruder von Papst Leo X., schützt den Künstler vor Verfolgung durch die Kirche

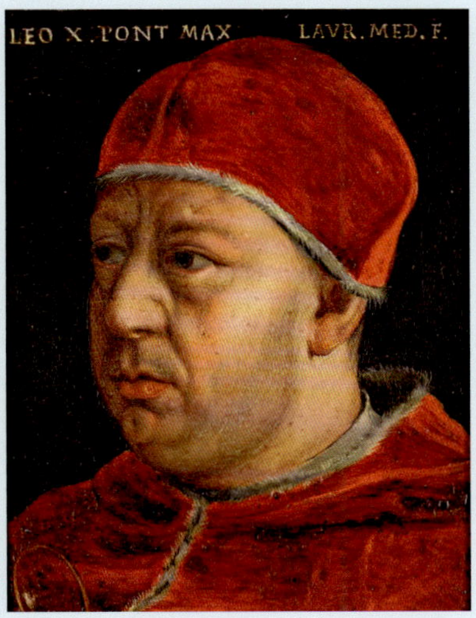

PAPST LEO X. aus der Medici-Familie schätzt andere Maler mehr, und so wirkt da Vinci nur wenige Jahre in Rom

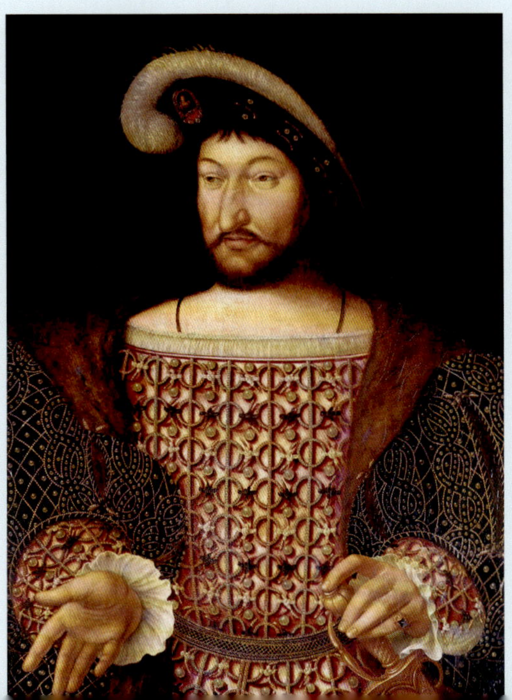

FRANZ I. überlässt dem alternden und kranken Maler 1517 ein Schlösschen als Ruhesitz. Der König von Frankreich ist zutiefst fasziniert vom vielseitigen Wissen des Künstlers

dovico hat ein doppeltes Legitimitätsproblem: Sein Vater hat die Macht in Mailand mit einem höchst zweifelhaften Anspruch an sich gerissen. Zudem ist Il Moro seit dem Tod seines Vaters und seines älteren Bruders nicht der rechtmäßige Erbe, sondern das ist sein junger Neffe, für den er nur die Regentschaft führt.

Der kampfeslustige Ludovico aber benimmt sich, als sei er der wahre Herrscher im rötlich geziegelten Kastell der Metropole Mailand. Er wird die Hilfe eines Künstlers und Universalgelehrten nötig haben, mag sich Leonardo denken.

Er schreibt eine Bewerbung an den Sforza, die er dann aber nicht losschickt. Offenbar will er erst vor Ort die Lage erkunden.

Also packt Leonardo einige Bilder und Zeichnungen ein, stellt anderes, auch Gemälde, bei einem guten Freund in Florenz unter und macht sich 1482, vermutlich in Begleitung von zwei Mitarbeitern, auf den Weg nach Norden. Ohne genau zu wissen, was ihn in der Lombardei erwartet.

MAILAND IST KEINE STADT der Künstler und Literaten wie Florenz, in der Größen wie der Bildhauer Donatello, der Architekt Filippo Brunelleschi, der Poet Dante Alighieri gewirkt haben. Doch sie ist reich, günstig gelegen und ein Knotenpunkt für den internationalen Handel.

Mehr als 120 000 Menschen drängen sich in engen Wohnungen und Straßen; seinen Wunsch nach einem Leben in der Natur muss Leonardo erst einmal zurückstellen.

Den Traum von der Kunst nach eigenem Gusto dagegen kann er hier voll ausleben. Als Florentiner gilt er als ein Vertreter der italienischen Hochkultur, die Mailänder Kollegen sind begierig, von ihm zu lernen.

Die lokale Künstlerfamilie de Predis nimmt Leonardo und seine Gehilfen freudig in ihrer Werkstatt auf. Gemeinsam bewerben sie sich um Aufträge und erwecken bald tatsächlich das Interesse Ludovico Sforzas, der Leonardo wie einen Hofkünstler für sich arbeiten lässt.

Leonardo darf zeichnen und entwerfen, was er möchte. Zuweilen erhält er einen Gemäldeauftrag. Ansonsten stattet er die Feste der Sforza mit Dekorationen und Kostümen aus und unterhält die Hofgesellschaft mit Rätselfragen. Bald ist er so erfolgreich, dass er sich leisten kann, mit seinen Mitarbeitern einen ganzen Palazzo am Domplatz von Mailand zu beziehen.

Im Juli 1490 begrüßt er in seiner Werkstatt einen neuen Lehrling. Giacomo di Pietro Caprotti ist zehn Jahre alt. Und ein „kleiner Teufel“: So jedenfalls nennt Leonardo ihn schon am zweiten Tag, mit dem aus dem Arabischen entlehnten Namen „Salaì“.

Leonardo will den Jungen schick einkleiden lassen, legt das Geld in einem Beutel beiseite – und Salaì stiehlt es.

Der Maler nimmt den Knaben zu einem Abendessen bei Freunden mit – Salaì schlägt sich den Bauch voll, zerbricht drei Krüge, der Wein ist verschüttet. In der Werkstatt klaut er die Silbergriffel seiner Kollegen.

Und als einige Herren vom Hof vorbeischauen, um die Kostüme anzuprobieren, die Leonardo für ein Fest entworfen hat, nutzt der Junge den Moment und entwendet den Geldbeutel, den einer der Männer mit seinen Kleidern abgelegt hat.

Ein anderes Mal verscherbelt Salaì ein schönes Stück Leder, das Leonardo geschenkt bekommen hat, und kauft sich dafür Aniskuchen.

„Dieb, Lügner, Dickschädel, Fresssack“, schimpft der Meister seinen Schüler, alle Untaten protokolliert er. Und doch verhätschelt er den hübschen lockigen Jungen weiter. Kleidet ihn in teures Tuch, teilt sein Leben mit ihm. Salaì weicht nicht mehr von Leonardos Seite.

Dass die beiden irgendwann, als Salaì zum Mann herangewachsen ist, ein Paar werden, ist ein offenes Geheimnis.

Anders als in Florenz aber scheint sich im Reich des auch nicht immer sittenstrengen Ludovico Sforzas niemand groß an Leonardos Vorlieben zu stören.

Leonardo kann von Glück sagen, dass er diese Zeit nicht in Florenz verbringt.

Dort predigt inzwischen der Dominikanermönch Girolamo Savonarola Verzicht, Keuschheit und Buße. Er hat Tausende Buben indoktriniert, die bald schon in ihren weißen Kutten bei den Bewohnern Kunstwerke, Musikinstrumente, Spiegel und Schmuck einsammeln – um alles in „Feuern der Eitelkeiten“ zu verbrennen.

Ins Visier geraten die Künstler der Stadt, die herausgeputzten Frauen und auch, wieder einmal, jene Männer, die Männer lieben. Ihnen droht Savanorola, sie an den Pranger zu stellen.

Sollten sie wiederholt erwischt werden, will man ihnen das Stadtwappen als Schandmal auf die Stirn brennen. Und wer dreimal der Sodomie beschuldigt wird, muss fürchten, auf dem Scheiterhaufen zu sterben.

Viele der eigentlich so genussfreudigen, eleganten und kunstsinnigen Florentiner lassen sich mitreißen vom Tugendrausch der Bewegung.

Savonarolas Strenge scheint ihnen in unruhigen Zeiten Halt zu geben. 1492 ist Lorenzo de' Medici gestorben, der faktische Herrscher der Metropole. Sein Sohn Piero kam an die Macht, agierte aber so unglücklich, dass die Regierung ihn schon 1494 aus Florenz vertrieben hat. Seither ist die Stadt am Arno zwar wirklich eine Republik – aber eine zutiefst verunsicherte.

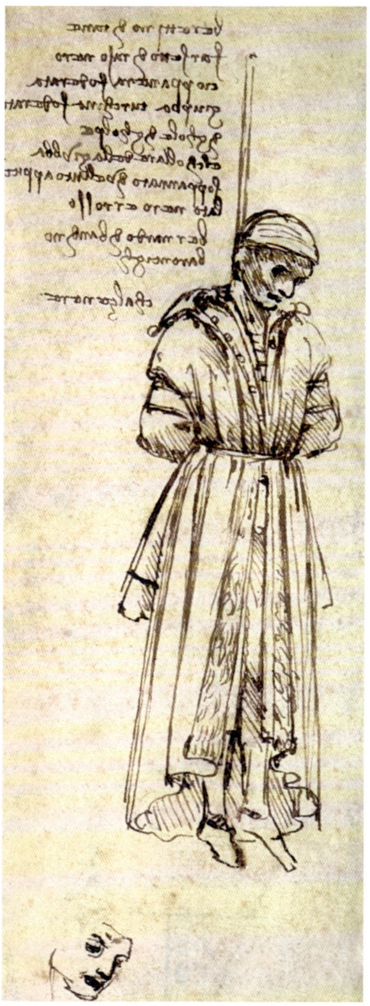

Immer wieder gerät Leonardo in die Ränke der italienischen Politik. In Florenz erlebt er 1478 ein Komplott gegen die Medici mit – und zeichnet deren Abrechnung mit den Verschwörern, hier die **»HINRICHTUNG VON BERNARDO BANDINI BARONCELLI«**

Leonardo zieht es nicht zurück; ihm geht es gut in Mailand. Er zeichnet, schreibt, malt. Unter dem Eindruck der Pest, die Mailand einige Jahre zuvor heimgesucht hat, beschäftigt er sich mit hygienischer Stadtplanung, entwirft belüftbare Toiletten und Straßen auf zwei Geschossen, um die Viehkarren von den Spaziergängern zu trennen.

Umgesetzt wird nichts davon, ebenso wenig wie eines seiner ehrgeizigsten Vorhaben: ein überdimensionales Reiterstandbild für Francesco Sforza, Ludovicos Vater. Über das Tonmodell für die Bronzestatue kommt Leonardo, der kein Bildhauer ist, nicht hinaus; zu kompliziert sind die Gussverfahren.

Bewunderung dagegen erregt der Künstler als Innendekorateur bei Festen. Seine Kostüme begeistern die Hofgesellschaft, und als Ludovico einmal zu einem „Paradiesfest“ lädt, steuert Leonardo eine aufwendige Bühnenarchitektur bei: Hinter einem effektvoll weggezogenen Seidenvorhang hat er Darstellungen der Planeten in eine große goldene Schale montiert; Lichter bringen das eiförmige Gebilde zum Schimmern, Musiker spielen auf.

Il Moro liebt es, zu prassen, und die Liebe liebt er auch. Vor und während seiner Ehe mit Beatrice d'Este, einer fürstlichen Tochter aus Ferrara, lebt er mit Mätressen. Deren Porträtist ist Leonardo da Vinci, der seine Freude hat an der Ungezwungenheit der jungen Frauen. Er kommt ihnen nahe, freundet sich mit ihnen an, schafft Bildnisse, die dynamischer sind als alles Dagewesene.

Daheim führt er einen quirligen Männerhaushalt mit seinen Geliebten und Mitarbeitern – und einer alten Frau: Wie ein Ein-

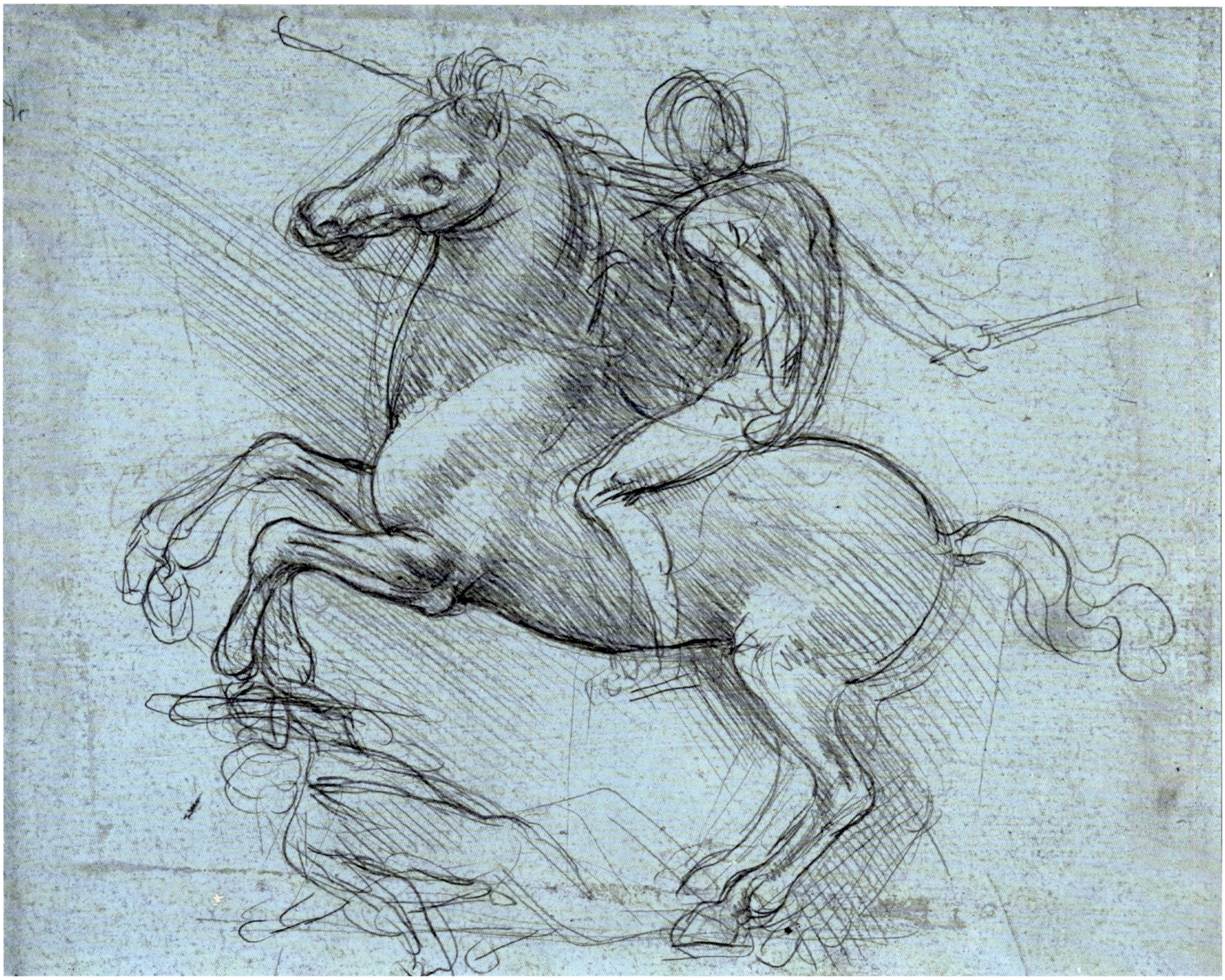

1482 reist Leonardo nach Mailand, wo er ein Reiterstandbild zum Ruhm der dort regierenden Sforza plant. Immer gewaltiger wird das Monument – doch nur in den Visionen des Künstlers: Die für den Guss des Kolosses gesammelte Bronze wird schließlich für die Herstellung von Kanonenrohren verwendet (»**STUDIE ZUM SFORZA-MONUMENT**«, um 1488)

trag im Mailänder Sterberegister vermuten lässt, holt er seine mittlerweile verwitwete Mutter Caterina zu sich und lässt sie bis zu ihrem Tod 1494 in seinem Haus wohnen.

Als Kind durfte er nicht bei ihr aufwachsen, nun aber kann ihn niemand mehr hindern, zu leben wie und mit wem er will.

LUDOVICO SFORZA IST seit 1494 auch offiziell Herzog. Die Leute munkeln, er sei schuld gewesen am plötzlichen Tod seines Neffen, den er auf dem Herrscherthron ja nur vertreten hatte. Nun investiert Il Moro in seinen Nachruhm. Er will das Mailänder Kloster Santa Maria delle Grazie zu seiner würdigen Grabstätte ausbauen lassen.

Dafür braucht er moderne Kunst. Leonardo erhält den Auftrag, den Speisesaal des Klosters mit einem Wandbild des Abendmahls zu schmücken. Auf langen Streifzügen durch die Stadt sucht er nach Gesichtern und Typen, die Jesus und seine Gefährten verkörpern sollen.

Er beobachtet genau, reißt Witze, nur um die Lachmuskeln eines Menschen zu studieren. Das Studium der Physiognomien kostet Zeit, viel Zeit. Irgendwann beschweren sich die Klosterbrüder, weil er an manchen Tagen nicht mehr als ein, zwei Pinselstriche setzt und dann wieder heimgeht.

Ludovico stellt den Maler zur Rede. Der sagt, es dauere nun mal, denn ihm fehle noch das Gesicht des Judas, nicht einmal unter den Halunken im verrufensten Viertel der Stadt werde er fündig.

Wie er das zu lösen gedenke, fragt Ludovico. Nun, antwortet Leonardo, er könne ja immer noch das Gesicht des Priors vom

Kloster nehmen, der ihm all die Vorhaltungen mache. Das würde „aufs Wunderbarste passen". Ludovico muss lachen, für eine Frechheit ist er immer zu haben.

Er mag die Eigenheiten dieses Künstlers, und der wiederum kann nur dann produktiv arbeiten, wenn man ihn in Ruhe lässt.

D

Doch ab 1499 muss Leonardo sich einen neuen Förderer suchen. Der französische König Ludwig XII. will Ludovico Sforza nicht länger an der Macht in Mailand dulden, da er selbst Anspruch auf das Territorium erhebt. Als er seine Soldaten auf Mailand zumarschieren lässt, ergreift Ludovico am 2. September die Flucht.

Leonardo aber bleibt. Ihm gehört inzwischen ein Garten mit kleinem Weinberg in der Stadt, das mag ihn ein bisschen an seine Heimat in Vinci erinnern. Und loyal ist der Künstler sowieso nur gegenüber seiner Arbeit und seinen Angestellten, nicht aber gegenüber Geldgebern. Die kommen und gehen, und Leonardo ist längst so bekannt, dass er darauf vertrauen kann, auch von den neuen Herrschern gebraucht zu werden.

Kaum sind die Franzosen in der Stadt, knüpft er Kontakte zu deren Anführern. Seine Notizen darüber verschlüsselt er, indem er Namen und Orte rückwärts notiert. Vielleicht hat er Angst, sie könnten einem Spion Sforzas in die Hände fallen.

Tatsächlich schätzen ihn die Besatzer, der König überlegt angeblich sogar, das nun fertige und allseits bewunderte „Abendmahl" von der Klosterwand ablösen und nach Frankreich transportieren zu lassen. Doch dafür ist das Wandbild zu fragil.

Leonardos Beziehungen zu den Franzosen sprechen sich schnell herum. Als Ludovico Sforza sich schon nach wenigen Monaten anschickt, die Stadt zurückzuerobern, weiß Leonardo, dass er gehen muss. Das Risiko, von Il Moro als Verräter verfolgt zu werden, ist zu groß.

Er bittet Salaìs Vater, auf den Weinberg aufzupassen, und schreibt eine Packliste. Bettdecken und ein Kohlebecken müssen mit, zudem vier Paar Hosen, ein Wildlederwams, Tisch- und Mundtücher. Knoblauchzehen aus Piacenza sind zu besorgen, Samen für Gemüse, Blumen und Obst müssen verstaut werden. Die Bretter seines Malereigerüsts vom „Abendmahl" will er zu Geld machen, die sind zu schwer zum Transport.

Den Großteil seines gesparten Geldes überweist Leonardo auf ein Konto bei seiner Florentiner Bank.

Vor einem Jahr ist Savonarola, der es zu weit getrieben hat mit seinem Machtanspruch, von der Florentiner Stadtregierung hingerichtet worden. Und so kann Leonardo mit dem inzwischen 19-jährigen Salaì und seinen anderen Gehilfen in seine Heimatstadt zurückkehren.

Die Reisegruppe macht einen Umweg über Mantua. Dort residiert die Markgräfin Isabella d'Este, die Schwester von Ludovicos Frau Beatrice und eine große Kunstkennerin. Sie beherbergt die Ankömmlinge gerne. Und sie weiß, was sie will: ein Porträt aus Leonardos Hand. Denn sie kennt das ungewöhnliche Bildnis, das der Meister von Ludovicos Geliebter Cecilia Gallerani und ihrem bissigen Hermelin gemalt hat.

Doch Leonardo mag sich von der Herrin nicht drängen lassen. Er zeichnet lediglich eine Vorlage für ein Porträt Isabellas und zieht nach einem Besuch in Venedig weiter in die Toskana.

Im Frühjahr 1500 ist der Künstler wieder in Florenz. Gegangen ist er rund 18 Jahre zuvor als ein Erfolgloser, der kaum Aufträge erhielt und einer Sodomie-Anklage nur knapp entkam. Nun aber ringen Fürsten und Könige um seine Gunst. Er kehrt zurück als berühmter Mann. Und doch ist es wieder sein Vater Ser Piero, der für das erste Arrangement sorgt: Er bringt den Sohn und dessen Team im Kloster Sant' Annunziata unter, für das er als Notar arbeitet.

Dort besuchen ihn Isabella d'Estes Mittelsmänner, um ihm doch noch das Porträtgemälde ihrer Herrin zu entlocken. Im April 1501 kommt der Beichtvater der Markgräfin von Mantua zur Visite. Sein Eindruck: „Das Leben Leonardos ist wechselhaft und höchst unbeständig, sodass es scheint, als lebe er ohne jeden Plan."

Da Vinci interessiert sich für alles und für alles zu viel, seine Tage sind zu kurz. Er will alles lernen und wissen, von der Ingenieurskunst bis zur Anatomie, von der Erdgeschichte bis zu den Mechanismen des Vogelfluges (dazu mehr ab Seite 88).

Das Wichtigste aber ist ihm die Malerei, die er als Leitwissenschaft versteht. Doch gerade weil sie ihm so heilig ist, hadert er mit ihr und scheut die Arbeit an der Staffelei, vielleicht aus Angst zu scheitern.

Manche Gemälde-Aufträge führen nun seine Mitarbeiter aus, wie Isabellas Beichtvater beobachtet. Leonardo fügt lediglich am Ende einige Pinselstriche hinzu.

Im Frühsommer 1502 packt ihn einmal mehr der Wunsch auszubrechen. Er will nicht mehr nur sinnieren und theoretisieren, sondern hinaus in die Welt.

Und entscheidet sich für das Radikalste, das ihm einfällt: Er zieht in den Krieg.

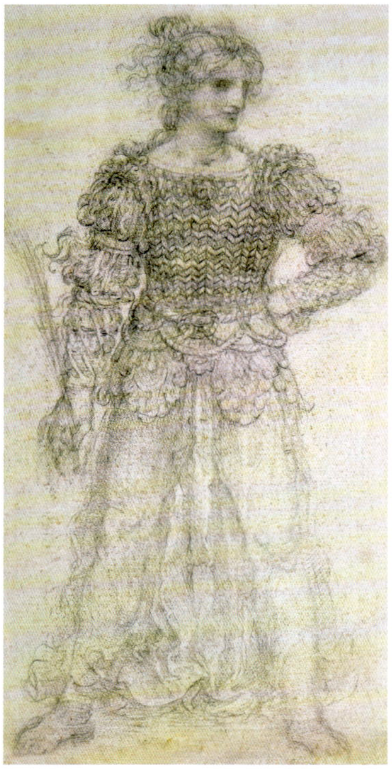

Im Dienst des Herzogs von Mailand entwirft Leonardo Kriegsmaschinen, plant Prachtbauten und ein gewaltiges, nie realisiertes Reiterstandbild. Er malt, studiert – und stattet die Lustbarkeiten der regierenden Familie Sforza mit Dekorationen und Gewändern aus wie diesem »KOSTÜM FÜR DAS HIMMELSFEST«, 1490

Der Söldnerführer Cesare Borgia ist der Sohn von Papst Alexander VI., und er träumt von einem eigenen Staat in Mittelitalien. Ein Fürstentum nach dem anderen unterwirft er; mordend und plündernd hinterlässt er Angst und Schrecken.

Ausgerechnet diesem Schlächter schließt Leonardo sich an; als Ingenieur des Usurpators reist er durch die besiegten Städte.

Er muss Grauenhaftes sehen, den Geruch des Todes riechen – doch sein Reisetagebuch handelt nicht vom Terror, sondern vom Tourismus. In Urbino würdigt er einen Taubenschlag, in Pesaro die Bibliothek, in Cesena bewundert er die Haken zum Traubenaufhängen, in Rimini preist er die Wasserfälle. Er tut sich in seinen Notizen grundsätzlich schwer, Gefühle in Worte zu fassen. Nun verschlägt ihm die Gewalt offenbar vollends die Sprache.

Doch schon bald quittiert Leonardo den Job und kehrt nach Florenz zurück – wenige Monate bevor Papst Alexander VI. im August 1503 stirbt und sein Sohn Cesare all seine Territorien verliert.

Leonardo entwickelt wieder Freude an der Malerei. In diesem Jahr beginnt er mit der Arbeit an der „Mona Lisa“, für das ihm anfangs die Seidenhändlergattin Lisa del Giocondo Modell sitzt. Und er arbeitet in verschiedenen Varianten an der „Anna selbdritt“, einem Motiv der heiligen Anna, ihrer Tochter Maria und ihrem Enkel Jesus.

Nun endlich wird der Regierungschef der Republik, Piero Soderini, auf das Genie in seiner Stadt aufmerksam. Er beauftragt Leonardo mit einem Schlachtengemälde für den neuen Ratssaal. Sein Berater Niccolò Machiavelli lässt ein umfangreiches Bildprogramm ausarbeiten.

Leonardo soll die Anghiari-Schlacht malen, in der die Florentiner im Jahrhundert zuvor die Truppen Mailands besiegt haben.

Um die Vorgaben schert sich Leonardo nicht, er hasst es, wenn man ihm in einen Auftrag hineinredet. Vielmehr sieht er in dem Thema die Chance, sich grundsätzlich mit dem Wesen des Krieges auseinanderzusetzen, den er eine *pazzia bestialissima* nennt, eine bestialische Verrücktheit.

Doch die Arbeit fällt ihm nicht leicht, er experimentiert mit neuen Farbmischungen, die nicht auf der Wand haften. Zudem hat Soderini ihn hintergangen: Die Stadtregierung hat, nachdem Leonardo zugesagt hat, auch bei dem jüngeren Künstler Michelangelo Buonarroti das Bild einer Kampfeshandlung für den Ratssaal bestellt, die beiden Maler arbeiten also zu ähnlichen Themen um die Wette. Das muss Leonardo als entwürdigend empfinden. Er verliert die Lust. Und will zurück nach Mailand.

Was sollte ihn in Florenz halten? Die Familie sicher nicht. Im Juli 1504 notiert der Künstler nüchtern: „Am Mittwoch, um 7 Uhr, starb Ser Piero da Vinci.“

Anzeichen dafür, dass sich Vater und Sohn am Ende noch nahe gekommen sind, gibt es nicht. Im Gegenteil: Ser Piero musste seinem Erstgeborenen nichts vererben, und er tat es auch nicht. Alles geht an die ehelichen Kinder. Und als einige Jahre später bei dem Tod von Leonardos Lieblingsonkel Francesco bekannt wird, dass der den Künstler in seinem Testament bedacht hat, fechten die Halbgeschwister auch das an.

Leonardos wahre Familie sind seine Freunde, mit denen er zusammenlebt. Wohl im Jahr 1506 bricht der Maler die Arbeit an der Anghiari-Schlacht ab. Über Vorentwürfe ist er vermutlich nicht hinausgekommen; sollte er Farbe an die Wand gebracht haben, so hat sie dort nicht gehalten. Anstatt nach

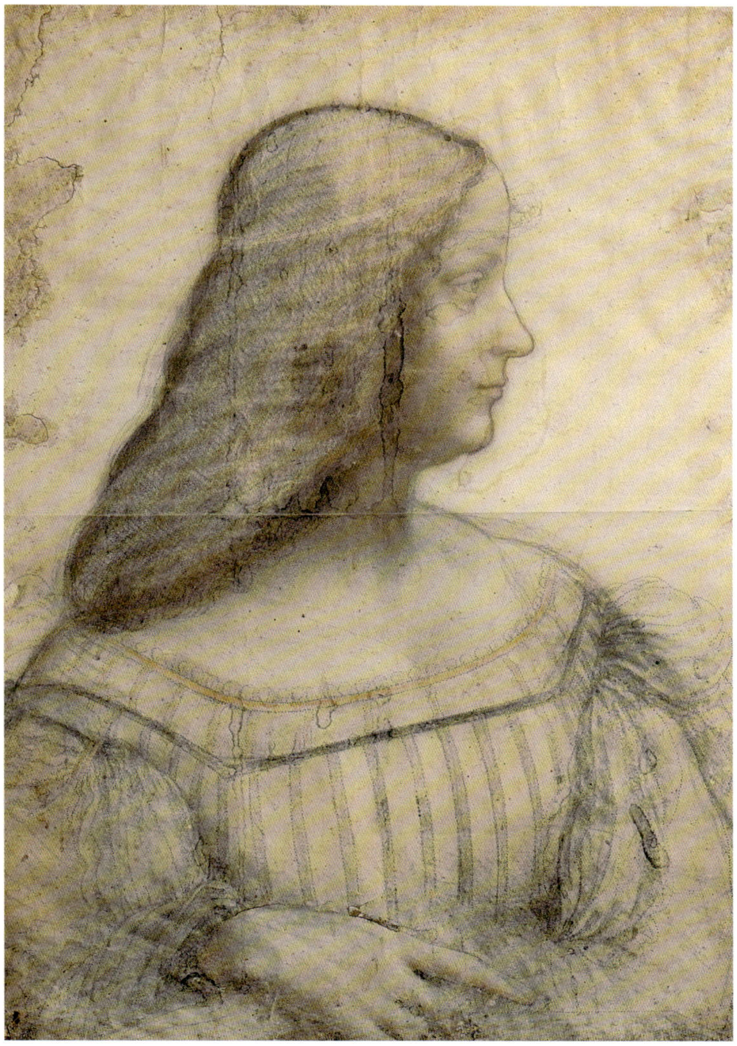

»ISABELLA D'ESTE«, Markgräfin von Mantua, ist die bedeutendste Mäzenin ihrer Zeit. Die berühmtesten italienischen Maler arbeiten für die »prima donna del mondo«. Doch Leonardo fertigt 1499 statt des erhofften Porträtgemäldes der Herrscherin nur eine Vorzeichnung – und reist dann weiter nach Venedig

einer Lösung zu suchen, macht Leonardo sich mit seinen Mitarbeitern auf den Weg nach Mailand, das inzwischen wieder von den Franzosen beherrscht wird.

Der Gouverneur des französischen Königs empfängt den Künstler mit offenen Armen und stellt ihn an. Soderini schäumt, schließlich ist Leonardo vertragsbrüchig geworden. Bevor die Affäre aber zu größeren Verstimmungen zwischen Florenz und Frankreich führt, lenkt der Chef der Republik ein. Leonardo darf in Mailand bleiben.

Und blüht auf. Er stellt einen gut aussehenden jungen Adeligen namens Francesco

Jeden Versuch, ihm in seine ARBEIT hineinzureden, weist er zurück

Melzi an, der Schreibarbeiten für ihn macht und seine Schriften sortiert.

Leonardo träumt davon, eines Tages Bücher über Anatomie, Wasserkunde und Naturgeschichte zu veröffentlichen. In Mailand hat er Muße, seinen Forschungen nachzugehen. Obwohl er sich vor dem Geruch ekelt, seziert er in Krankenhäusern Leichen, um die Funktionsweise des Körpers zu verstehen.

Er sinniert über die Mechanismen der Fortpflanzung, über den Flug der Vögel und darüber, wie einst die Sintflut abgeflossen sein mag. Und er malt wieder; in seine Gemälde strömen all seine Erkenntnisse ein.

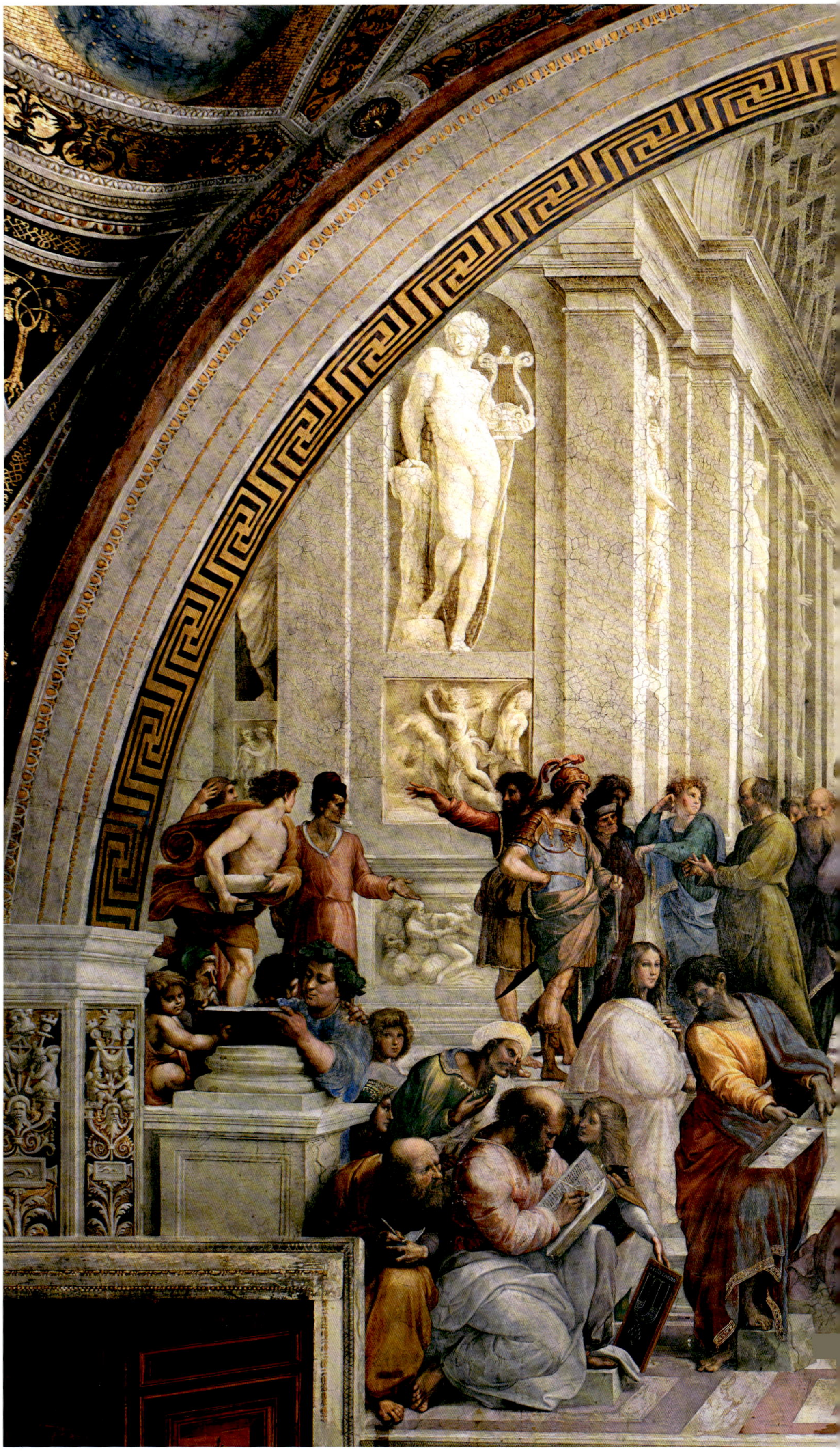

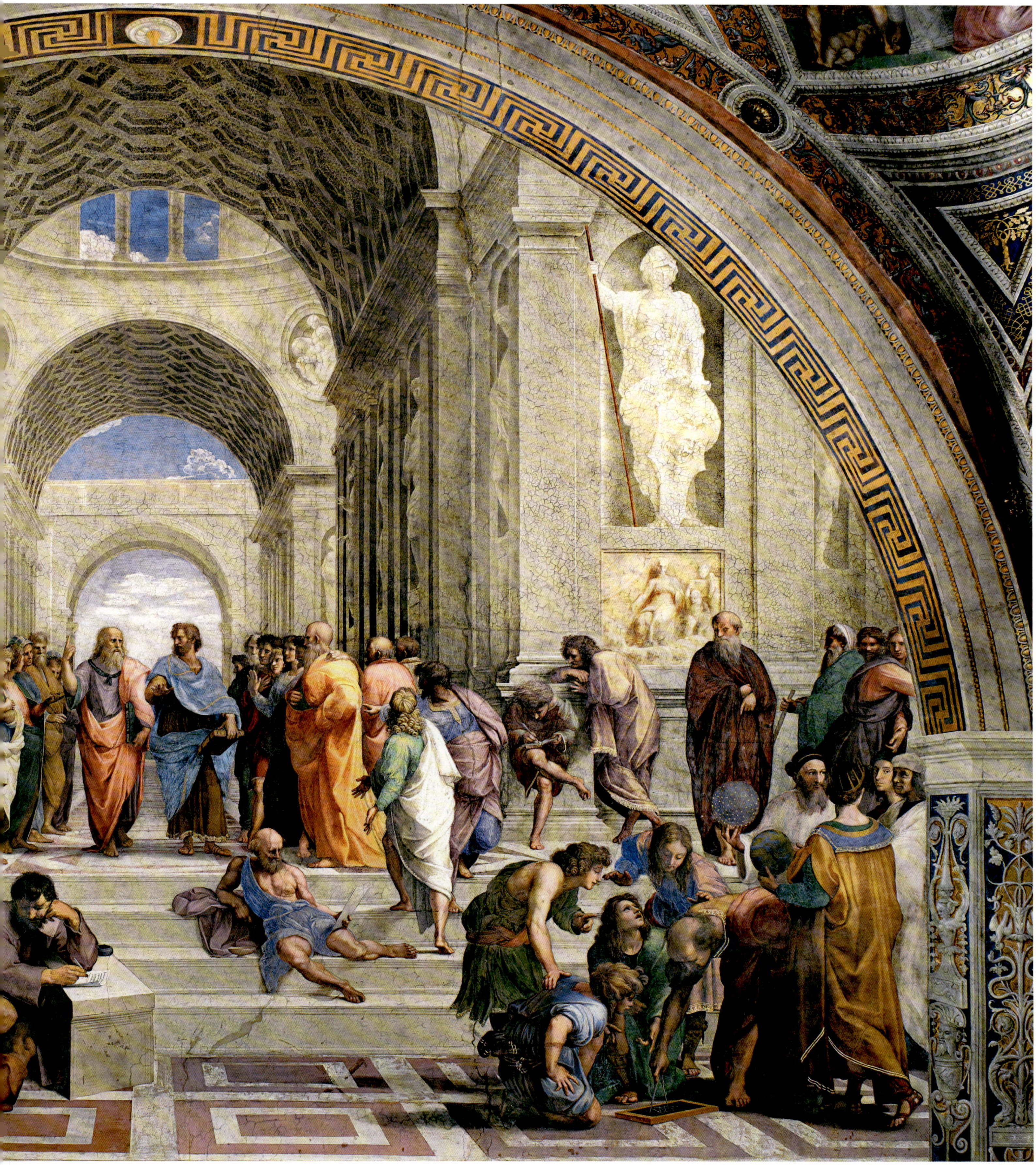

Leonardos Zeitgenosse Raffael versammelt in seiner »Schule von Athen« 1511 die bedeutendsten Denker der Antike. Platon, dem wohl einflussreichsten aller Philosophen, den er, in eine rote Toga gehüllt, in die Mitte seines Gemäldes stellt, verleiht der junge Maler angeblich die Züge des greisen Leonardo

Doch im Jahr 1510 zieht ein neuer Konflikt herauf, der Leonardos behagliches Leben bedroht: Julius II., jetzt Papst in Rom, will die Franzosen aus Italien vertreiben. Er schließt sich mit anderen Mächten zusammen und zieht Ende 1511 gegen Mailand.

Mit Hilfe von Schweizer Söldnern kann er die Franzosen im folgenden Jahr besiegen. Das ermöglicht Ludovico Sforzas Söhnen die triumphale Rückkehr in die Stadt.

Leonardo hat Mailand da schon verlassen. Er ist im nahe gelegenen Landhaus der Familie seines Sekretärs Francesco Melzi untergekommen. In die Metropole kann er nicht zurückkehren, solange dort wieder die Sforza regieren. Er braucht neue Verbündete – und findet sie in Florenz.

Denn auch den Medici ist es gelungen, ihre alte Macht wiederherzustellen. Im Sommer 1512 sind Kardinal Giovanni de' Medici, ein Sohn von Lorenzo de' Medici, und sein Bruder Giuliano mit päpstlicher Hilfe an den Arno zurückgekehrt, als alte neue Herrscher über die Stadt. Und es kommt noch besser für die Familie: Als Julius II. Anfang 1513 stirbt, wird Giovanni de' Medici zum neuen Papst gewählt.

Ihm folgt sein Bruder Giuliano nach Rom. Das Regieren über Florenz liegt ihm nicht, im Geldausgeben dagegen ist er groß. Er fördert die Künste, investiert in den Reitsport, pflegt seine Liebschaften.

Und er macht Leonardo ein unwiderstehliches Angebot: Der Maler könne doch seinen Künstlerhaushalt in der vornehmen Villa Belvedere in Rom einrichten, gut bezahlt, versteht sich. Zum offiziellen Hofmaler wird Leonardo damit nicht, Giuliano lädt ihn zu seinem Privatvergnügen ein.

Leonardo und seine Assistenten packen ihre Sachen, darunter große Gemälde wie die „Anna selbdritt" und die „Mona Lisa". Diese Gemälde, an denen er immer wieder weitermalt, liegen Leonardo so sehr am Herzen, dass er sie nicht zum Kauf anbietet.

In Rom leben auch Michelangelo und Raffael, sind am päpstlichen Hof mit repräsentativen Aufgaben beschäftigt: Der Bildhauer malt die Sixtina aus, und Raffael freskiert die päpstlichen Privatgemächer.

Leonardo kann jetzt zeichnen, forschen und malen, was er will, führt das Leben eines Privatiers. Giuliano behandelt ihn „eher wie einen Bruder als wie einen Freund", notiert ein Zeitgenosse. Einmal denunziert ihn ein Handwerker, weil er zu Studienzwecken weiterhin Leichen seziert, was zuweilen als Blasphemie geahndet wird. Leonardo aber steht unter dem Schutz des Papstbruders, ihm geschieht nichts.

Der inzwischen über 60-Jährige ist in Rom aber eher eine Randfigur; im Mittelpunkt des gesellschaftlichen Lebens steht er nicht. Er gilt als kauzig: Sein Biograf Vasari schreibt später, er habe in den Gärten der Villa Belvedere Eidechsen Flügel angeklebt

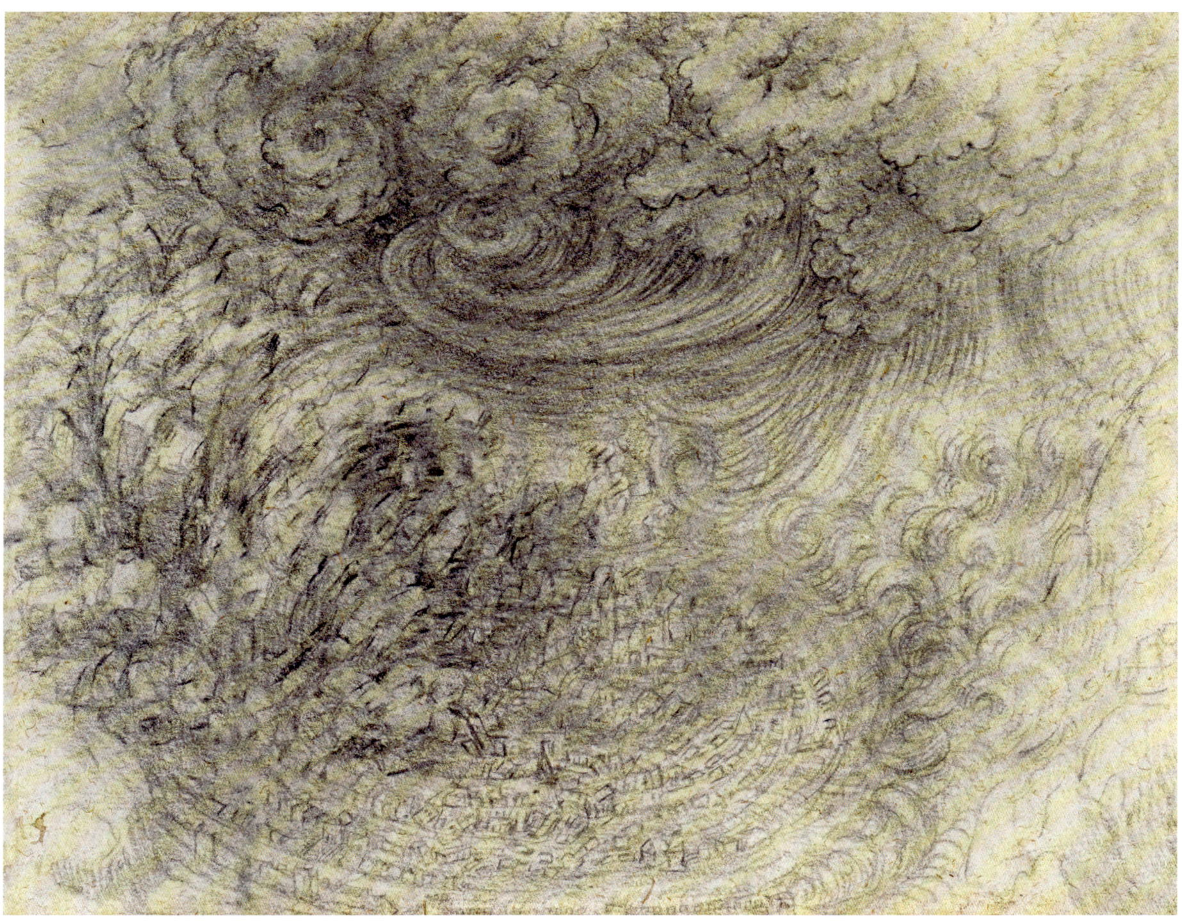

Die Zerstörungskraft der Naturgewalten ist eines der Themen, die den alternden Leonardo, durchdrungen von der Vergänglichkeit alles Irdischen, nun oft beschäftigen. Das Malen fällt ihm zunehmend schwer, möglicherweise als Folge eines Schlaganfalls. Doch weiterhin schafft er zahlreiche Zeichnungen wie hier **»EINE STADT IM ZENTRUM DES STURMWIRBELS«**. Am 2. Mai 1519 stirbt Leonardo da Vinci. Er ist 67 Jahre alt

und als Hausdrachen gehalten. Das ist bei einem Tierfreund wie Leonardo eher unwahrscheinlich – wohl aber lebt er nach eigenen Regeln, isst immer noch kein Fleisch, empört sich, wenn neue Mitarbeiter zum Spaß Vögel schießen gehen.

Die Natur ist ihm das Höchste, und seine Religiosität ist untrennbar verbunden mit den Kräften des organischen Wachstums.

Sein Mitgefühl gilt allen Lebewesen, er kann sich in geschundene Esel genauso hineinversetzen wie in geschlagene Walnussbäume. Auch die Bilder, die er nun entwirft, handeln von der möglichen Eintracht des Menschen mit der Natur. Nach den vielen Frauen, die er in seinem Leben gemalt hat, entdeckt er nun Johannes den Täufer für sich und zeigt ihn als schönen Jüngling, der den Weg zum Göttlichen kennt.

Zum Lieblingskünstler des außerordentlich machtbewussten, nicht ganz so zart fühlenden Papstes wird er damit nicht. Als Giuliano de' Medici im März 1516 nach längerer Krankheit stirbt, endet Leonardos Arrangement mit den Medici.

DER KÜNSTLER IST NUN Mitte sechzig und selbst nicht mehr ganz gesund. Wieder sind es die Franzosen, die ihm ein verlockendes Angebot machen. Der junge König Franz I. schätzt Leonardo als Künstler, aber auch als gelehrten Gesprächspartner und bietet ihm an, mit seinen Mitarbeitern ein Schlösschen bei Amboise an der Loire zu beziehen. Und so tritt Leonardo seine letzte Reise an.

Er kann oder will nun nicht mehr malen, denn seine Rechte ist gelähmt, vielleicht hatte er einen Schlaganfall. Und die großen Gemälde, die er früher manchmal auch mit den Handballen bearbeitet hat, fordern ja vollen Körpereinsatz.

Mit seiner starken anderen Hand aber zeichnet und schreibt der Linkshänder noch viel und gern. Und er unterweist seine Mitarbeiter im Malen. Der König setzt den alten Mann zudem als Festdekorateur ein, was dieser mit Freuden macht.

Der 37-jährige Salaì ist nach wie vor Leonardos Gefährte, reist allerdings immer häufiger nach Mailand. Und er spielt ein doppeltes Spiel. Offenbar kommt er mit Franz I. ins Geschäft, der Angst hat, die großen Gemälde, die in Leonardos Atelier stehen, könnten ihm nach dem Tod des Künstlers entgehen. Der nämlich hat auch im hohen Alter nicht vor, sich von der „Anna selbdritt“, dem „Johannes der Täufer“ und der „Mona Lisa“ zu trennen, schließlich lebt er mit diesen Figuren nun schon seit vielen Jahren zusammen. Erbe des künstlerischen und schriftlichen Nachlasses aber soll nicht der ungestüme Salaì werden, sondern der gewissenhafte Melzi. Der eigene Nachruhm ist Leonardo zu wichtig, um ihn einem Spekulanten zu überlassen.

Auch für sein Begräbnis trifft er Vorkehrungen. Er empfiehlt sich in seinem Testament „Gott, der ruhmreichen Jungfrau Maria, unserem Herrn, dem heiligen Michael

Frankreichs König schätzt ihn als KÜNSTLER – und als Gesprächspartner

und allen seligen Engeln und Seligen des Paradieses“. Beerdigt werden möchte er in der Kapelle des heiligen Florentin von Amboise. Eine Reihe Messen sollen hier und in anderen Kirchen zu seinem Andenken gelesen werden. 60 Arme, die von dem Testamentsvollstrecker Melzi bezahlt werden müssen, sollen Fackeln tragen. Der Künstler wünscht sich einen würdigen Abschied.

Keine 14 Tage nachdem er seinen letzten Willen bekundet hat, stirbt Leonardo am 2. Mai 1519 in Amboise.

Giorgio Vasari verbreitet später die Legende, dass er seine letzten Atemzüge in den Armen des herbeigeeilten Franz I. genommen habe. Und er soll bereut haben, in seinem Leben so wenig gemalt zu haben.

Melzi ist bestürzt. Er schreibt in einem Brief an Leonardos Halbbrüder: „Es ist unmöglich, den Schmerz auszudrücken, den ich über seinen Tod empfinde. So lange meine Glieder zusammenhalten, werde ich immerfort unglücklich sein, mit gutem Grund; denn täglich brachte er mir herzliche und heißeste Liebe entgegen.“

Erst am 12. August wird Leonardo, so wie er das gewünscht hat, in der Kirche von Amboise zu Grabe getragen; wahrscheinlich wurde er zwischenzeitlich einbalsamiert.

Salaì zieht nach Mailand, wo er eine reiche Frau heiratet. Im Gepäck hat er womöglich, was er nicht besitzen sollte: Leonardos große Gemälde. Auf Umwegen landen sie bei Franz I. Die unveröffentlichten Schriften und Zeichnungen dagegen bleiben bei Melzi, der sie liebevoll sortiert und jedem Interessierten Einsicht gewährt.

Unter Künstlern spricht sich bald herum, welch ein Schatz Leonardos Sekretär da hütet; viele Bücher voller Wissen über das Handwerk der Malerei, über die Anatomie des Menschen, über Licht und Schatten, die Energien des Wassers und die Beschaffenheit der Erde. Sie staunen und ahnen, wie weit entfernt dieser Mann von dem war, was sie selbst tun und denken.

In seinem Denken und seinem freien Lebensstil ist Leonardo den Zeitgenossen fremd geblieben. Gleichzeitig wussten sie um sein Talent und seinen außerordentlichen Verstand, der vor nichts haltmachte.

Der Renaissanceautor Baldassare Castiglione spottet über Leonardos Hang zur Philosophie, der ihn vom Malen abhalte. Vasari unterstellt ihm sogar eine „ketzerische Denkweise“. Und der Kunsttheoretiker Gian Paolo Lomazzo malt sich im späten 16. Jahrhundert aus, wie Leonardo sich zu der *amore masculino* bekennt und gegenüber einem staunenden Gesprächspartner seine Beziehung zu dem jugendlichen Salaì als „einen Akt der Freundschaft, der Philosophie ebenbürtig“ preist.

Tatsächlich fand Leonardo, der gelernte Außenseiter, zeitlebens die Kraft, seine eigenen Maßstäbe zu setzen. Was andere über ihn sagten, interessierte ihn weitaus weniger als die Schlussfolgerungen, die er selbst aus seinen Beobachtungen, Erfahrungen und seiner immensen Einfühlungsgabe zu ziehen vermochte. Der Junge ohne höhere Schulbildung wurde sich selbst zum Lehrer.

Darauf war er stolz. „Man kann keine höhere und keine geringere Herrschaft haben als über sich selbst“, schreibt er.

Und: „Wer wenig denkt, irrt viel.“ ⬢

Im ZENTRUM einer

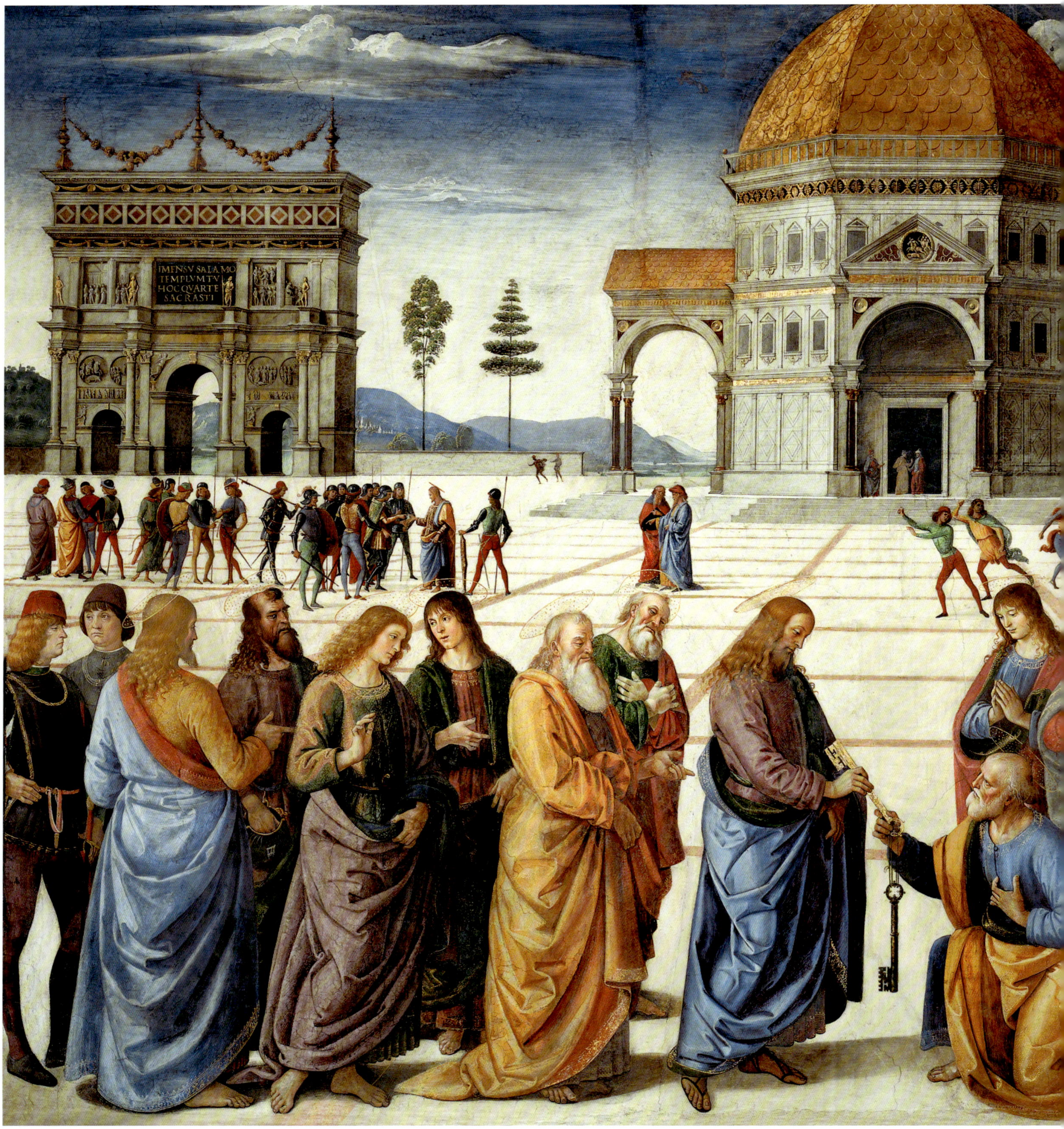

neuen KUNST

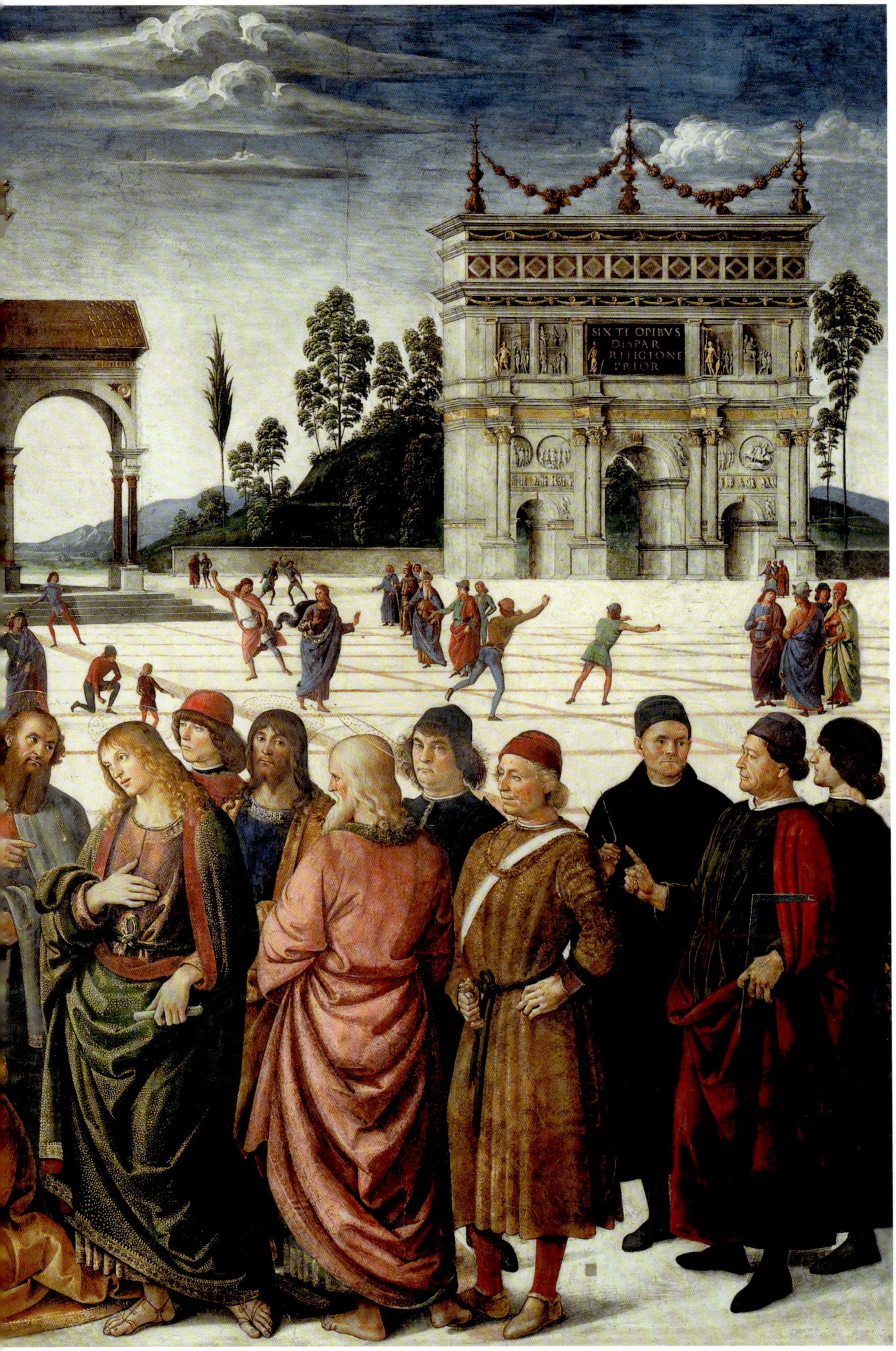

Nirgendwo treiben sich Maler, Bildhauer und Architekten gegenseitig so zu Höchstleitungen an wie in Florenz. Befeuert von den Aufträgen rivalisierender Patrizierclans, die sich mit ihrem Mäzenatentum schmücken, machen Künstler die Stadt am Arno zum kreativen Mittelpunkt der Renaissance

TEXT: JÖRG-UWE ALBIG

PIETRO PERUGINO (um 1448–1523) arbeitet eine Zeit lang in Florenz mit Leonardo da Vinci zusammen. Seine Bilder sind hochbegehrt: »Die Schlüsselübergabe an Petrus« etwa malt er 1482 für Papst Sixtus IV. Im Hintergrund des Freskos stellt der Künstler antike Fantasiebauten dar – zur Feier der klassischen Architektur und um einen räumlichen Eindruck zu erzeugen

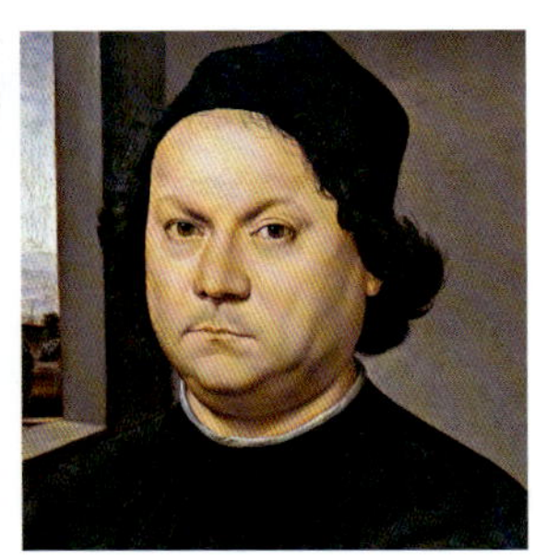

D

Das Goldene Zeitalter erscheint zu Pferd und in Ritterrüstung auf dem Platz vor der Kirche Santa Croce. Es wird begleitet von zwölf jungen Männern aus den vornehmsten Florentiner Familien, von Kämpfern, Knappen und Musikanten, und auf seinem Brustschild glimmt ein riesiger roter Edelstein. Sein Wams ist mit Rosen und Lorbeerzweigen aus Perlen bestickt. Und sein Barett, gleichfalls schwer von Perlen, ziert eine funkelnde Brosche mit den drei goldenen Federn, Markenzeichen der glorreichsten Familie der Stadt: Hier kommt Lorenzo de' Medici, *il Magnifico* wird man ihn schon bald nennen, den „Prächtigen".

Zu seinen Ehren haben die Stadtväter an diesem Februartag des Jahres 1469 zum Turnier gerufen. Wie immer ist die Piazza Santa Croce mit Sand aufgeschüttet und mit hölzernen Schranken in Bahnen geteilt, sind die umliegenden Gebäude mit Bannern und Wimpeln geschmückt. Wie immer sind die Tribünen vor der Basilika gefüllt mit den Würdenträgern der Stadt, sind Kombattanten aus nah und fern in Rüstung angetreten.

Doch die wahren Waffen des Turniers sind nicht mehr Schwert und Lanze: Es ist die Kunst.

Schon die Zier des Helms, mit dem der Prächtige in den Kampf zieht, ist nicht etwa die profane Arbeit eines Waffenschmieds. Die silberne Frauengestalt mit Lorbeer und Lanze kommt vielmehr aus der Werkstatt eines der bedeutendsten Maler und Bildhauer der Stadt: Andrea del Verrocchio.

Verrocchio, Liebling der Mächtigen, Hätschelkind der besseren Gesellschaft! Seine Skulpturen zeigen ihre Schönheit nicht nur in Frontalansicht, sondern nach allen Seiten – eine unerhörte Neuerung in der nachantiken italienischen Kunst.

Auch seine Gemälde wirken so plastisch, dass der Betrachter fast glaubt, um die Figuren herumgehen zu können. Die Kunst aus seiner Werkstatt wird Kollegen wie Michelangelo, Raffael und Correggio beeinflussen – und späteren Kunsthistorikern als Auftakt zur Hochrenaissance gelten.

Und auch die Standarte, die jetzt ein Page Lorenzo de' Medici vorantrágt, stammt aus dem Atelier dieses Meisters. Auf kostbarem Taft in Tiefrot und Weiß prangt darauf das Bild einer Dame in einem blauen Kleid voller silberner und goldener Blumen, bekrönt von Sonne und Regenbogen. Sie steht unter einem Lorbeerbaum, einen Lorbeerkranz in der Hand – Lorbeer, *laurus*, Lorenzo.

Und so ist es fast selbstverständlich, dass der Magnifico den ersten Preis gewinnt, „obwohl ich weder mit den Waffen noch den Stößen sehr stark war", wie er zugibt. Dafür aber habe er „mit großen Kosten und großem Aufwand" gekämpft: „Etwa 10 000 Siegelflorin" habe er für den Auftritt bezahlt.

Er hat ja nicht nur Waffen- und Silberschmiede, Samt- und Seidenweber, Schneider und Sticker engagiert, sondern auch Maler und Poeten. Denn Lorenzo de' Medici ist ein Mann, der die Kultur zum Mittel der Politik erhebt. Einer, der das Schöne als *soft power* nutzt, die nachhaltiger als nackte Gewalt die Macht seiner Familie zementieren soll. Und womöglich auch den finanziellen Erfolg – der in diesen Jahren etwas bröckelt.

Er selbst besticht nicht gerade durch äußere Anmut. Sein Unterkiefer springt vor, seine Stimme ist heiser, die Nase so platt gedrückt, dass sein Geruchssinn verkümmert ist. Doch dafür investiert er in die Ästhetik seiner Umgebung, fördert Poesie, Musik, Architektur, Malerei und Bildhauerei.

Zwar sind es nicht die großen Projekte, die er in Angriff nimmt: Er baut keine Kirche, keine Kapelle, gibt keine bedeutenden Fresken oder Porträts in Auftrag.

Doch umso eifriger umgibt er sich im Alltag mit kostbaren Dingen aus Künstlerhand, zeigt sich als Vorkämpfer des guten Geschmacks, als eleganter Connaisseur – mit dem praktischen Nebeneffekt, so von den wirtschaftlichen Problemen der Republik abzulenken.

Florentiner Künstler und Baumeister haben auch in den Jahrzehnten zuvor bereits Großes geleistet. Jetzt aber erhebt Lorenzo die Jagd nach dem Schönen zum flächendeckenden Programm. Später werden Gelehrte und Dichter ihn als den Mann feiern, der Florenz das Goldene Zeitalter gebracht hat – ein Zeitalter der Schönheit.

Sie werden ihn preisen als einen, der alles dafür getan hat, dass „die Künste und Fertigkeiten in Florenz ausgezeichneter" sind als „in jeder anderen Stadt Italiens", wie ein Chronist rühmt. Der nicht einfach eine schnöde Handelsmetropole regieren wollte, sondern dem etwas Neues vorschwebte: eine Kulturhauptstadt. Und so wird Florenz unter ihm zu einer *creative city*, wie sie Wissenschaftler gut 500 Jahre später propagieren werden: zu einer Stadt, die sich auf das Schöpferische konzentriert.

Noch Jahrzehnte später wird der Künstlerbiograf Giorgio Vasari die „Feinheit der florentinischen Luft" rühmen, die, nicht zuletzt „durch die gegenseitige Nachahmung", ständig „scharfsinnige und feine Geister" hervorbringe. Diese besondere Atmosphäre, in der ein ästhetisches Exzellenz-Cluster gedeiht, ein Kreativzentrum aus Architekten, Kunsthandwerkern, Bildhauern und Malern von solcher Qualität, dass selbst die größten Könner der Vergangenheit „nicht würdig wären, ihre Schüler zu sein", wie der Handelsherr und Mäzen Giovanni Rucellai jubiliert.

Es sind Männer wie Andrea del Verrocchio, die Florenz zu einem Hotspot der Talente machen. Universalgenies wie der elegante Leonardo da Vinci, Jahrgang 1452, der bei Verrocchio lernt und früh aus dessen

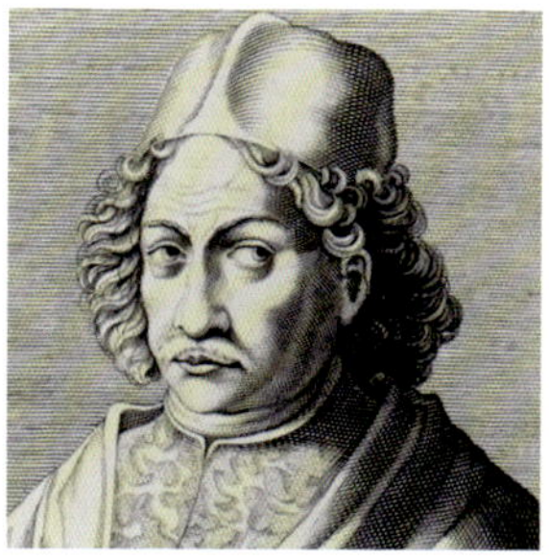

Viele Florentiner Künstler wirken gemeinsam in Ateliers – oder als Team unter Führung eines Meisters, wie in der Werkstatt des ANDREA DEL VERROCCHIO (um 1435–1488). Leonardo ist einer der Lehrlinge Verrocchios; bei »Tobias und der Engel« malt er wahrscheinlich um 1475 den sterbenden Fisch und den Hund

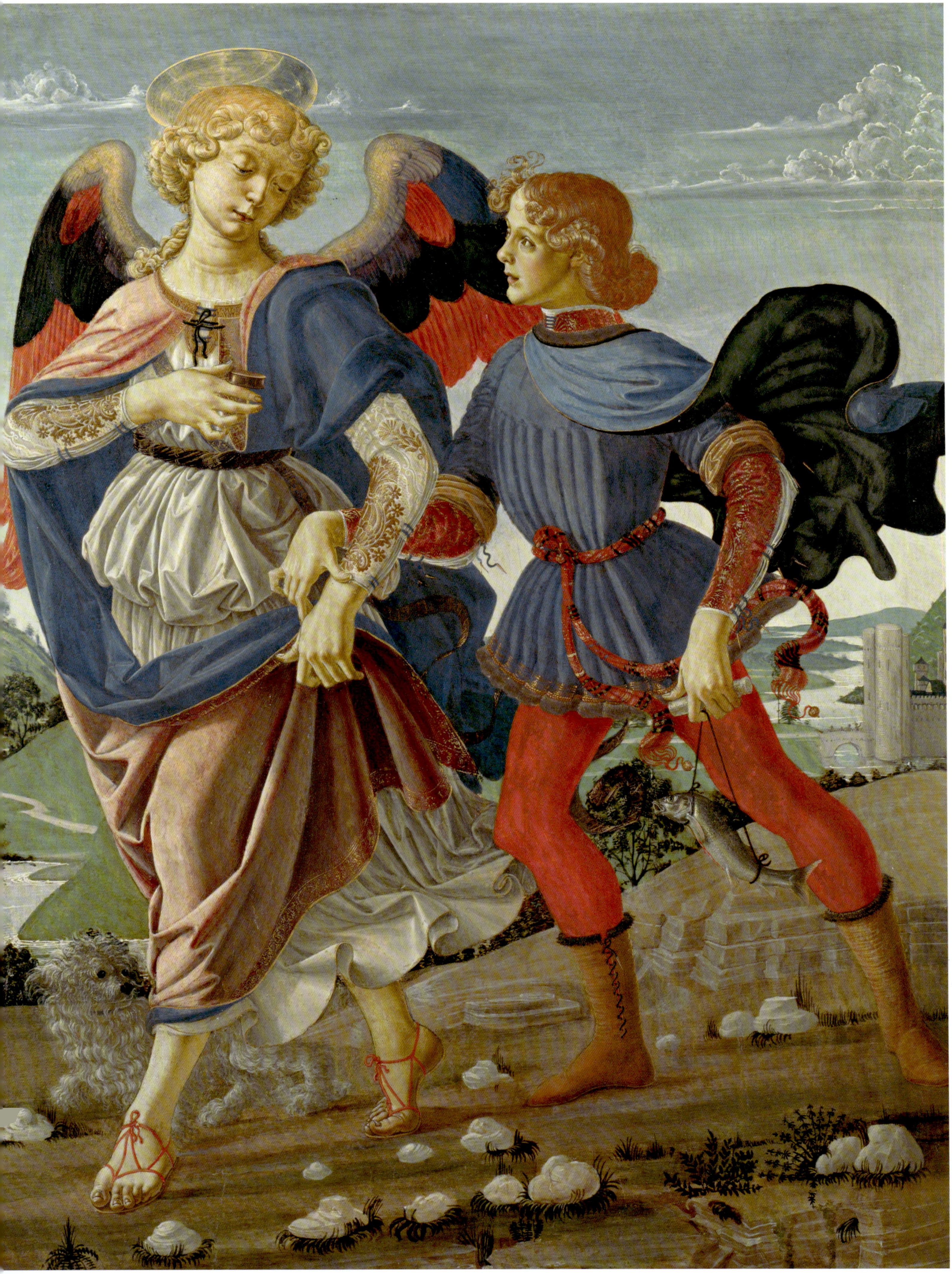

Schatten tritt. Meister wie Sandro Botticelli, geboren um 1445 und für seine berückenden Frauendarstellungen berühmt. Publikumslieblinge wie Domenico Ghirlandaio, Jahrgang 1449, der in Fresken für die Kirchen Santa Maria Novella und Santa Trinita fast die komplette Stadtelite porträtiert.

Lorenzos neuer Geldadel: Das ist eine gebildete, kultivierte Schicht von wohlhabenden Kennern, die in allen Disziplinen des Schönen zu Hause sind. Sie fühlen sich den humanistischen Gedanken nah – und dem Geschmack der Massen so fern wie keine Generation vor ihnen. Sie sind bereit, mehr Geld als je zuvor für Kunst auszugeben. Und entschlossen, dafür nur das Erlesenste zu verlangen.

Es sind Erben, die jetzt das gesellschaftliche Leben der Republik prägen. In ihnen lebt weniger der Unternehmergeist der Väter, die den Reichtum angehäuft haben, etwa eines Cosimo aus der Familie der Medici, die mit ihrem Bank- und Handelshaus vermögend und politisch außerordentlich einflussreich geworden sind. Es sind vielmehr verwöhnte Söhne und Enkel wie Lorenzo, die lieber repräsentieren statt zu produzieren – doch das mit einer Raffinesse, die längst ein eigener Beruf geworden ist.

Ihr exquisiter Geschmack ernährt eine Luxusindustrie, die nicht nur die Läden an der Por Santa Maria mit feinem Schmuck überschwemmt, mit Edelmetallarbeiten, Kelchen und Lederkästchen, sondern längst auch die Fürstenhöfe Italiens, Frankreichs, Englands und der Niederlande beliefert.

In der Via Calimala, an der Via Vacchereccia und der Porta Rossa bieten die Händler eine überwältigende Auswahl an kostbaren Textilien feil. Allein etwa 80 Läden sind auf Seide und Brokatstoffe spezialisiert; für besonders Verwöhnte gibt es dazu

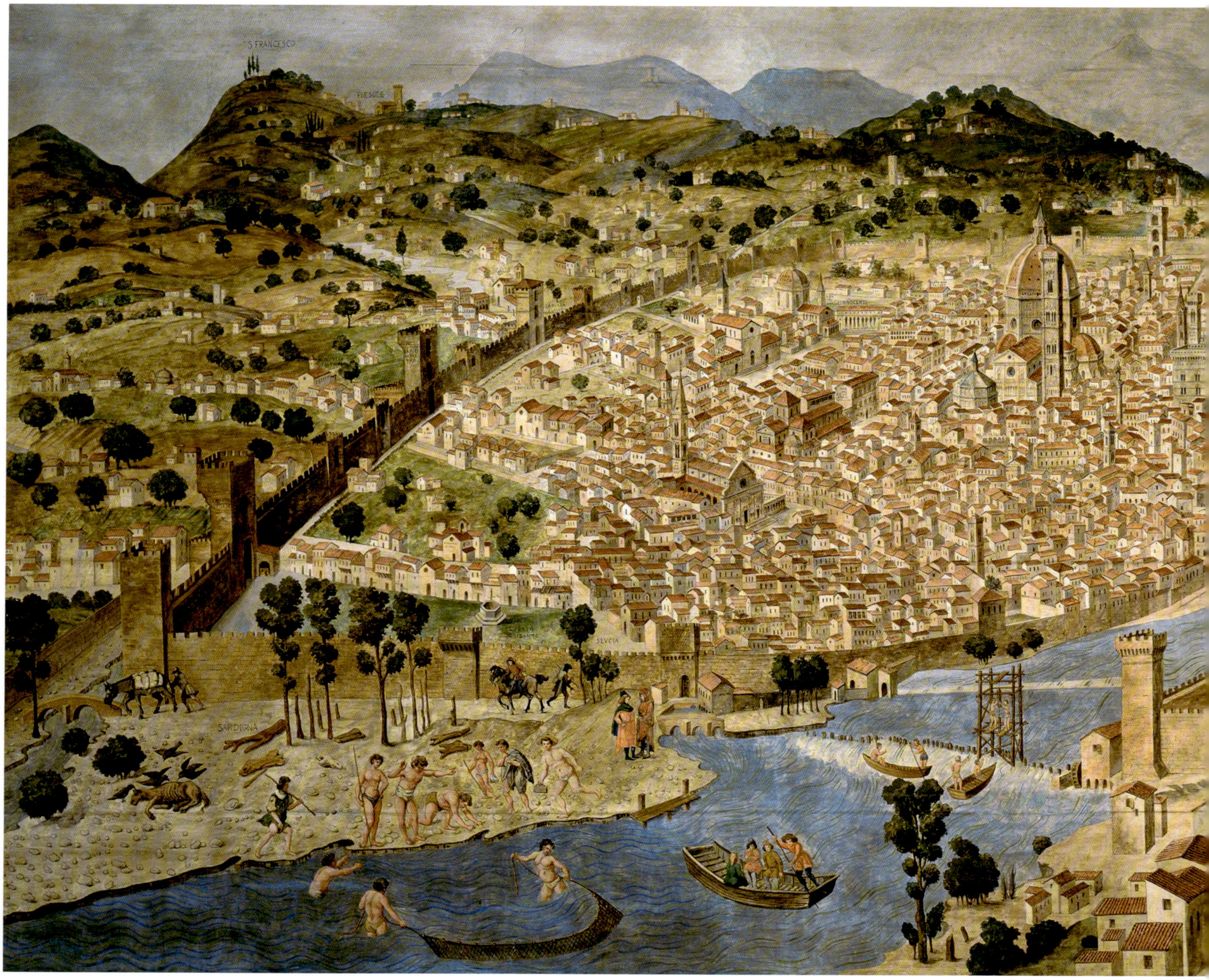

Als eine leuchtende Metropole präsentiert sich Florenz in dieser Darstellung von 1490. Die Stadt am Arno, reich geworden durch Handel, Tuchproduktion und Bankgeschäfte, ist im 15. Jahrhundert die Kapitale der Kunst: Hier wirken reiche Mäzene wie die Medici, Architekten wie der Dombaumeister Brunelleschi sowie Maler und Bildhauer wie Leonardo, Masaccio, Donatello und Botticelli

Pelzbesätze aus Zobel, Luchs oder Hermelin. Auf der eleganten Via Tornabuoni flanieren die Dandys der Stadt, zeigen ihre hochgeschlossenen Wämser, Seidenärmel und maßgeschneiderten Samthosen, die der *bella figura* erst Kontur verleihen.

Und überall in der Stadt errichten Bauarbeiter neue Paläste für die Reichen: Die Medici bauen bevorzugt an der Via Larga; die Strozzi befestigen ihr Territorium rund um Santa Trinita. Und so wild wuchert der Baueifer der Oberschicht, dass bereits Baumeister und Baumaterial knapp werden.

Auch über die Kirchen der Stadt ergießt sich jetzt der neue ästhetische Ehrgeiz. Vor allem deren Innenräume, bislang meist Sammelsurien von Einzelstücken, werden immer mehr zu harmonischen Ensembles.

Und die Bürger entscheiden mit: Entwürfe für öffentliche Aufträge für Bauten oder Kunstwerke werden dem Publikum vorgelegt, um zu erfahren, „utrum placeat populo“ – „ob es dem Volk gefällt“. Zu einem Wettbewerb für die Neugestaltung der Domfassade reichen neben Architekten auch zahlreiche Dilettanten Vorschläge ein, darunter Lorenzo de' Medici.

Auch die Zünfte kümmern sich um die Kunst und Architektur der Stadt: Die Wollweber etwa betreuen Dom und Glockenturm, die Tuchhändler das Baptisterium und die Seidenmacher das Findelhaus. Die Gilden bilden Expertenkommissionen, die die öffentlichen Bauvorhaben privater Stifter sowie städtischer und kirchlicher Institutionen verwalten und leiten. Sie schreiben Wettbewerbe aus, begutachten Pläne, vergeben Aufträge, überwachen die Arbeiten, beschaffen Material, ziehen bei komplizierteren Aufgaben Spezialisten hinzu.

Dabei achten sie darauf, dass die eigene Repräsentation nicht zu kurz kommt. Viele Zünfte lassen Statuen ihrer Schutzheiligen an der Kirche Orsanmichele anbringen: die Strumpfwirker ihren Apostel Philippus, die Hufschmiede ihren Eligius, die Metzger den Petrus, die Leineweber den Markus und die Harnischmacher den Ritter Georg.

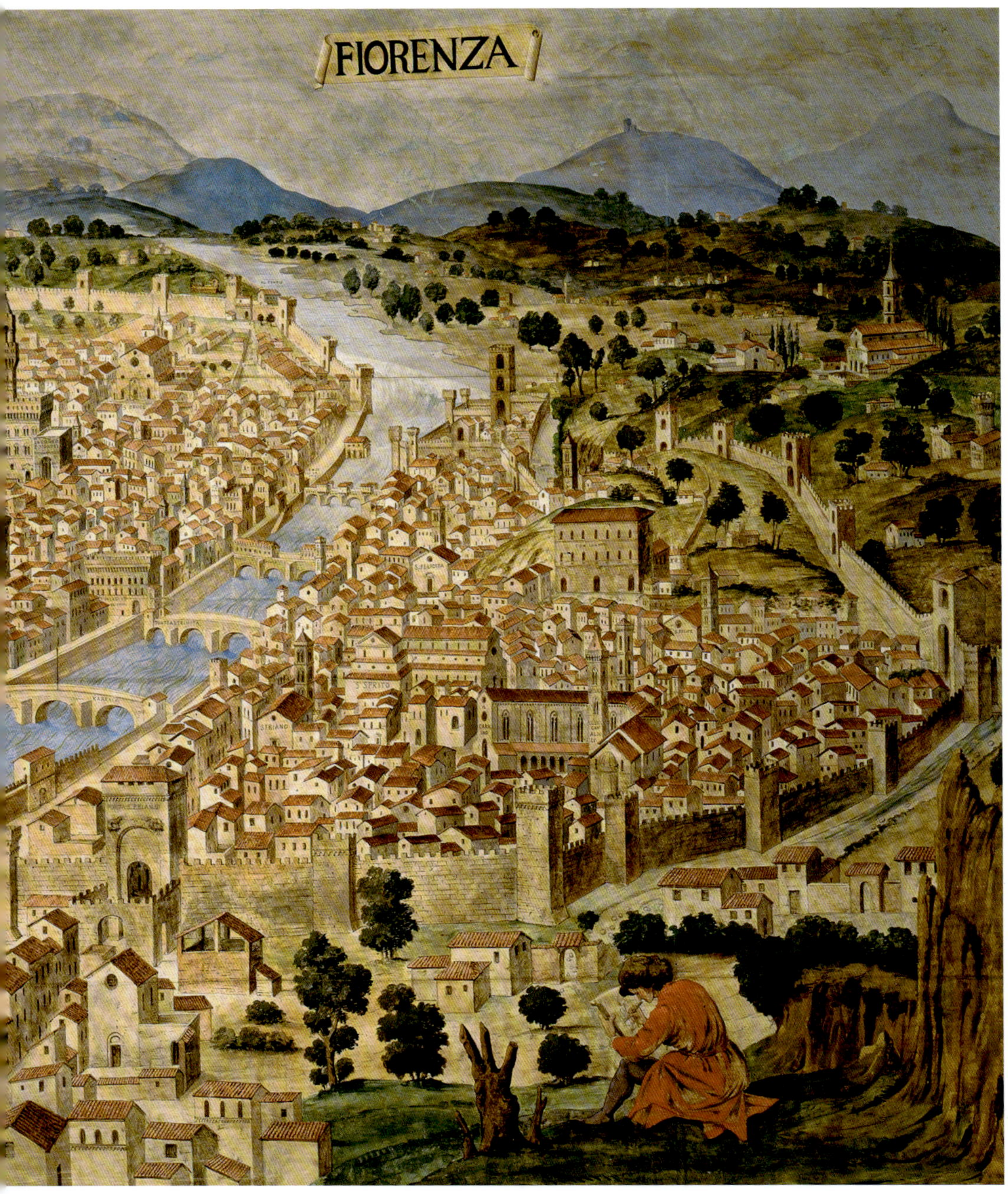

Aber auch Privatleute nutzen die Kirchen als Werbeträger. Zum höheren Ruhm von Familie oder Firma stiften sie Altäre oder ganze Kapellen, überziehen sie mit eigenen Wappen und Porträts. Gierig jagen sie einander die prestigeträchtigsten Standorte ab, markieren sie mit frisch gemalten Versionen biblischer Szenen – die freilich dann zwischen all den eingestreuten Bildnissen von Verwandten und Freunden des Auftraggebers oft kaum noch zu erkennen sind.

Denn nicht nur die Religion der Schönheit blüht in Florenz, sondern ebenso der Kult des Individuums: In kaum einer anderen Stadt erscheinen so viele Biografien. Und auch bei ihren künstlerischen Porträts legen die Florentiner viel Wert auf persönliche Eigenart und naturnahe Lebendigkeit. Als etwa der Bankier Filippo Strozzi eine Marmorbüste seiner Person in Auftrag gibt, komplett mit gedankenschwerem Blick und pelzbesetztem Gewand, darf auch die Warze nicht fehlen.

Bunt bemalte Abgüsse von Gesichtern Verstorbener zieren ganz selbstverständlich die Wohnungen der Bürger, hängen über Türen und Kaminen. Auch Lorenzo de' Medici scheut sich nicht, sein kostbares Abbild in die Welt zu streuen: Als Votivgabe zum Dank für seine Rettung bei einem Attentatsversuch im Dom lässt er in drei Kirchen lebensgroße Figuren seiner selbst aufstellen, mit Ölfarben bemalt, die Köpfe und Hände aus Wachs geformt. Eine der Puppen trägt sogar jenes Gewand, das er am Tag des Überfalls angezogen hatte.

N

Natürlich ist es Andrea del Verrocchio, der den Auftrag für die Figuren erhalten hat. Es gibt nur wenige Künstler, die Lorenzo so hoch schätzt. Dabei ist Verrocchio ein Newcomer – kein Abkömmling einer alten Künstlerfamilie, sondern Sohn eines Ziegelbrenners. Anfangs hat sich Andrea erfolglos als Architekt und Ingenieur versucht, hat zudem eine Ausbildung zum Goldschmied absolviert, ehe er schließlich ins Bildhauer- und Malerfach wechselte.

Eine so krumme Karriere ist nichts Besonderes in Florenz: Viele von Verrocchios Kollegen haben ebenfalls erst als Goldschmiede gearbeitet, andere als Steinmetze, als Ornament- oder Intarsienschnitzer. Und es ist vielleicht kein Zufall, dass es oft gerade diese Quereinsteiger sind, die der Kunst die kühnsten Innovationen bescheren.

Auch Verrocchio profitiert von der Vielseitigkeit, die ihm sein gewundener Lebenslauf verleiht. Für Lorenzo de' Medici malt er dessen Jugendgeliebte Lucrezia Donati, gießt einen bronzenen Putto mit Delfin im Arm, konstruiert Dekorationen für Staatsbesuche und gestaltet die Gräber verstorbener Familienmitglieder: und alles mit der gleichen Sorgfalt, der gleichen makellosen Virtuosität.

Und er schmückt den Palast des Prächtigen. Der mächtige Klotz an der Via Larga wirkt von außen wie eine Festung, von innen aber ist er eine Schatztruhe: Die Sammlung der Familie erweitert Lorenzo um mehr als das Doppelte.

Hier ergeht sich der Magnifico zwischen Skulpturen und Reliefs von Donatello, zwischen Gemälden von Giotto, Fra' Angelico und Paolo Uccello, durchwandert seine Bibliothek aus einer Vielzahl kostbarer Bücher und Handschriften. Streicht mit der Hand über flämische Wandteppiche und Schwerter aus Damaszenerstahl, über Antiquitäten, Gemmen, Ringe, Münzen, Medaillons und das angebliche Horn eines Einhorns, das allein 6000 Florin wert sein soll.

Diese Pracht ergänzt Verrocchio mit dem Relief einer Madonna. Und einen antiken, aber beschädigten Vulkanstein-Torso des Gottes Marsyas, den Lorenzo aus Rom erhalten hat, macht er wieder komplett: Aus rotem Marmor stückelt er ihm neue Arme und Beine an.

Der Prächtige ist seinem Künstler dankbar. Und er zögert auch nicht, Verrocchio zum Werkzeug seiner Politik zu machen: Dem König von Ungarn etwa verehrt er Reliefs mit den Köpfen antiker Kriegshelden, ausgeführt vom Meister persönlich.

Die Zeiten, in denen sich die Medici fremde Herrscher mit Krediten aus ihrer Bank geneigt machen konnten, gehen dem Ende zu. Unter der Führung des als Geschäftsmann wenig erfahrenen Lorenzo schwächelt das Finanzimperium. Bald muss der Magnifico sich selber Geld von Konkurrenten wie Filippo Strozzi leihen.

Und so verlegt er sich auf Kulturdiplomatie, sendet Florentiner Architekten zum König von Neapel oder schickt den Maler Filippino Lippi zum Kardinal Carafa nach Rom.

Er wählt wohl auch jene Künstler aus, die 1481 den Freskenzyklus der Sixtinischen Kapelle in Angriff nehmen – ebenfalls ein Zug im politischen Schachspiel der Gefälligkeiten. Denn bei allem Raffinement bleibt ihm die Kunst zugleich Mittel zum Zweck.

Auch Lorenzos Mitbürger zehren von der Kraft des Schönen, um das Wohlwollen von Kunden, Gönnern und Machthabern zu gewinnen.

Ein leitender Angestellter der Medici-Bank etwa bestellt, um seinen Arbeitgebern zu gefallen, beim Maler Ghirlandaio Fresken für die Kirche Santa Trinita, die an prominenter Stelle die ungekrönte Herrscherfamilie feiern. Und der Bankier Guasparre del Lama gibt bei Sandro Botticelli für die Kirche Santa Maria Novella eine mit Medici-Porträts gefüllte „Anbetung der Könige" in Auftrag – in der Hoffnung, die Aufmerksamkeit der Machthaber zu erregen.

Die Florentiner Elite nutzt die Kunst aber auch zur Verschönerung des Lebens. Denn die Meister sind ja nicht nur für Bilder und Skulpturen zuständig, sondern ebenso für die Ästhetisierung des Alltags.

Sie entwerfen Messgewänder und Altarbehänge, schmücken die Wohnungen der Bürger mit Täfelungen, farbigen Wandanstrichen, prachtvollen Bettladen und bunt verzierten Geburtstellern.

Und ohne Murren bemalen sie Marktkörbe, Spielkarten, Dosen, Schachteln oder die obligatorischen Hochzeitstruhen, die ein Mann in die Ehe einzubringen hat.

Auch die Begabtesten sind sich nicht zu schade, Theatervorstellungen auszustatten oder Hochzeiten oder jene aufwendig dekorierten Huldigungszüge, mit denen vornehme Kavaliere vor den Häusern ihrer Damen um deren Herzen werben.

Für Prozessionen gestalten Künstler Banner, Standarten und tragbare Tafelbilder, geschmückt mit frommen Darstellungen oder den Markenzeichen von Zünften oder Bruderschaften. Für öffentliche Feste und Umzüge entwerfen sie antik anmutende Gewänder, Feuerwerkswagen und Prunkkarossen, auf denen bemalte Modelle unterworfener Städte thronen.

Und wenn ein Fürst oder gar der Papst zu Besuch kommt, verwandeln sie die Stadt in eine prächtige Kulisse – mit Triumphbögen aus Holz, vorgetäuschten Säulen, Statuen und Reliefs aus Farbe und Stuck.

Unerschöpflich auch die Ideen der Meister, wenn in Florenz der Karneval anbricht – den Lorenzo so sehr liebt, dass er höchst-

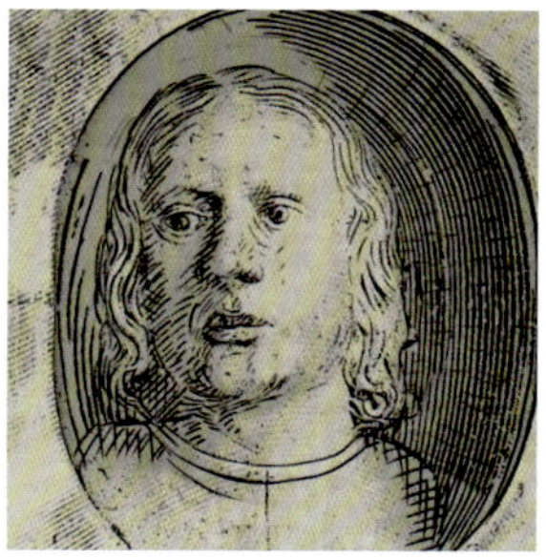

Im »Bildnis einer jungen Frau« porträtiert PIERO POLLAIUOLO (um 1443–1496) um 1465 wohl eine erst 13-jährige Kaufmannstochter vor ihrer Hochzeit – und zwar im strengen Profil. Erst Leonardo da Vinci wird diese Florentiner Konvention durchbrechen und die Frauen von vorn zeigen

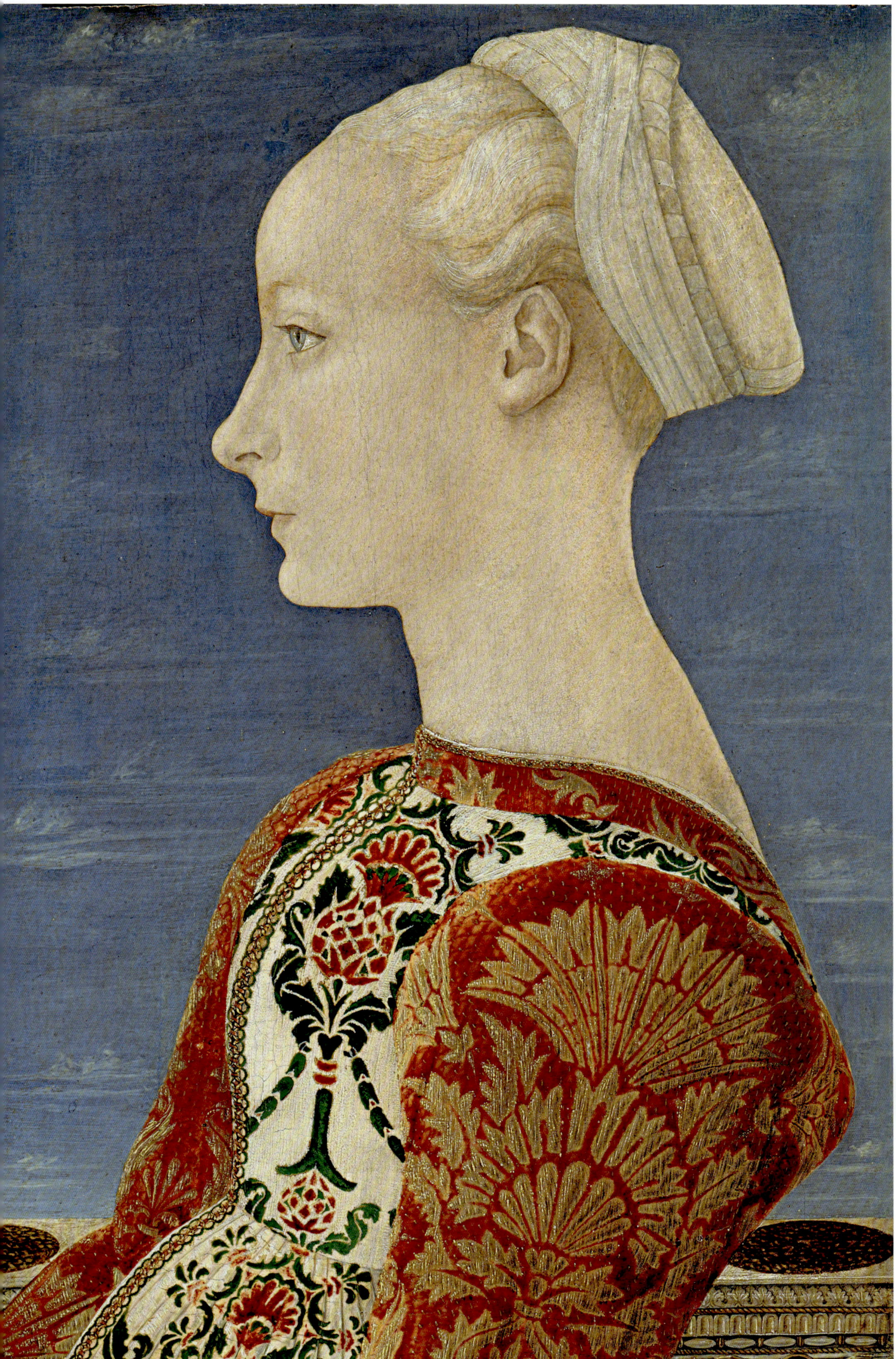

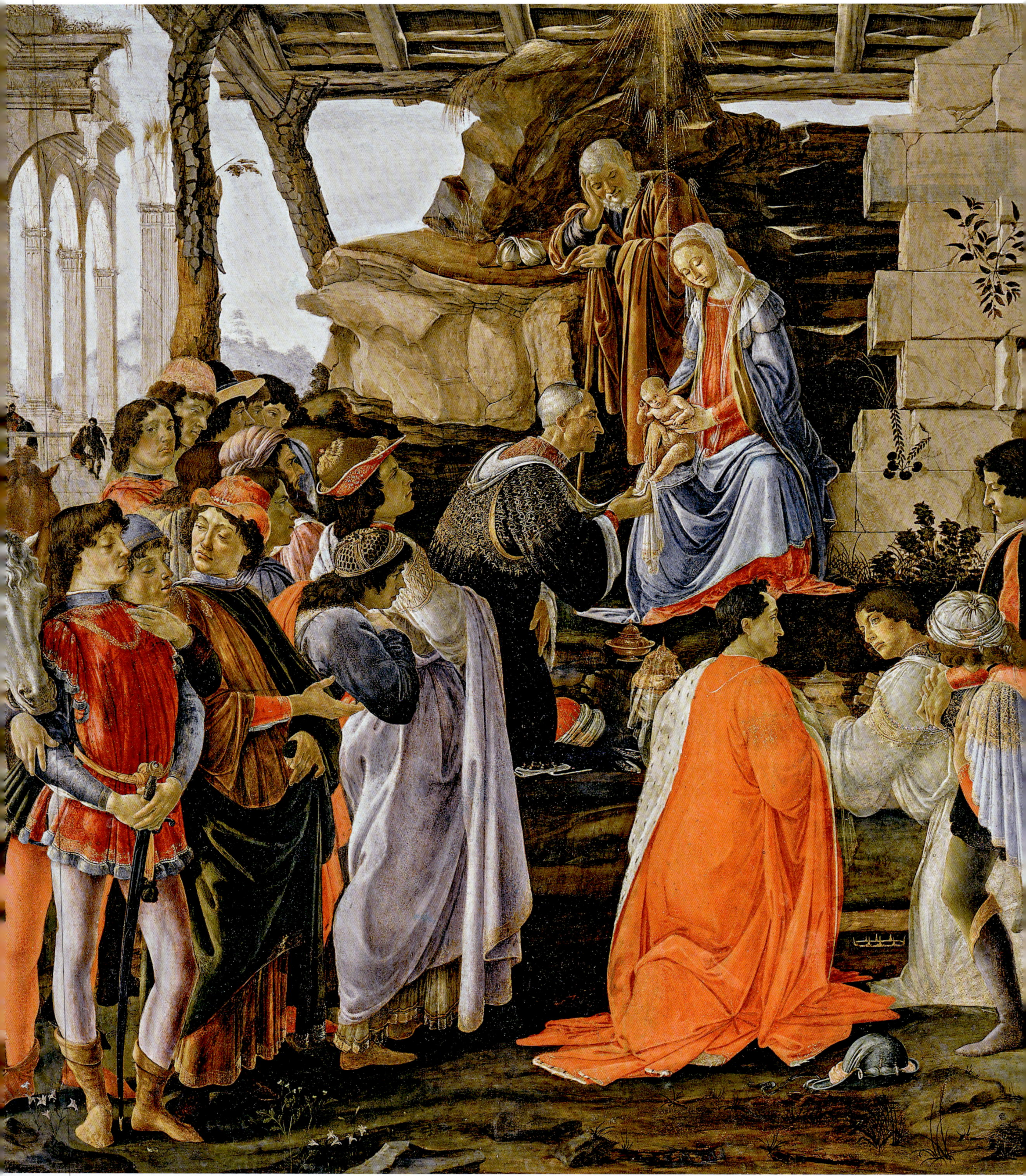

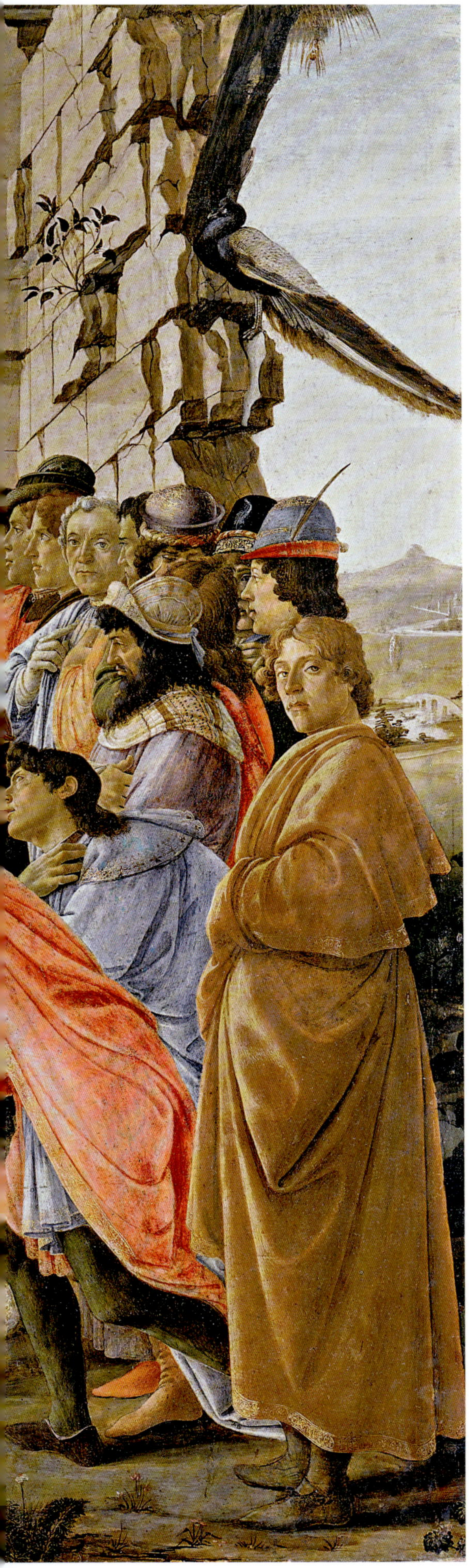

In dieser »Anbetung der Könige«, die ein Bankier um 1475 bei SANDRO BOTTICELLI in Auftrag gibt, übernehmen etliche Florentiner Bürger die biblischen Rollen, darunter Cosimo de' Medici als Weiser aus dem Morgenland, der vor dem Christuskind kniet. Auch sich selbst hat der Maler verewigt: ganz rechts am Bildrand

persönlich eigene, von ihm gedichtete Lieder für die umherschweifenden Gesangstruppen beisteuert.

K

Keine Werkstatt aber bietet derart viele Dienstleistungen auf so hohem Niveau wie die des Andrea del Verrocchio. Sein Team arbeitet in Silber, Bronze und Marmor, in Terrakotta, Stuck, Holz, Tempera und Öl. Verrocchio arbeitet für die Dombauhütte der Stadt, modelliert für die Mercanzia, das Handelsgericht, einen heiligen Thomas, der dem Heiland den Finger in die Wunde legt.

Für die Uhr am Mercato Nuovo produziert er einen bronzenen Putto, der mittels einer ausgetüftelten Mechanik automatisch die Glocke schlägt. Lässt sich nicht lange bitten, als die Stadtregierung einen großen Bronzeleuchter für den Audienzsaal im Rathaus bestellt. Und setzt seine ganze Erfindungsgabe darein, die Laterne des Doms mit einer großen, von unten begehbaren Kupferkugel aus acht Einzelteilen zu krönen.

Verrocchio ist ein *uomo universale,* wie ihn die Zeit verlangt: Er ist nicht nur als „Maler und Steinschneider" bei seiner Gilde eingetragen, sondern gilt auch als Musiker – und als Kenner der Wissenschaften.

Denn wer Schönes erschaffen will, braucht jetzt auch Kenntnisse in Mathematik, Geometrie und Anatomie.

In diesem Zeitalter der Vernunft reicht es ja nicht mehr aus, die antiken Meister nachzuahmen. Immer mehr Maler studieren nun die Wirklichkeit und halten sie in Skizzen fest. Untersuchen die menschliche Anatomie anhand von Aktmodellen, weisen notfalls auch einen Werkstattgehilfen an, sich zu entblößen – oder schauen sich das Leben sogar von sezierten Toten ab, wie angeblich Verrocchios Konkurrent Antonio del Pollaiuolo: „Er besaß ein moderneres Verständnis von nackten Körpern als die Meister vor ihm", wird sein Biograf Giorgio Vasari bemerken, „da er vielen Menschen die Haut abgezogen hat."

In Verrocchios Werkstatt ist die Schönheit, die in seinen Werken wohnt, zunächst nur eine Idee. Wahrscheinlich ist auch sein Atelier eines der düsteren Ladenlokale, in denen die meisten Künstler der Stadt ihre Arbeit tun: eine dieser Höhlen, die einen kleinen Raum umfassen und nur durch den Vordereingang Licht bekommen.

Sie kosten im Schnitt sechs Florin Miete im Jahr, was 50 Tageslöhnen eines Baufacharbeiters entspricht. Dazu kommt eine Ablöse an den Vormieter, die je nach Prestige des Künstlers, der das Atelier zuvor genutzt hat, steigt. In dieser engen Welt stehen unfertige Gemälde und Skulpturen Seite an Seite, wandert der Meister von einer Arbeit zur nächsten, legt hier Hand an, gibt dort Anweisungen an Lehrlinge und Gehilfen.

Die Tür zur Straße steht meist offen. Sie lässt neugierige Kunden herein und die Geräusche der Stadt, doch auch den Geruch von Stroh und Pferdemist. Und steht der Wind ungünstig, weht der Gestank vom Arno herüber, wo die Fischhändler ihre Ware anbieten, die Gerber mit Pferdeurin gebeizte Tierhäute auswaschen und die Fleischer die Innereien des Schlachtviehs entsorgen.

Der Raum ist gesättigt mit Lärm und Marmorstaub, mit den Gerüchen von Leim, Farbe und Schweiß. Angestellte stehen an Tischen und Werkbänken, kramen in Regalen, Schränken und Truhen, hantieren mit Zangen, Hämmern, Sägen und Waagen. Schachteln, Schüsseln und Dosen zum Aufbewahren der Malmittel stehen herum, Steinplatten und Mörser zum Mahlen der Pigmente. Kissen und Poliersteine für Vergoldungen liegen bereit. Papier, Leinwände, Holztafeln und Rahmen.

Wohl um 1470, als die Werkstatt allmählich zu florieren begann, hat der damals etwa 35 Jahre alte Verrocchio begonnen, sein Team um sich zu scharen. Er fand junge Talente wie Lorenzo di Credi, der nicht nur virtuos die Absichten des Meisters in Farbe umsetzt, sondern auch mit größter Sorgfalt und Delikatesse Pigmente mahlt.

Andrea entdeckte vermutlich auch spätere Berühmtheiten wie Pietro Perugino und Sandro Botticelli.

Und er rekrutierte den jungen Leonardo da Vinci, der sich schnell als so begabt erwies, dass er angefangene Werke des Meisters in seiner eigenen Manier vollendete – und ihnen so oft erst das Gesicht verlieh.

Spätere Stilanalysen lassen vermuten, dass Leonardo etwa an Verrocchios „Taufe Christi" entscheidend beteiligt war.

Demnach hat er eine Engelsfigur beigesteuert, die Hände eines weiteren Engels, Teile des Felsens im Mittelgrund sowie einen Ausblick in die Landschaft; außerdem den Kopf und die unbedeckten Körperpartien der Christusfigur vollendet.

Auch die Konturen von Armen und Schultern, die Haltung der Hände und die Stellung des rechten Fußes sind offenbar Korrekturen von seiner Hand. Röntgenaufnahmen werden zeigen, wie Leonardo die Komposition verändert hat: Unter seinem Pinsel hat das Gemälde eine neue Prägung erhalten.

Ohnehin gehört kollektives Arbeiten in der Kreativwirtschaft von Florenz zum Alltag. Neben Ateliergemeinschaften junger Debütanten, die sich die Investitionskosten für Miete, Einrichtung und Werkzeug teilen (und bisweilen auch die Wohnung), gibt es Familienbetriebe, in denen sich Brüder zusammenfinden oder Vater und Sohn, sowie Projektgruppen, in denen sich mehrere Könner für ein einziges Werk vereinen.

Und es existieren Unternehmen wie das von Verrocchio, in denen ein Meister ein Team aus Lehrlingen, Gesellen und Hilfskräften befehligt und organisiert.

Gewöhnlich tritt ein Lehrling die Ausbildung mit zwölf bis 14 Jahren an. Von Beginn an wird er für einfache Arbeiten in der Werkstatt eingespannt und erhält dafür Kost und Logis, manchmal ein Taschengeld. Nach drei Jahren ist die Ausbildung meist vorbei. Anschließend wird der Lehrling zum Gesellen, ehe er sich selbstständig macht.

Manche Gesellen bleiben aber auch ihr Leben lang Angestellte, bei denen die Meister zuweilen per Vertrag darauf pochen, dass der Gehilfe „zu jeder Zeit" zu Diensten ist und alles tut, „was dem Meister nötig und gefällig" erscheint.

Und das ist nicht wenig. Vor dem ersten Pinselstrich müssen die Helfer Pigmente auf harten, glatt polierten Steinplatten zermahlen; eine Arbeit, die oft Tage dauert. Sie müssen Farben und Bindemittel mischen, rühren den *gesso* an, die Grundierungsmasse aus Leim und Gips oder Kalk, etwa aus Geflügelknochen – „je älter, desto besser", empfiehlt ein Handbuch der Malerei. In mehreren Lagen streichen sie die Paste auf das Holz oder die Leinwand. Schließlich tragen die Fachkräfte das Blattgold für Hintergründe und Heiligenscheine auf.

Dann endlich kommt der Meister mit der Entwurfszeichnung, in der schon die Seele des Bildes wohnt. Das Zeichnen ist einfacher geworden – und populärer: Noch 50 Jahre zuvor, um 1425, mussten die Maler Skizzen auf teurem Pergament oder kleinen, mit Knochenmehl grundierten Täfelchen anfertigen. Seit Papier auf dem Markt aber immer billiger wird, ist das Material für eine rasche Naturstudie schnell zur Hand.

Auch Skizzenbücher gehören mittlerweile zur Standardausrüstung. Und anstelle des zarten Silberstifts greifen die Künstler immer häufiger zur schnellen Tuschfeder – oder dem geschmeidigen Rötel, mit dem Avantgardisten wie Leonardo da Vinci experimentieren.

Ist der Bildgrund eines Kunstwerks von den Gesellen vorbereitet, nimmt der Meister die Entwurfszeichnung zur Hand und überträgt sie sorgfältig. Mit bräunlichem Pinselton markiert er Licht und Schatten. Und zum Schluss fügt er die Farben hinzu – erst die Gewandpartien, schließlich die unverhüllten Körperteile und Köpfe.

Für ein Fresko, also das Bemalen einer frisch verputzten Wand, ist der Aufwand ungleich größer. Viele Maler schrecken vor der Arbeit zurück, denn sie erfordert subtile Logistik, aufwendigen Transport von Werkzeug und Material und die ständige Anwesenheit von Künstler und Team vor Ort.

Die Männer müssen ein großes, bisweilen fahrbares Gerüst vor der leeren Fläche aufbauen, ehe der Meister dann die Entwurfszeichnung mit einem Metallstift auf den frisch (*al fresco*) aufgelegten, noch weichen Putz überträgt. Im Winter kann es so kalt sein, dass der Leim einfriert, im Hochsommer trocknet der Gipsgrund so schnell, dass es zuweilen unmöglich ist, die Farbe rechtzeitig aufzutragen. Und zu allem Überfluss werden Fresken auch noch schlechter bezahlt als Tafelbilder.

Doch welcher Künstler kann schon wählerisch sein? In der *creative city* Florenz ist die Konkurrenz groß. Denn unter den Medici hat die einst allgegenwärtige Kontrolle durch die Zünfte weiter an Macht verloren. Viele Künstler halten es nicht mehr für nötig, sich in eine der Berufsorganisationen einzuschreiben.

Die strengen Produktstandards sowie die Beschränkung der Mitglieder auf ein einziges Handwerk, wie sie in anderen Städten üblich sind, setzen die Florentiner Gilden kaum noch durch – und so entsteht Raum für Erfindergeist und Interdisziplinarität, aber auch für gnadenlosen Wettbewerb.

Allein eine von mehreren Vereinigungen der Maler umfasst 1472 mehr als 40 Mitglieder. Etwa zur gleichen Zeit zählt ein Chronist 54 Werkstätten für Steinbildner sowie 84 für dekorative Schnitzereien und Intarsien – das sind insgesamt weit mehr als jene beispielsweise 70 Betriebe, die das Schlachterhandwerk ausüben.

Auch aus dem Ausland drängen Fachkräfte in die Stadt: Niederländische und deutsche Bildhauer bieten ebenfalls am Arno ihre Dienste an. Und so müssen sich die Künstler jetzt um Aufträge balgen.

Verrocchios Werkstatt hat es mit starken Mitbewerbern zu tun, etwa den Familienunternehmen der Bicci oder der Robbia.

Sein einstiger Lehrling Leonardo da Vinci macht sich wohl Ende der 1470er Jahre selbstständig. Und nicht einmal die Gunst der Medici ist Andrea uneingeschränkt gewiss: Auch sein schärfster Mitbewerber Antonio del Pollaiuolo ist ein Favorit der mächtigen Florentiner Familie.

Und ein wenig bedeutender, wenn auch geschmeidiger Könner wie der Bildhauer Bertoldo di Giovanni hat es gar zum Dauergast in den Villen der Medici gebracht: Er sitzt mit dem Magnifico zu Tisch, geht mit ihm auf Reisen – und darf sich vor ihm einen

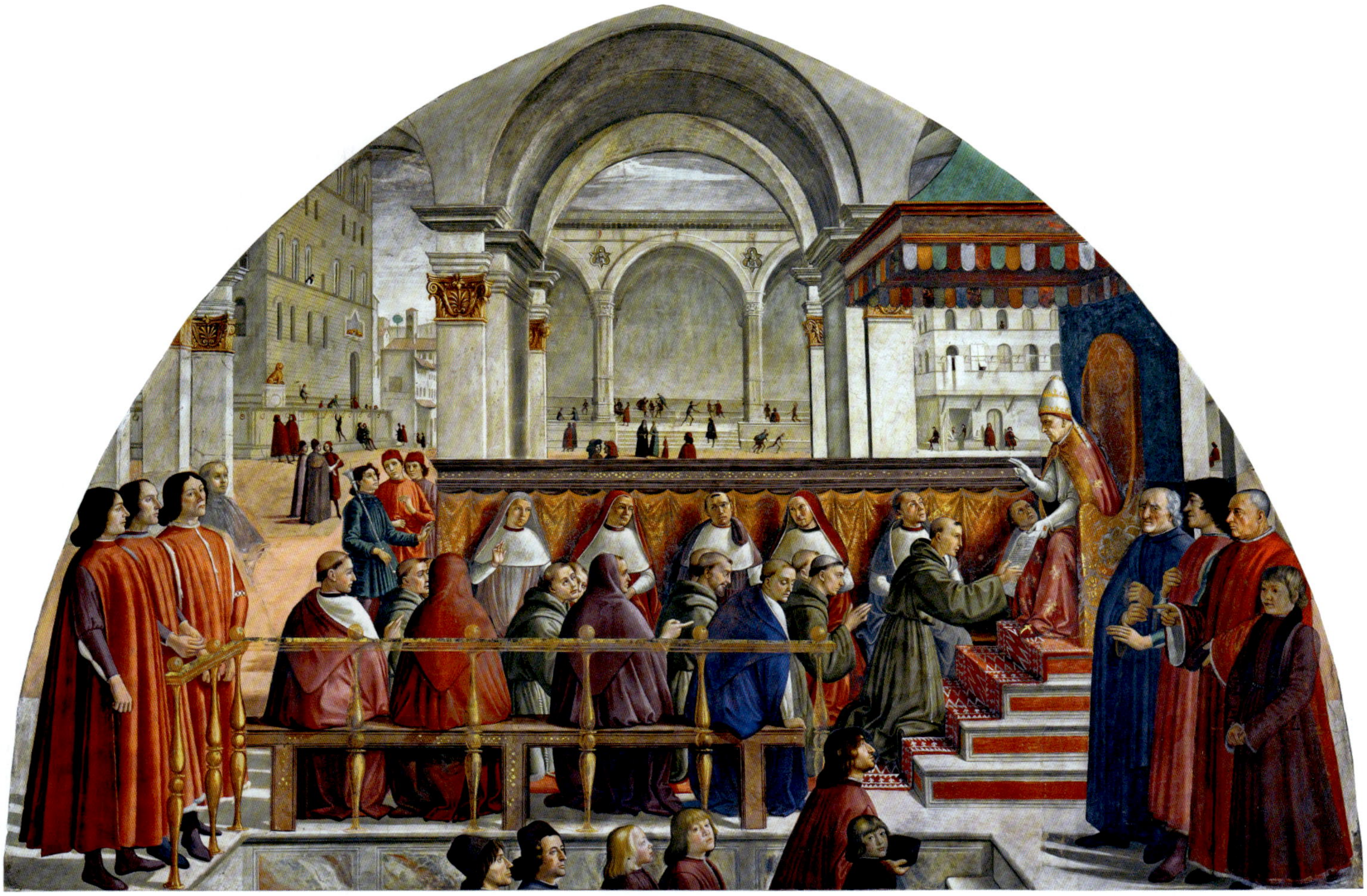

»Die Bestätigung der Ordensregel« von **DOMENICO GHIRLANDAIO** (1448–1494) zeigt Franz von Assisi beim Papst in Rom. Doch verlegt der Künstler die Szene nach Florenz: Im Hintergrund ist die Piazza della Signoria zu sehen. Zudem tragen viele Gestalten die Gesichtszüge örtlicher Persönlichkeiten

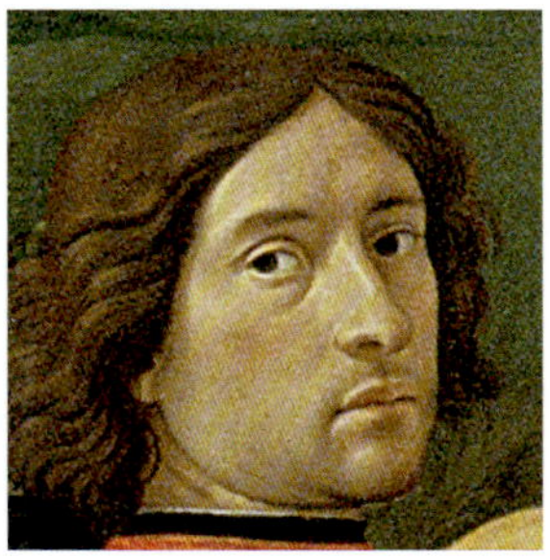

Umgangston erlauben, den nur wenige anzuschlagen wagen.

Bertoldo erhält von Lorenzo viele Aufträge: hier ein Bronzerelief, ein fröhliches Bacchanal mit Kindern, dort eine Reiterschlacht, frei nach einem altrömischen Sarkophag, die über den Kamin eines Zimmers im Medici-Palast passt.

Es sind ja längst nicht immer die Wagemutigen und Visionäre, die Erfolg haben: Nichts etwa verkauft sich so gut wie der konfektionierte Süßstoff aus knalligen Farben, Blattgold und weichen Linien, den die Werkstatt des Malers Neri di Bicci an der Porta Rossa ausstößt.

Doch immer mehr Kunden wittern gerade in innovativen Werken die Chance, sich vom Pöbel abzusetzen – und verlangen manchmal sogar ausdrücklich ein Werk nach der neuesten Mode.

Erbittert kämpfen die Kreativen um Aufträge. Manche versuchen, ihre Konkurrenten mit Spott und Hass zu schlagen. Andere hüten eifersüchtig ihre Geschäftsgeheimnisse, wachen über das Rezept ihrer Tonglasuren oder achten ängstlich darauf, dass niemand ihnen bei der Arbeit über die Schulter schaut.

Wieder andere verlegen sich auf Ökonomisierung, entwickeln Motivkataloge, aus denen sie sich bedienen: Verrocchios Leute etwa verwenden immer wieder das gleiche, unverwechselbare Engelsgesicht.

Und immer wieder bringen sie auf ihren Bildern diese greifende Hand mit dem abgespreizten Daumen unter – ob nun bei der Muttergottes, dem heiligen Tobias oder dem Apostel Petrus.

Viele Künstler siedeln sich zudem gezielt in der Nachbarschaft potenzieller Kunden an. Andere verschicken Werbebriefe und Empfehlungsschreiben oder hoffen auf die Gunst der Agenten, die im Auftrag auswärtiger Kunstinteressierter den Florentiner Markt durchkämmen.

Und es gilt, wie der Maler Domenico Ghirlandaio seinen Angestellten ausdrücklich eingeschärft haben soll, unter keinen Umständen einen Auftrag abzulehnen.

Denn der Kunde ist König, er ist es, der das Produkt letztlich in die Welt ruft.

Zwar gibt es auch einen Markt für fertige Kunst: zumeist bemalte Haushaltsgüter oder kleinformatige, in Serie produzierte Andachtsbilder – ein frommes Täfelchen, ein kleines Tabernakel mit Madonna auf Goldgrund, das sich selbst Handwerker und Kleinbürger leisten können.

Und die florentinischen Künstler bedienen auch diese Nachfrage: Verrocchios Bestseller etwa ist eine Jungfrau mit ste-

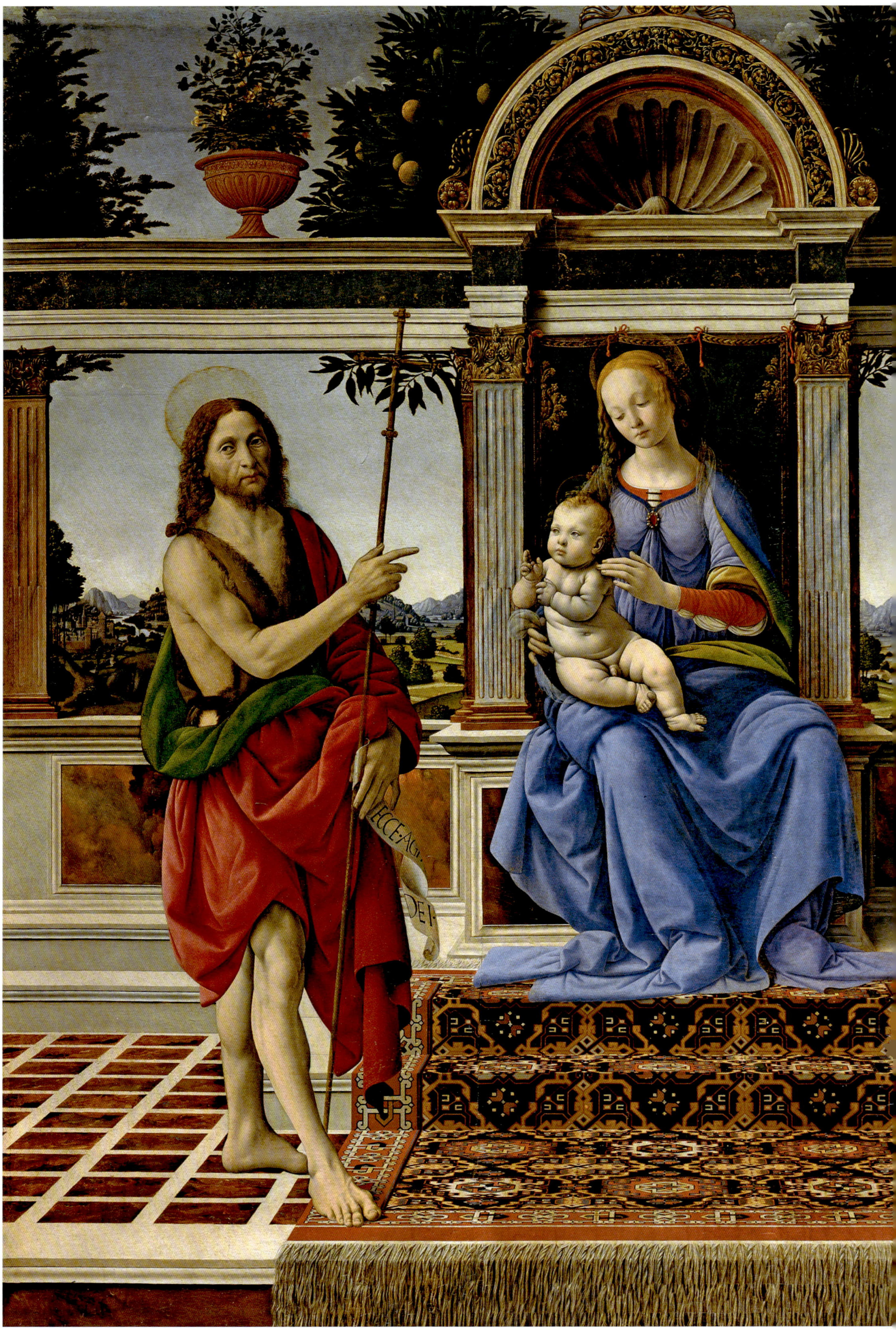

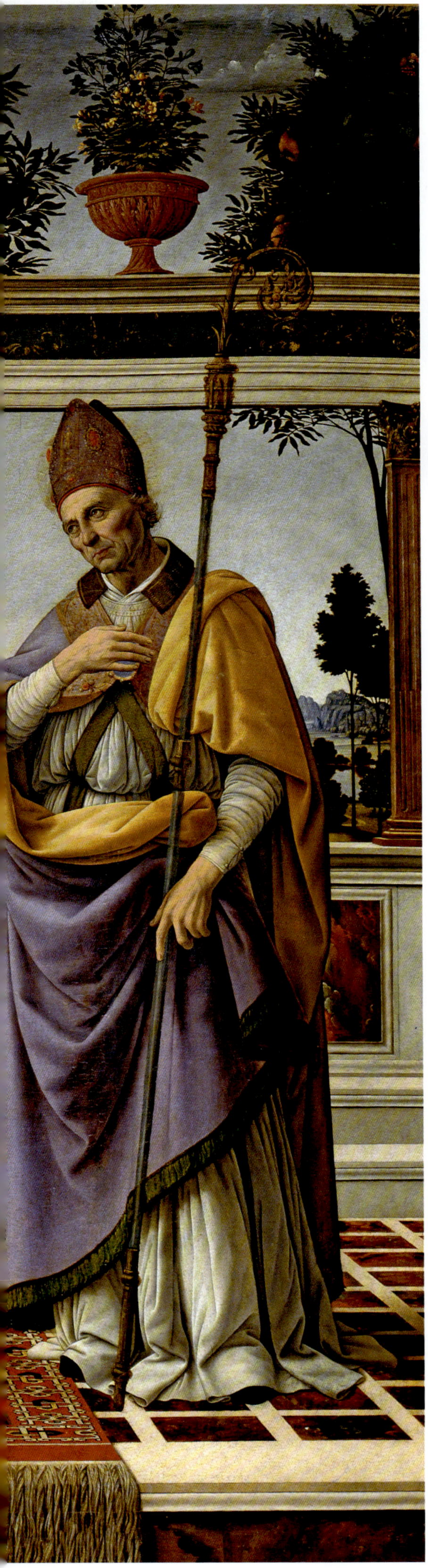

Gemeinsam mit Verrocchio malt LORENZO DI CREDI (um 1459–1537) um 1480 die »Thronende Madonna zwischen Johannes dem Täufer und dem Heiligen Donatus«. Das Bild dient dem Andenken an den verstorbenen Bischof von Pistoia, ein Mitglied der Familie Medici

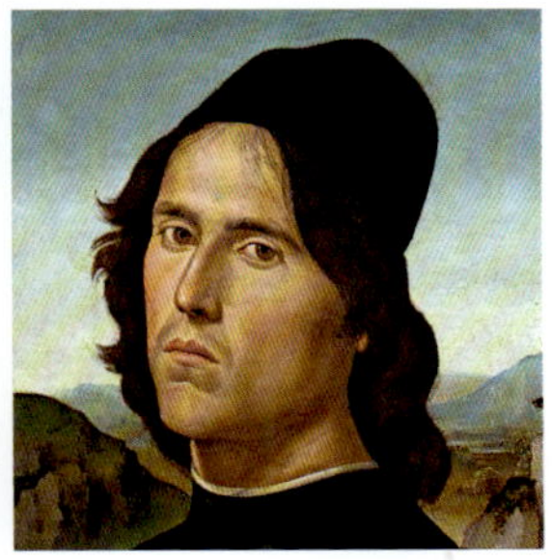

hendem Kind, wahlweise gemalt, gehauen oder modelliert. Und Botticelli gilt als Spezialist für kreisrunde Bilder, die *tondi*. Doch meist ist Kunst nicht Ware, sondern Dienstleistung. Professionelle Kunsthändler treten erst allmählich auf. Häufig sind es Kaufleute, die hauptberuflich etwa mit Textilien handeln und nur nebenbei mit Kunst.

U

Und so ist es in aller Regel der Wunsch des Käufers, der das Werk erst auf den Weg bringt, zu großen Teilen auch dessen Form bestimmt. Ein Vertrag zwischen Kunde und Künstler regelt meist das Sujet und die Zahl der darzustellenden Figuren.

Die Abmachung legt zuweilen auch die Komposition fest und die Größe von Tafel und Rahmen, kann fordern, dass der Maler Vorbilder aus fremden oder eigenen Werken nachahmt. Der Auftraggeber kann eine Landschaft verlangen, in der etwa „Gebäude, Kastelle, Städte, Berge, Hügel, Ebenen, Felsen" zu sehen sind, dazu „Tiere, Vögel und Vieh aller Art". Er kann den Künstler zwingen, sich an eine vorliegende Skizze zu halten – und auch darauf bestehen, dass nicht irgendein Gehilfe die wichtigsten Figuren malt, sondern der Meister selbst.

In einer Übereinkunft diktiert beispielsweise Fra' Bernardo, der Vorsteher des Klosters Spedale degli Innocenti seinem Auftragnehmer Domenico Ghirlandaio: „Er hat besagte Tafel eigenhändig zu kolorieren und zu malen, in der Art, wie es auf einer Papierzeichnung zu erkennen ist und in allen Einzelheiten dem gemäß, was ich, Fra' Bernardo, für das Beste halte."

Die 115 Florin Honorar soll Ghirlandaio nur bekommen, wenn der Prior anschließend findet, dass die Arbeit „diesen Betrag wert ist". Unerlässlich ist die Verwendung von „guten Farben" und „gepudertem Gold".

Und das Blau „muss Ultramarin im Werte von etwa vier Florin die Unze sein".

Denn vielen Kunden sind Materialien wichtig, mit denen sich prunken lässt. Sie bestehen auf reichlich Blattgold für die Heiligenscheine.

Nichts aber macht so viel her wie echtes Ultramarin: Es wird aus pulverisiertem Lapislazuli hergestellt, der in Afghanistan gewonnen und aufwendig über Venedig aus dem Orient importiert wird.

Prestigebewusste Kunden achten peinlich darauf, dass der Maler nicht heimlich das mattere und unbeständigere „deutsche Blau" aus billigerem Azurit benutzt.

Zwischen 100 und 200 Florin kostet ein Altarbild in der Regel (70 Florin braucht eine Familie mit drei Kindern jährlich zum Leben). Für den Künstler bleibt nur ein kleiner Teil: Schon der vergoldete Rahmen macht oft ein Drittel des Preises aus.

Und die Terminvorgaben sind streng: Ghirlandaio etwa muss die Tafel für das Spedale degli Innocenti „in 30 Monaten vom heutigen Tage an fertiggestellt und geliefert haben", so der Vertrag. Zwar gibt es Massenproduzenten wie Neri di Bicci, die ein Altarbild mittlerer Größe schon in zwei Monaten herstellen, ein anspruchsvoller Anbieter wie Ghirlandaio aber braucht seine Zeit.

Umso penibler pochen viele Auftraggeber auf pünktliche Lieferung. Schon im Vertrag legen sie hohe Konventionalstrafen für Verspätungen fest. Oder teilen das Honorar in Monatsraten auf, die sie nur weiterzahlen, wenn der Künstler nachweislich seine volle Arbeitskraft dem Projekt weiht.

NOCH IMMER SIND die meisten Kreativen ja nicht viel mehr als bessere Handwerker. Selbst bei gefragten Könnern wie Verrocchio bleibt das Einkommen gewöhnlich in den Grenzen des einfachen Mittelstands.

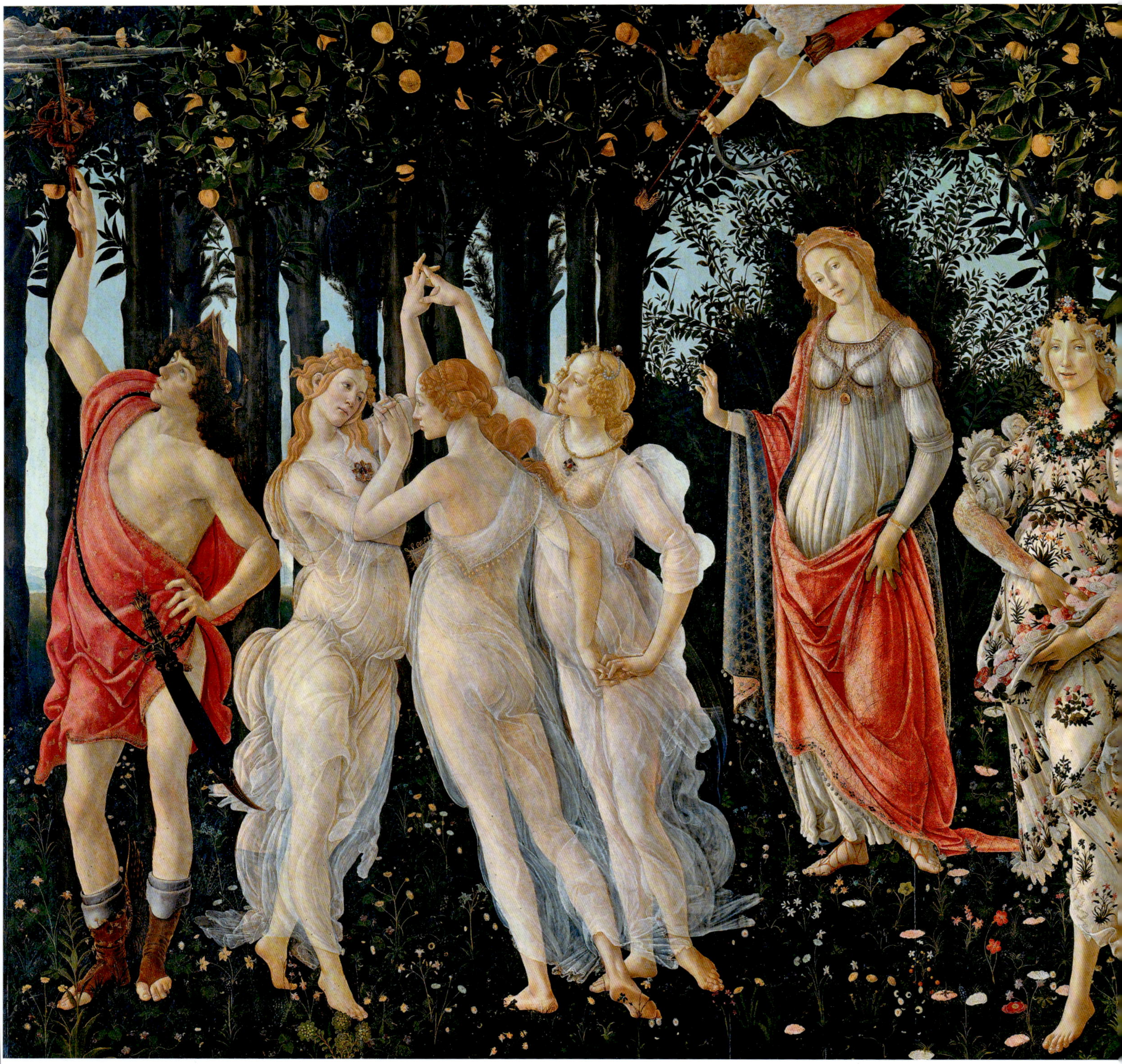

Zudem führen die meisten Künstler eine prekäre Existenz: Wenn die Kräfte nachlassen, droht die Altersarmut.

Nur wenige Stars der Branche profitieren auch finanziell von der *creative city*. Für sie sind die Honorare seit Mitte des Jahrhunderts stetig gestiegen.

Sie kommen zu Wohlstand, können sich Häuser leisten und, wie Botticelli, mit vollen Händen Geld verschwenden. Sie werden geehrt – und zu öffentlichen Figuren, über die Schriftsteller Biografien schreiben, Mitbürger Klatschgeschichten erzählen und Bonmots verbreiten.

Und manche Kreative sind bereits so stolz auf den eigenen Ruhm, dass sie nicht nur ihre Kunden in Porträts verewigen, sondern sich auch selbst malen lassen – oder zumindest, wie Botticelli, ein Selbstbildnis in einem ihrer Gemälde unterbringen.

Ihr steigender Status beweist ihnen ja, dass sie Begabte sind, Auserwählte, die nicht nur ihren Geldgebern dienen, sondern der Kunst selbst. Viele von ihnen verzichten offenbar sogar auf die Ehe, um ihrer Mission umso treuer sein zu können: Berühmtheiten wie Sandro Botticelli bleiben ledig.

Auch Andrea del Verrocchio verzichtet auf eine eigene Familie – und benennt in seinem Testament als Haupterben seinen treuen Angestellten Lorenzo di Credi.

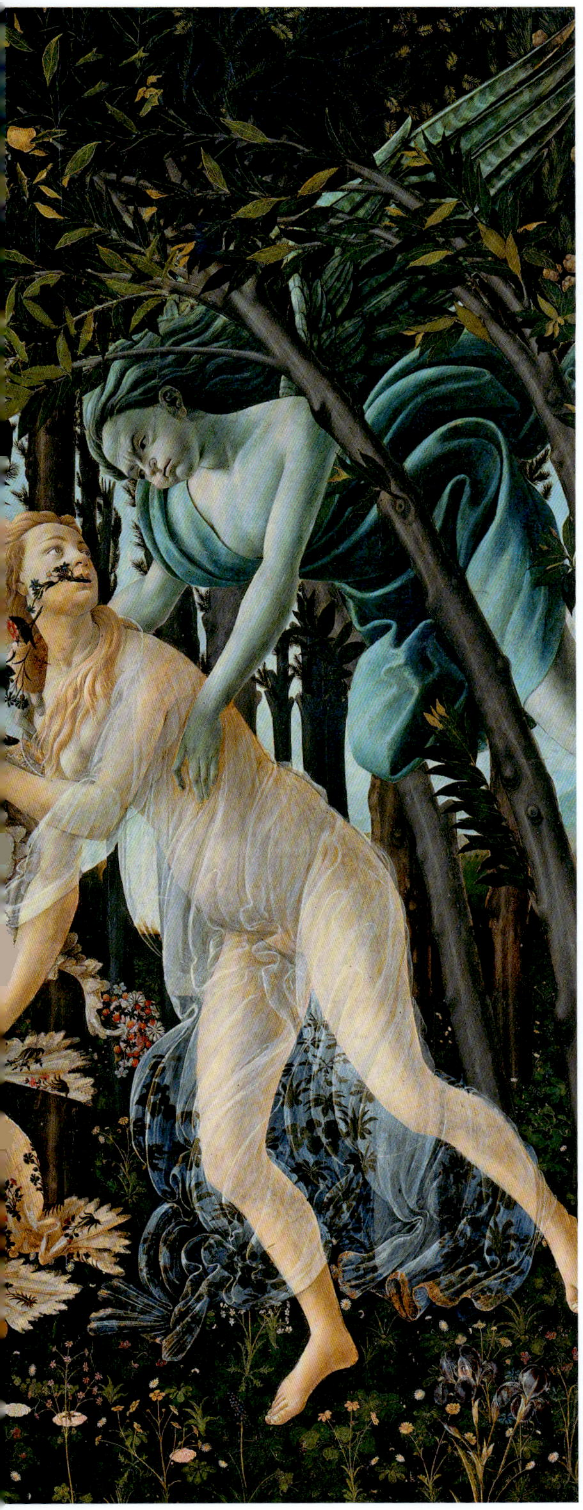

SANDRO BOTTICELLIS **wohl für die Medici gemalter »Frühling« (um 1482) steckt voller Rätsel: Soll die von antiken Schriftstellern inspirierte Darstellung mythologischer Gestalten nur die Jahreszeit feiern? Oder steht die Göttin Flora (3. v. r.) für Botticellis Heimatstadt Florenz, der eine neue Blütezeit bevorsteht?**

Die Florentiner nehmen den Meistern ihren Lebensstil nicht übel. Denn die Kunstwelt ist zum Jahrmarkt der Aufmerksamkeit geworden, der auch Schrullen billigt. Der selbst Exzentriker wie den wunderlichen Maler Piero di Cosimo akzeptiert, der angeblich Haus und Garten verwildern lässt und nichts als harte Eier isst, die er beim Leimkochen mitsiedet; der das Geschrei von Kindern, das Husten von Männern, das Läuten der Glocken und den Gesang der Mönche verabscheut und den das Summen einer Fliege in Rage versetzt. Der aus Speichelrückständen an einer Mauer imaginäre Städte und Schlachtengemälde herausliest – und es sich als schön vorstellt, einmal durch die Hand eines Henkers zu sterben.

All das kann Piero di Cosimos Ansehen in Florenz nicht nachhaltig schaden. Denn das Kapital der *creative city*, so werden Soziologen 500 Jahre später feststellen, sind Toleranz und Diversität. Und die lassen sich auch daran bemessen, wie sehr alternative Lebensentwürfe im Alltag anerkannt sind.

Zwar stehen auch in Florenz gleichgeschlechtliche Handlungen unter Strafe. Doch zugleich hat die Stadt den Ruf einer Homosexuellenhochburg Italiens, treffen Männer in Kirchen, Tanz- und Fechtschulen andere Männer, flanieren abends in Samt und Seide über den Ponte Vecchio.

A

Aber dann, um 1490, kippt die Stimmung in Florenz. Zwar blüht die Kultur – der ökonomische Erfolg aber stellt sich nicht ein.

Eine Inflation erschüttert die Wirtschaft, eine Depression lähmt Handel und Gewerbe und trifft vor allem die unteren Schichten der Stadt.

Voller Zorn blickt das Volk jetzt auch auf die neuen, mit Kunst gefüllten Paläste, die in der Arnostadt viele kleine Häuser und zahllose Wohnungen, Läden und Werkstätten verdrängt haben. Und begeistert folgen die Massen dem asketischen Prediger Girolamo Savonarola, der gegen die Bildersüchtigen wütet, die angesichts eines Gemäldes „zuweilen ganz außer sich geraten und fast sich selbst vergessen".

Verrocchio, der diese Sucht so unermüdlich befriedigt und befeuert hat, ist schon im Juni 1488 in Venedig gestorben. Sein treuer Assistent di Credi hat seinen Leichnam nach Florenz überführt und in der Familiengruft beisetzen lassen.

Gegen Ende des Jahres 1491 geht es auch mit der Gesundheit von Lorenzo de' Medici bergab: Immer mehr macht ihm seine Gicht zu schaffen – eine Krankheit, gegen die die Ärzte seiner Zeit noch kein wirksames Mittel kennen.

Die aufwendigen Badekuren an heißen Quellen, die er sich mit Vorträgen von Literaten und Musikern würzen lässt, helfen nicht. Die Schmerzen an Händen und Füßen, an Knochen und Gelenken und sogar im Magen werden so qualvoll, dass er wochenlang das Bett nicht verlassen kann.

Zum Ende des Winters beobachtet er, leicht erholt, vom Fenster des Palastes aus seine geliebten Karnevalszüge, doch Anfang April folgt ein neuer Rückschlag: Zusätzlich zu den Schmerzen plagen ihn jetzt auch Fieber und Ohnmachtsanfälle.

Der strenge Savonarola besucht den Todkranken und soll ihn dabei noch einmal zur Tugend ermahnt haben. Kurz darauf erhält der Herrscher die letzte Ölung.

Am 8. April 1492 stirbt il Magnifico, nur 43 Jahre alt. Und auch die Finanzkraft der Familie scheint sich nicht recht erholt zu haben: Noch immer schulden die Medici Andrea del Verrocchio das Honorar für 15 seiner Werke.

Lorenzos Nachfolger wird sein Sohn Piero, der zum Herrschen derart unbegabt ist, dass sie ihn schon bald den „Unglücklichen" nennen werden.

Und zwei Jahre später, als der französische König Karl VIII. mit seiner Armee Italien überfällt, vertreibt das Volk von Florenz Piero und die übrigen Medici und plündert ihren Palast.

Kurz darauf errichtet Savonarola in der Stadt für einige Jahre eine Art asketischen Gottesstaat. In der Folge wird Florenz seinen Rang als Zentrum der Künste verlieren; die neue Kulturhauptstadt des Abendlands ist nun Rom. Und so endet das Goldene Zeitalter, die Epoche der Bilder, der künstlerischen Erfindungen und der Schönheit.

Die Ära der *creative city* Florenz.

Der MALER der Seele

Leonardo ist Naturforscher, Anatom, Architekt, Ingenieur. Den größten Ruhm aber erringt er als Maler. Nur etwa 15 Gemälde stammen mit Gewissheit von seiner Hand – doch unter ihnen sind einige der bedeutendsten Werke der Kunstgeschichte. Und Porträts, die die menschliche Psyche in einer Tiefe ergründen wie nie zuvor

BILDTEXTE: FRANK OTTO

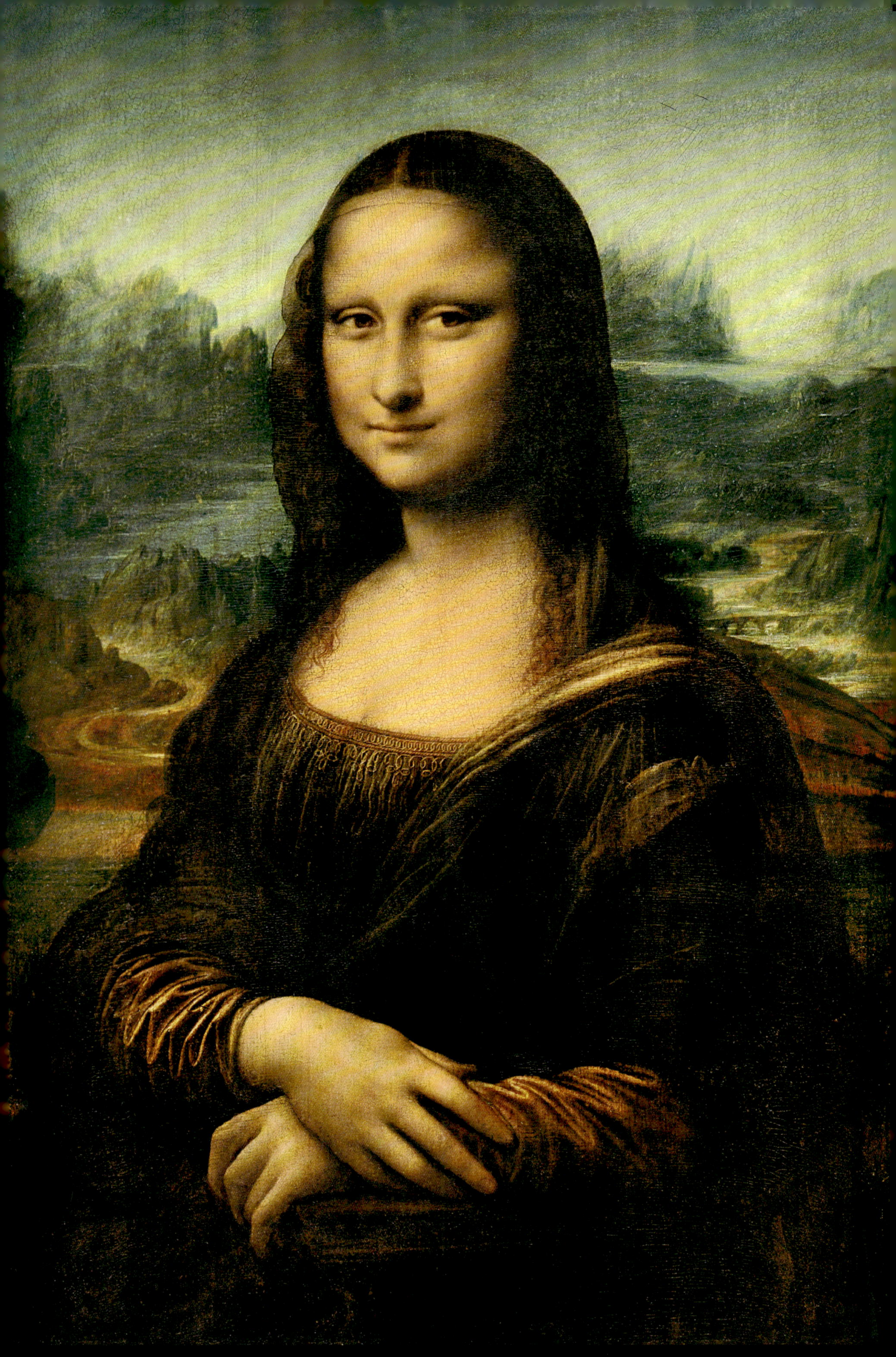

ür die **»MONA LISA«**, begonnen als Porträt der Frau eines Florentiner Kaufmanns, perfektioniert Leonardo ab 1503 eine
eue Maltechnik: den »Sfumato«. Dafür trägt er stark verdünnte Ölfarben in zum Teil Dutzenden von Schichten auf, wodurch
ie Konturen leicht verschwimmen und zahllose Interpretationen des Seelenzustands der Dargestellten möglich werden

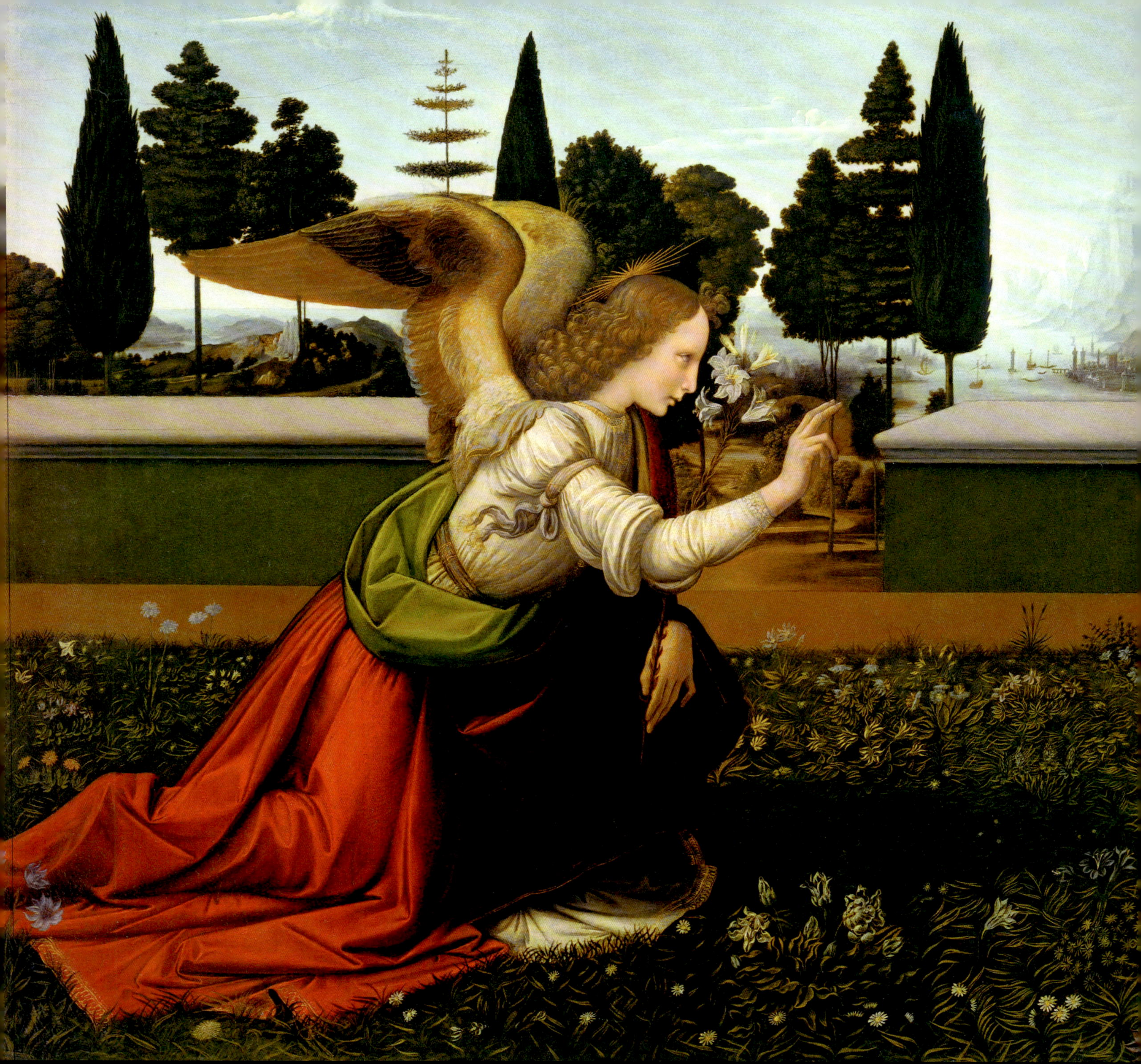

Die um 1473 gemalte **»VERKÜNDIGUNG«** ist Leonardos erstes Gemälde im Großformat – und der junge Geselle macht noch einige Fehler. So wirkt der rechte Arm Marias, der gerade ein Engel prophezeit, dass sie den Sohn Gottes gebären werde, zu lang. Doch die exakte Wiedergabe der Natur, etwa der Blumenwiese im Vordergrund, sowie die subtile Darstellung der Madonna zeigen bereits den zukünftigen Meister (siehe auch Seite 60).

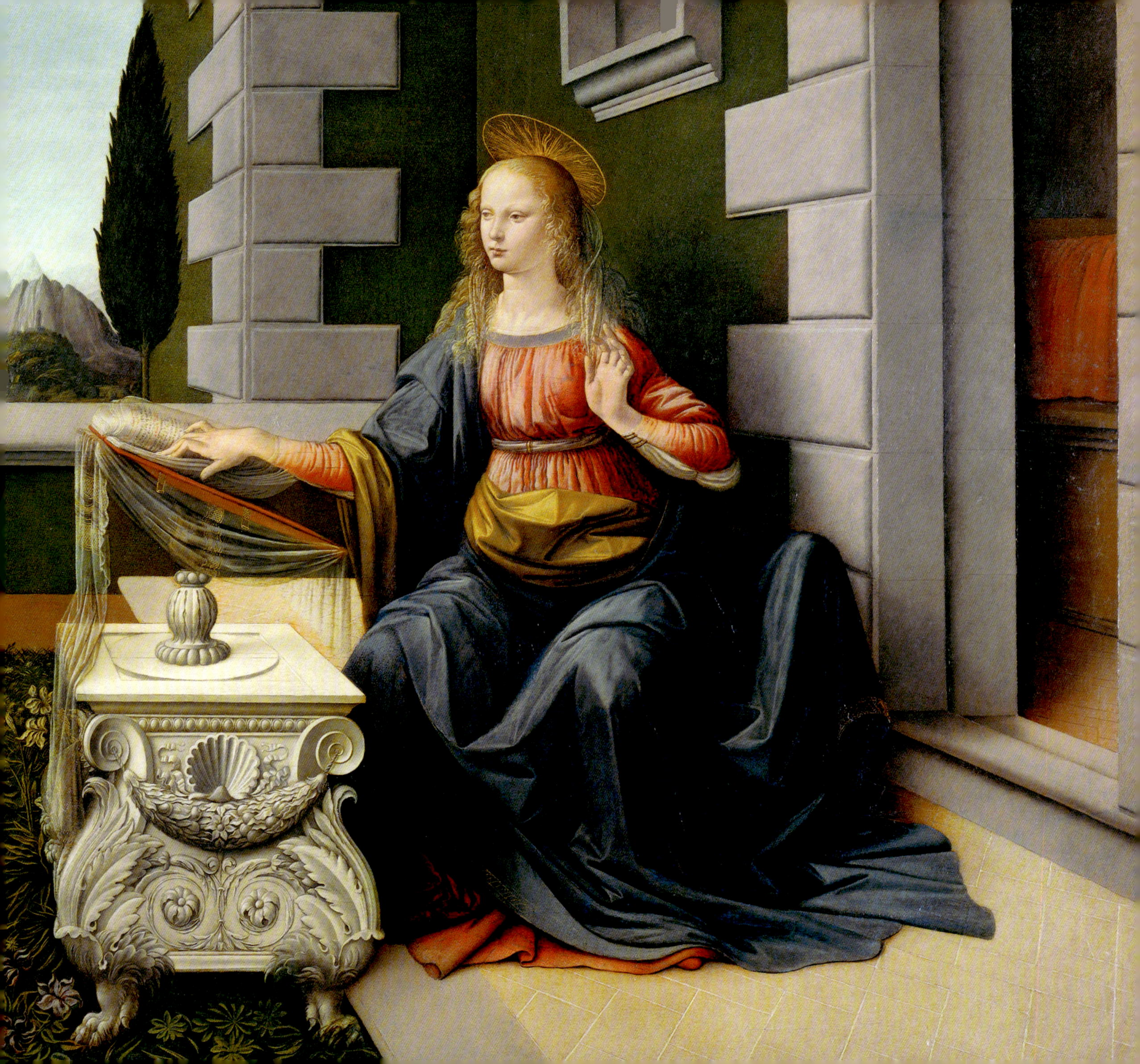

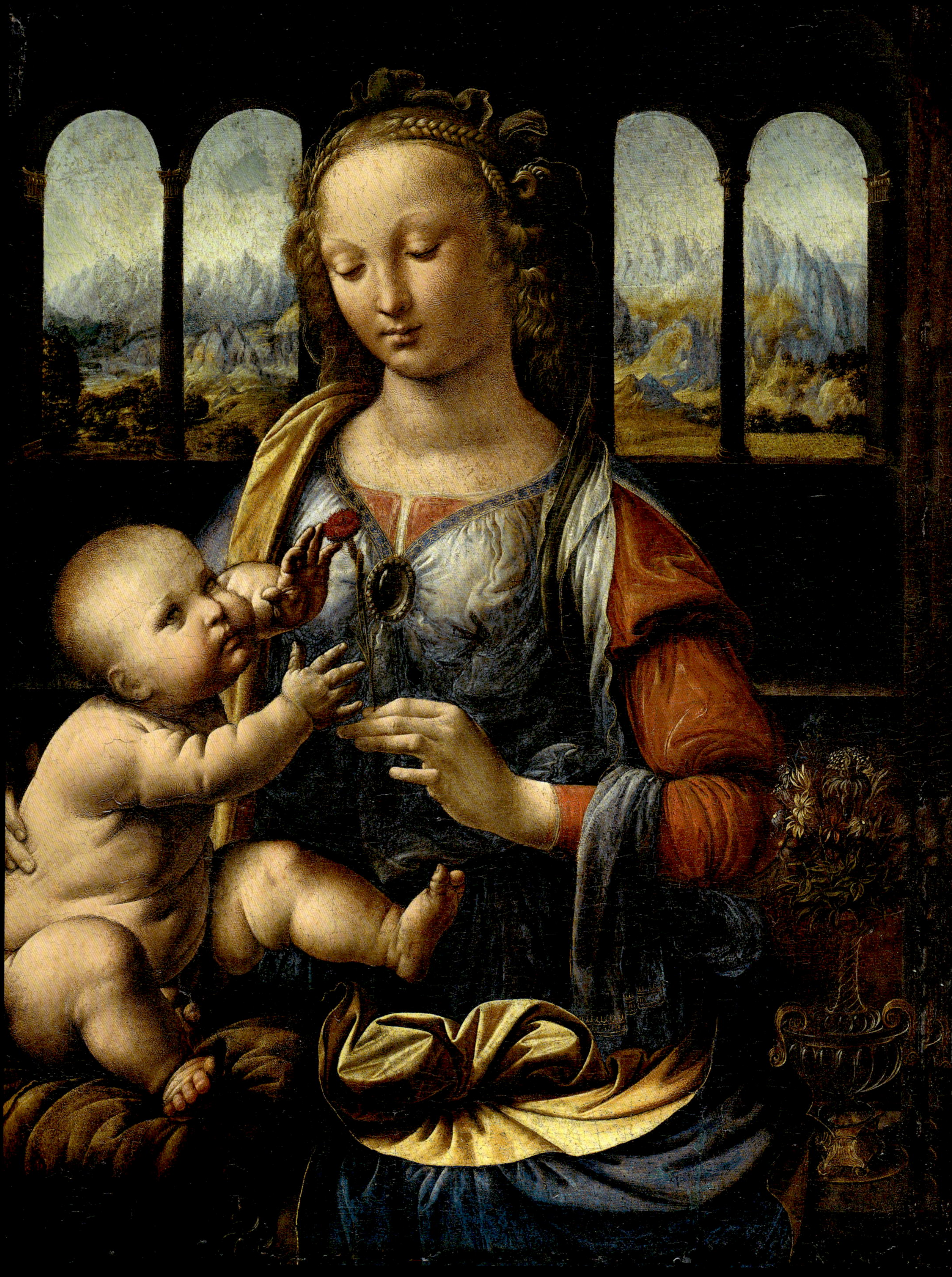

Die **»MADONNA MIT DER NELKE«**, gefertigt um 1475, ist eines der ersten Bilder der italienischen Renaissance, die teilweise in der neuen Technik der Ölmalerei entstehen. Durch schwierig zu gestaltende Details wie den Faltenwurf des Gewandes kann der junge Leonardo zudem seine erreichte künstlerische Virtuosität zeigen (siehe auch Seite 56)

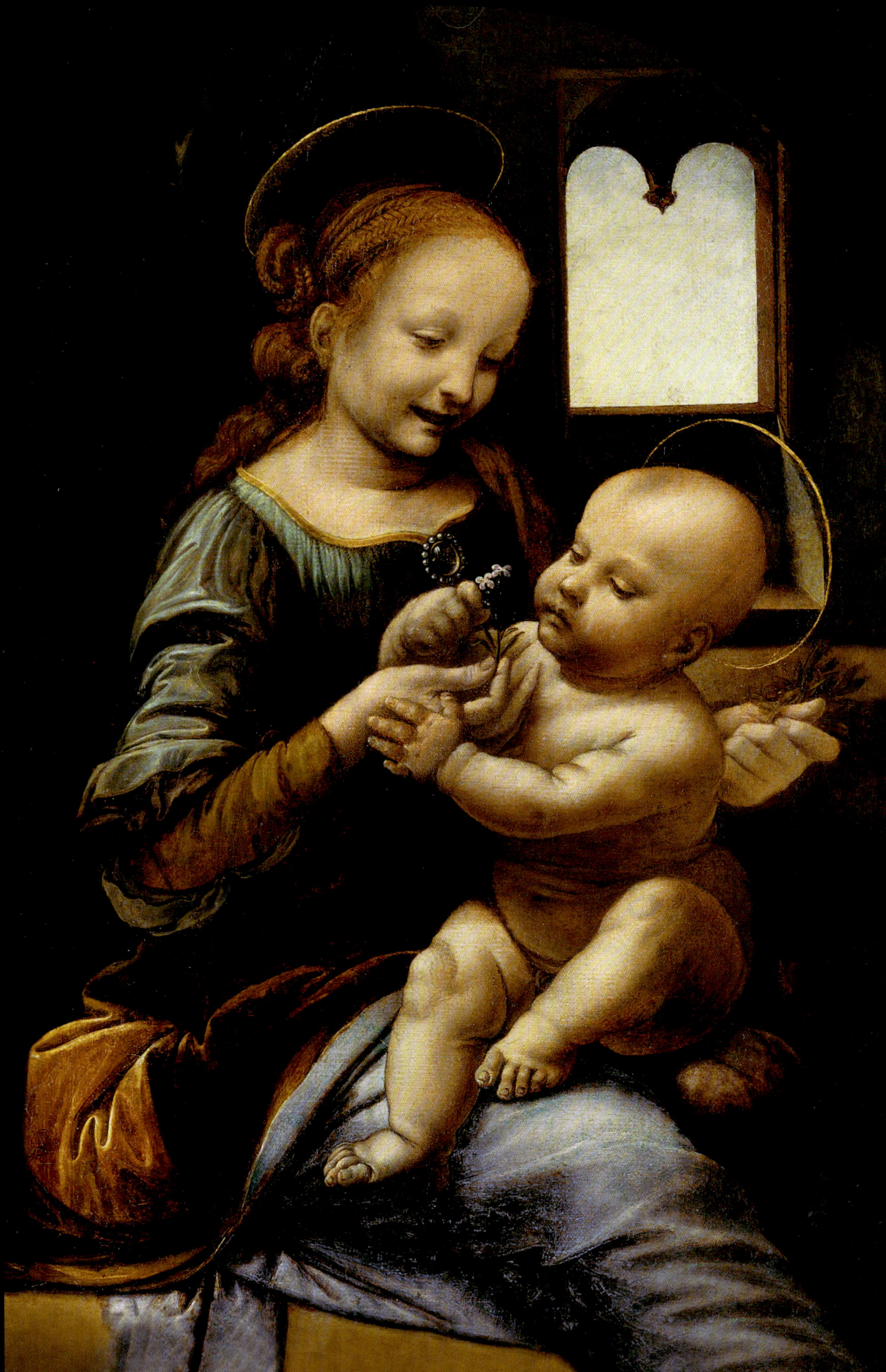

Maria mit dem Jesuskind ist ein Lieblingsmotiv Leonardos. Er zeigt sie, wie hier in der **»MADONNA BENOIS«** um 1478, so natürlich wie kaum ein Künstler zuvor – nicht als überhöhte Heilige, sondern als innig verbundene Mutter mit ihrem Sohn. Dessen Schicksal wird nur angedeutet: Die Blume in Marias Hand ist ein Kreuzblütler

Mit dem Bildnis der
»GINEVRA DE' BENCI«
revolutioniert Leonardo um
1475 die Porträtmalerei.
Bis dahin sind junge Frauen
fast immer im Profil gemalt
worden; frontale Darstellungen galten als unzüchtig.
Zudem war es üblich, sie im
Haus ihrer Familie abzubilden.
Leonardo dagegen zeigt
die Tochter eines Bankiers
in Dreiviertelansicht in
der freien Natur

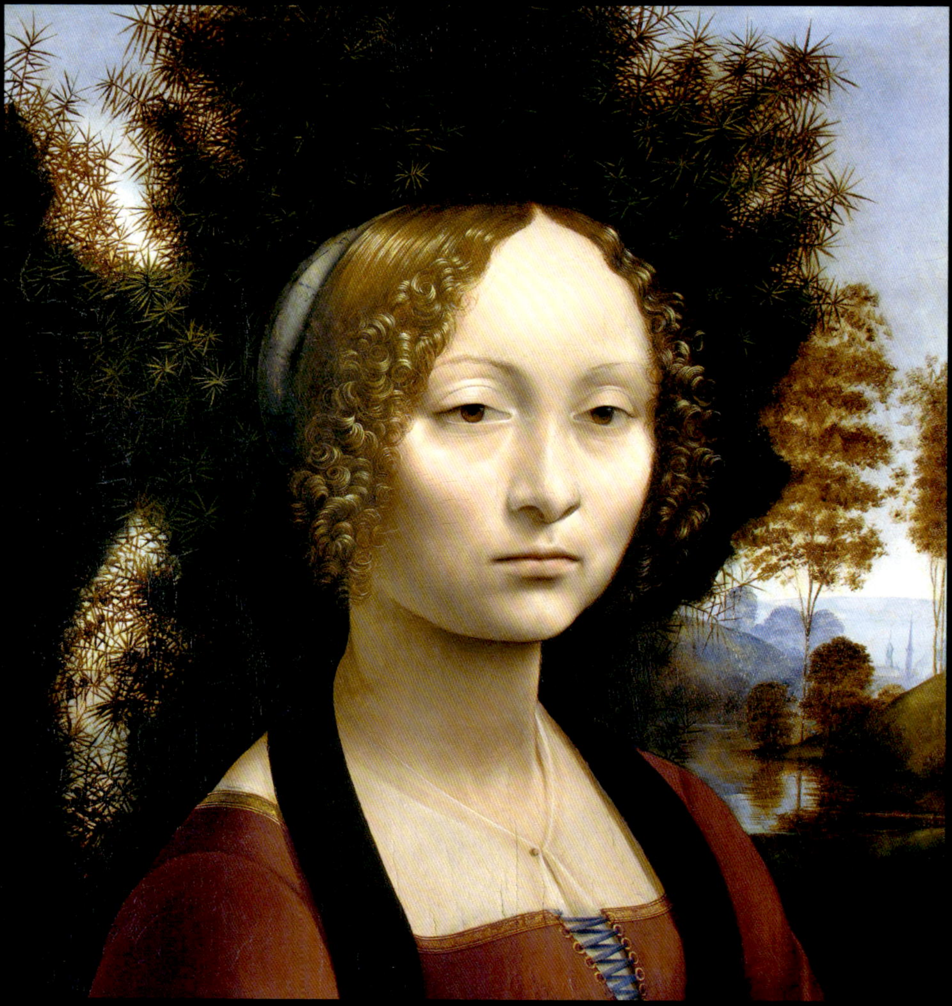

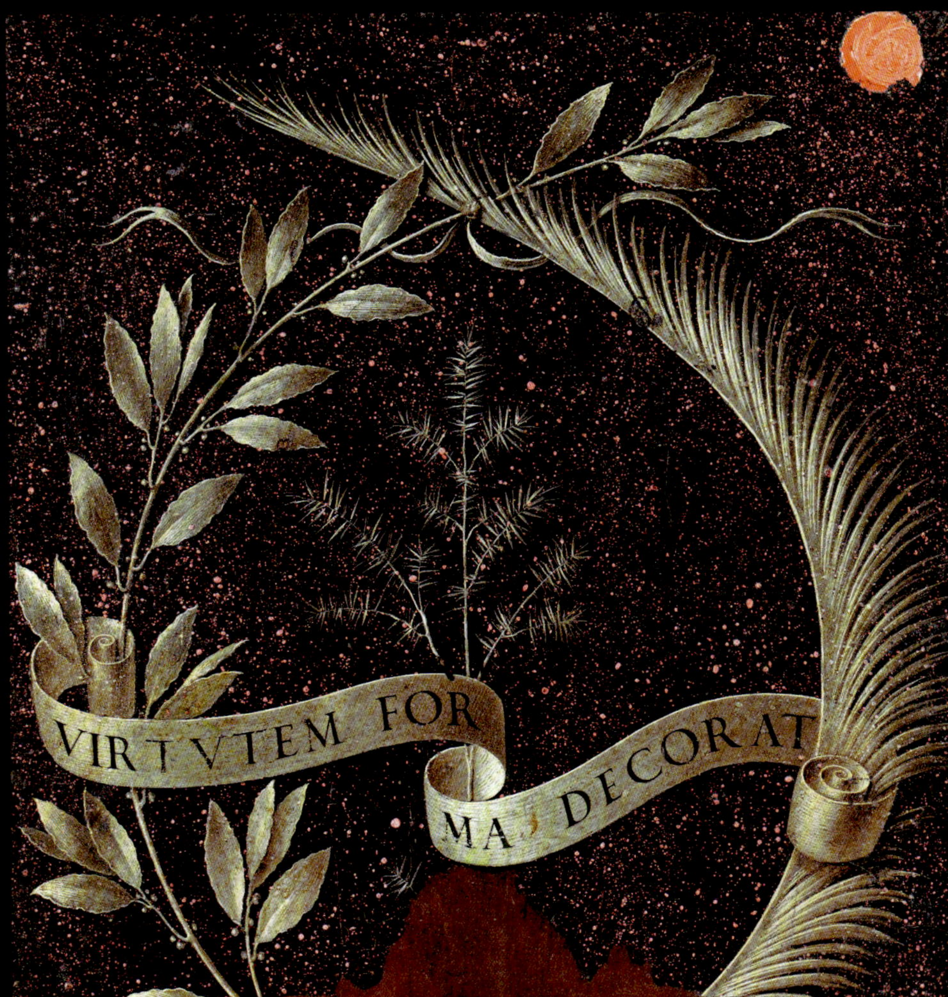

Auf der Rückseite seines Porträts preist Leonardo die junge Ginevra de' Benci, indem er dort ihr lateinisches Motto »virtutem forma decorat« malt: »Schönheit schmückt die Tugend.« Den Sinnspruch rahmt er mit einem Kranz aus Lorbeer und Palmenzweig ein, die für die intellektuelle und moralische Reinheit der jungen Frau stehen

Leonardo arbeitet langsam, ist vielseitig interessiert, oft sprunghaft; etliche seiner Gemälde bleiben daher unvollendet. So auch die **»ANBETUNG DER HEILIGEN DREI KÖNIGE«**. Im Jahr 1481 erhält er den Auftrag, binnen 30 Monaten das Altarbild für ein Kloster nahe Florenz fertigzustellen. Er entwirft eine hochkomplexe Komposition aus zahlreichen Menschen und Tieren, die er mit schwarzer und weißer Ölfarbe skizziert. Doch als er gerade mit dem Auftragen der übrigen Farben begonnen hat, bricht er die Arbeit ab, wohl weil es ihn nach Mailand zieht. So bleibt das spektakuläre Werk, das heute gelblich-braun schimmert, unvollendet

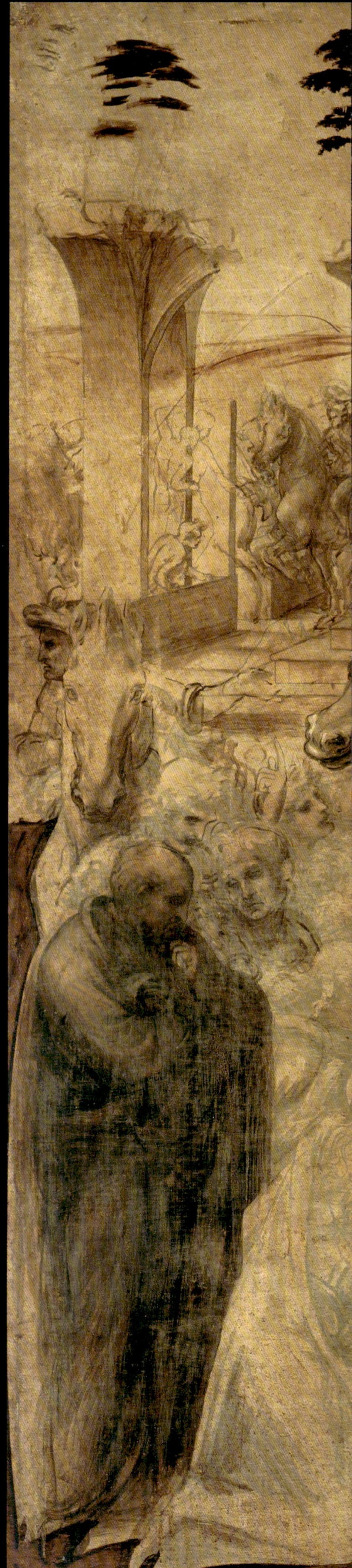

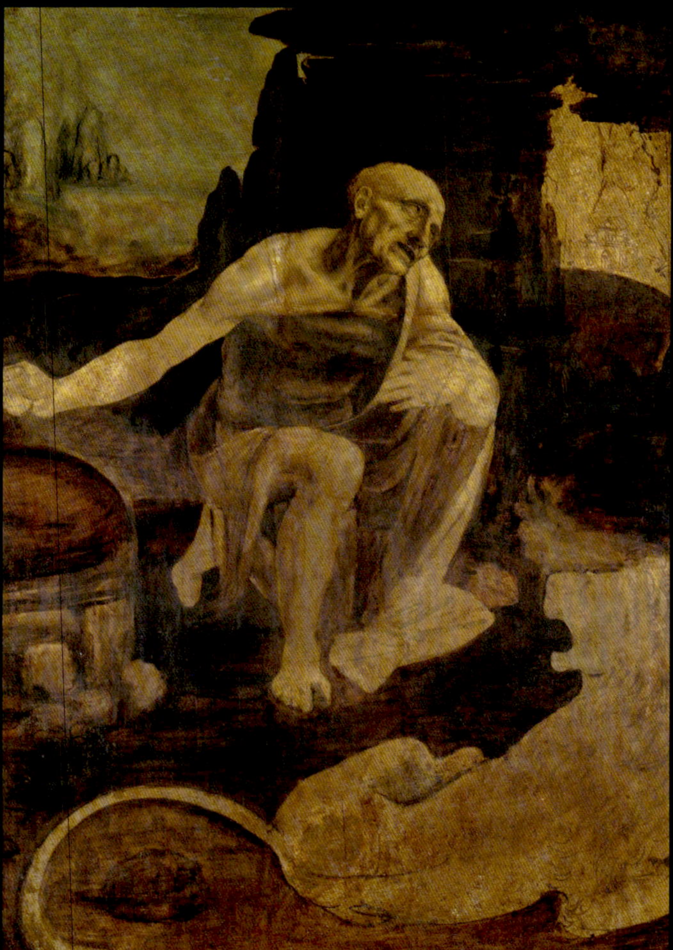

Hager ist **»DER HEILIGE HIERONYMUS«** von den Entbehrungen seines Daseins in der Wüste geworden. Die Qual, die er sich durch dauernde Schläge mit dem Stein in der rechten Hand zufügt, um so Buße für die von ihm empfundene Fleischeslust zu tun, ist seinem Gesicht anzusehen. Vielleicht ist es Leonardos eigener Schmerz, den er um 1480 in dem unvollendet gebliebenen Ölgemälde des Eremiten abbildet, in einer Zeit, in der der Künstler immer wieder unter Schüben von Melancholie leidet

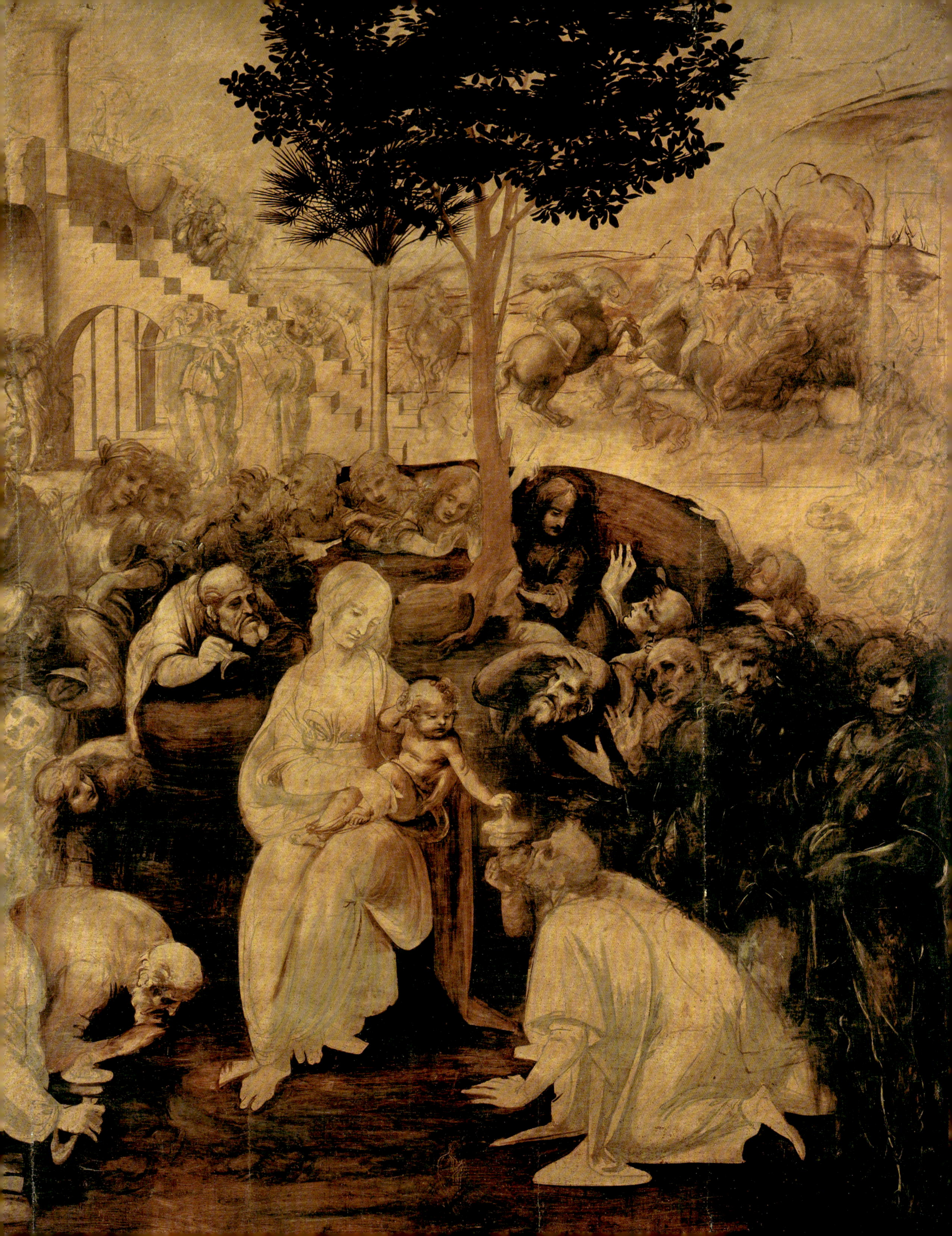

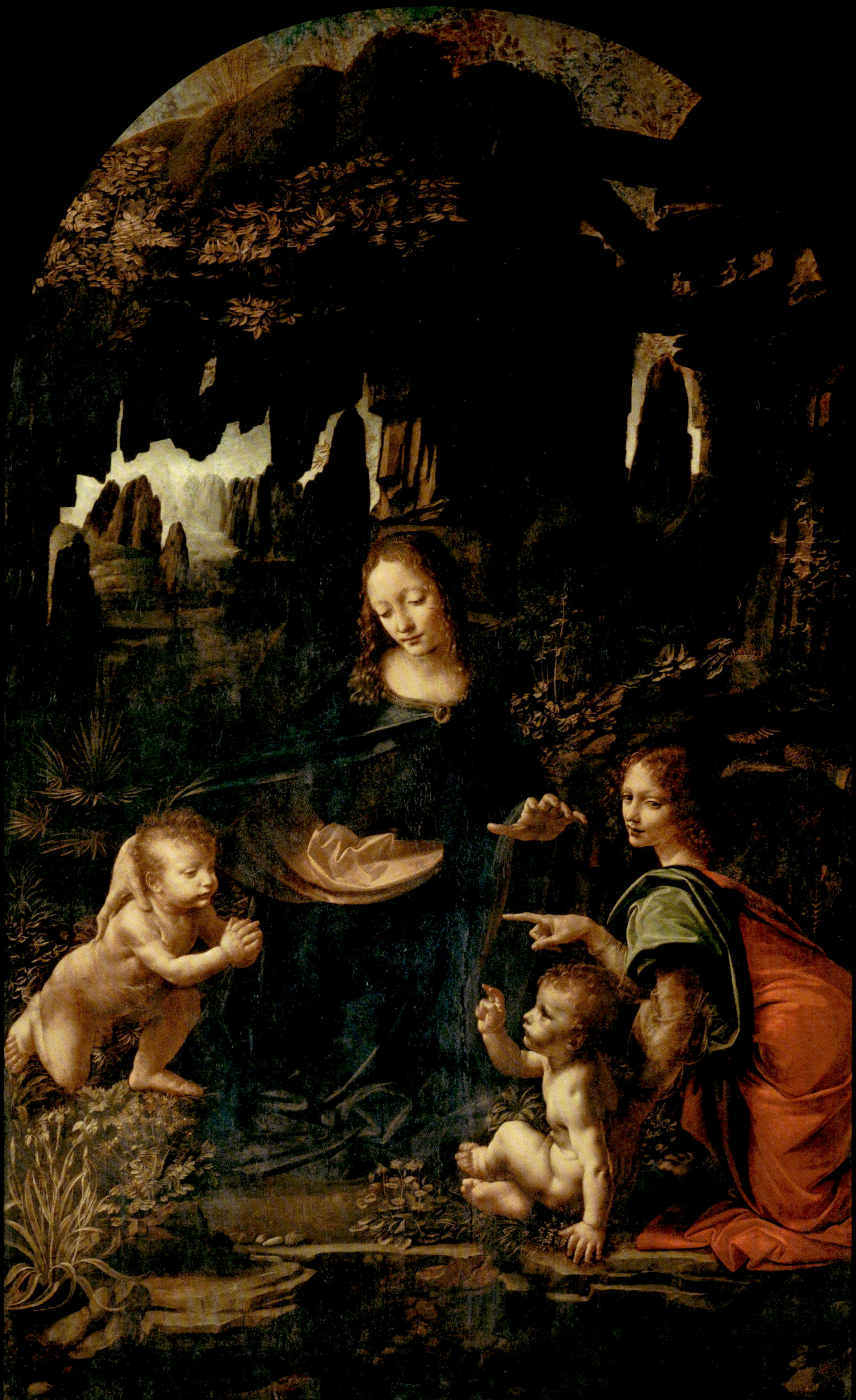

Eine Mailänder Laienbruderschaft erteilt Leonardo 1483 den Auftrag für die **»FELSGROTTENMADONNA«**, ein Altarbild, das Maria, Jesus und den heiligen Johannes als Kinder sowie einen Engel zeigt. Es ist das erste Werk, das er in der Metropole schafft, in der er kurz darauf in den Dienst des Herzogs Ludovico Sforza tritt

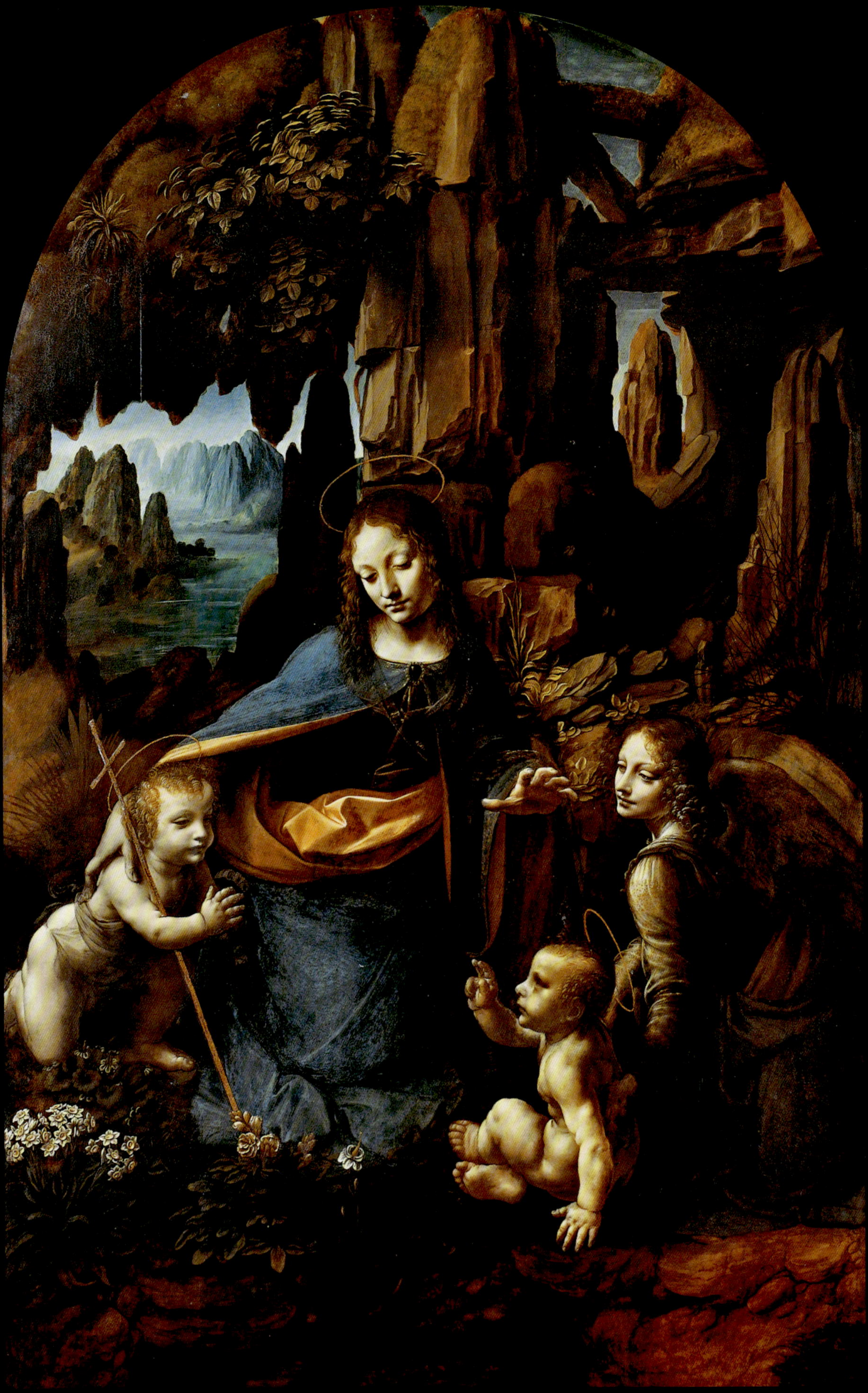

Weil er sich mit den Laienbrüdern über die erste Version zerstreitet, sagt Leonardo die Anfertigung einer zweiten **»FELSGROTTENMADONNA«** zu. Bei diesem Bild wird er nur kleine Teile selbst malen. Hier ist die Stimmung weniger düster; zudem lässt sich das Jesuskind diesmal durch den Heiligenschein eindeutig identifizieren

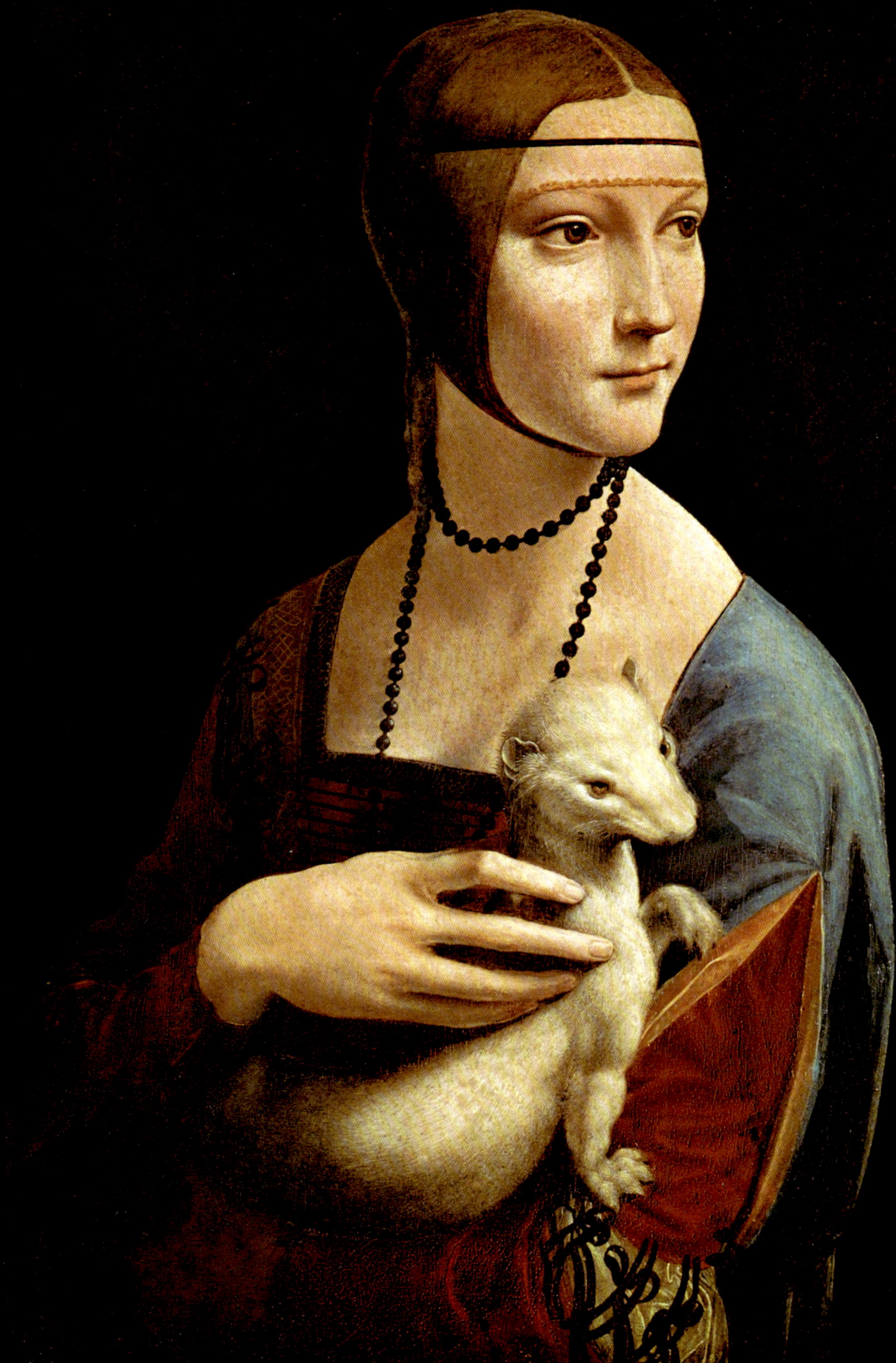

In der **»DAME MIT DEM HERMELIN«** bannt Leonardo um 1490 Cecilia Gallerani, die Mätresse seines langjährigen Gönners, des Mailänder Herzogs Ludovico Sforza, auf eine Holzplatte, zeigt die junge Frau zart, unschuldig und doch selbstbewusst. Seine herausragende Maltechnik, die sich etwa am Fell des Tiers zeigt, wird bereits jetzt unter Kollegen und Mäzenen gerühmt

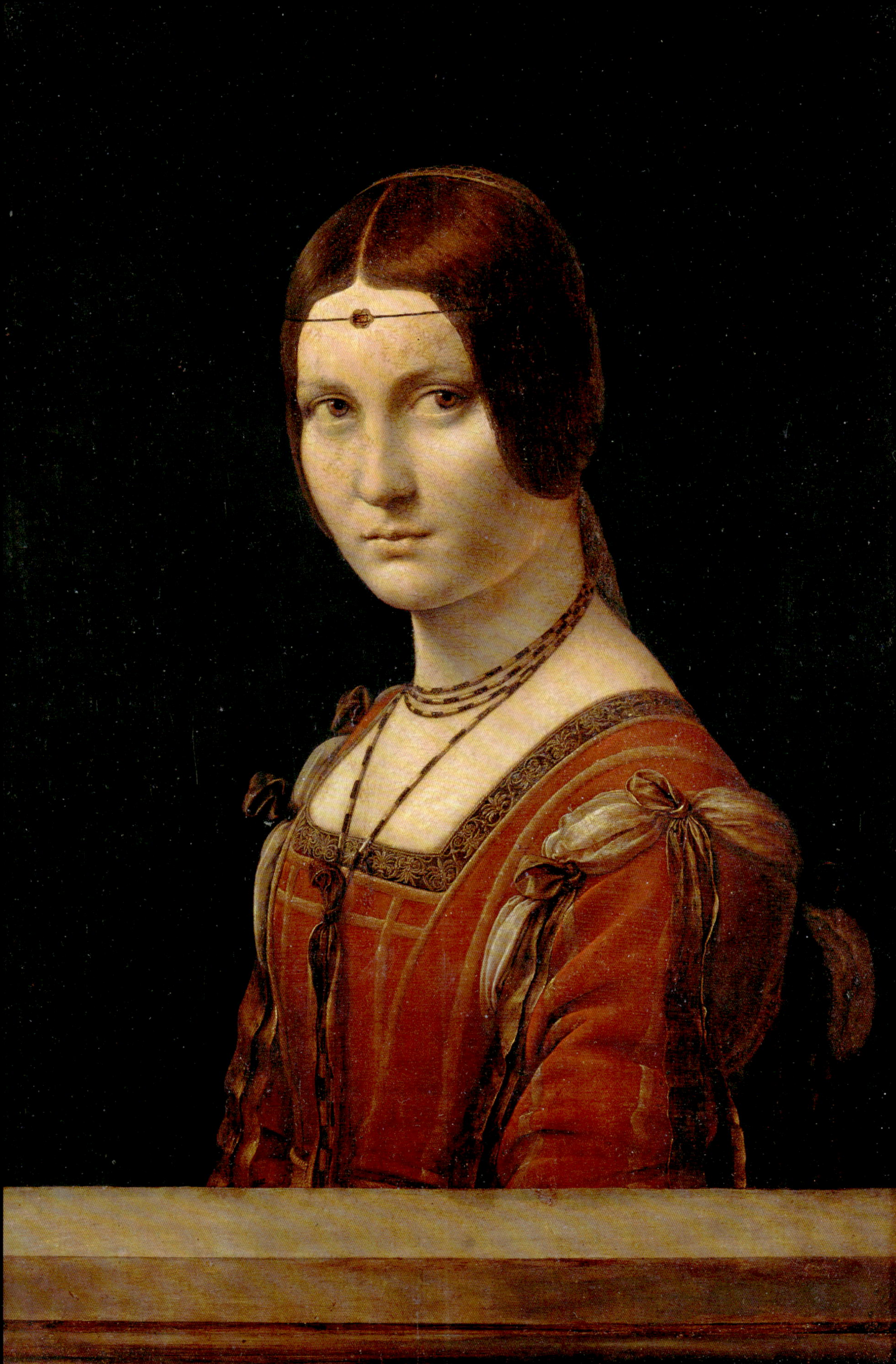

Mit stolzem Blick schaut die Dame am Betrachter vorbei. Die **»BELLE FERRONIÈRE«** auf dem um 1495 entstandenen Gemälde ist eine perfekte Schönheit. Ein Dichter schwärmt von Leonardos Frauendarstellungen, der Maler habe mit ihnen die Natur gekränkt. Denn die müsse sich grämen, »dass eines Menschen Hand so viel vermochte« (siehe auch Seite 64)

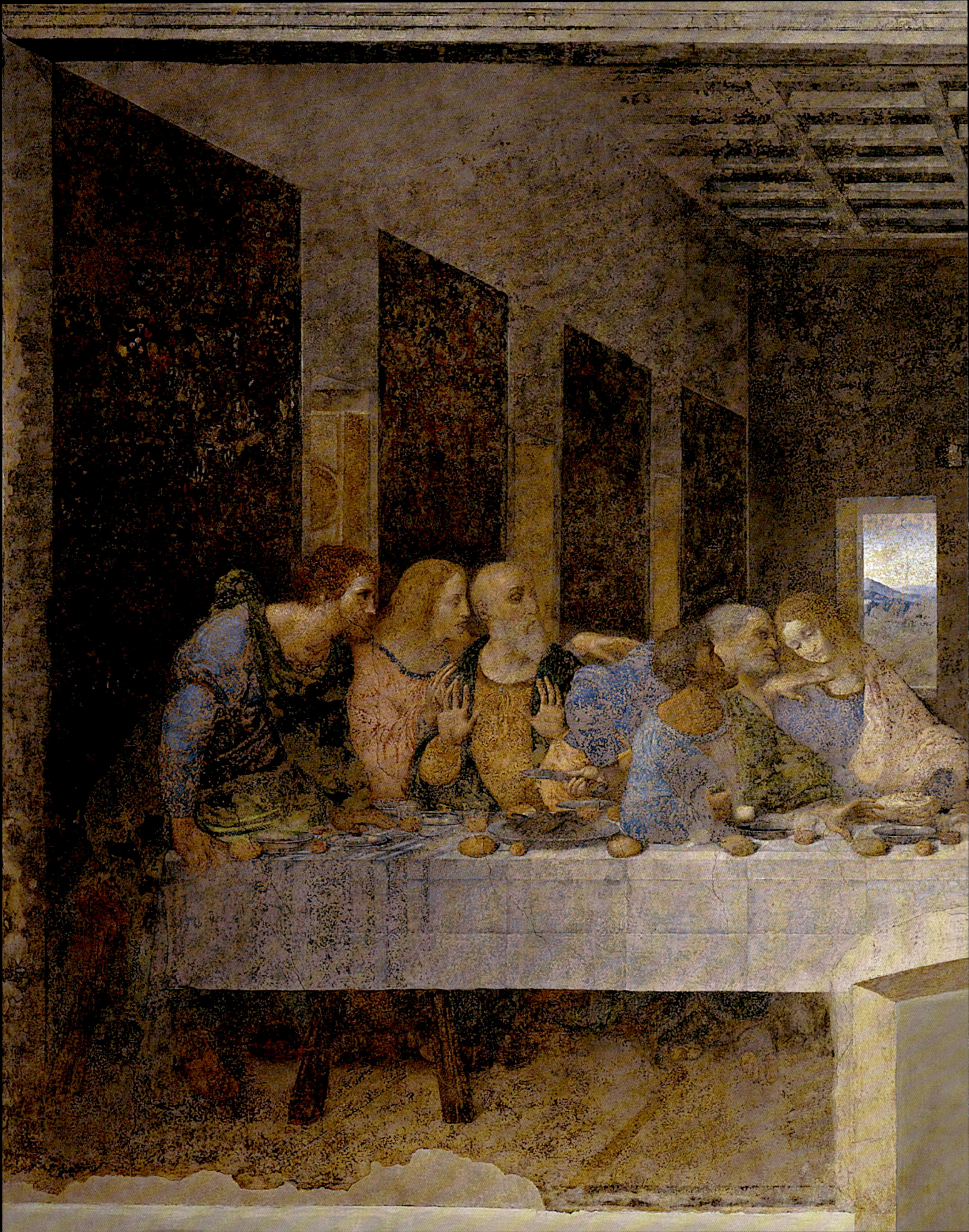

»DAS LETZTE ABENDMAHL« vollendet Leonardo 1498. Nie zuvor hat ein Künstler die Szene so bewegt dargestellt: Soeben hat Jesus seinen Jüngern gesagt, einer unter ihnen werde ihn verraten. Aufgewühlt diskutieren die Apostel nun, wer der Abtrünnige wohl ist. Nur eine Figur verharrt im Zentrum des Aufruhrs in Ruhe: Christus selbst, der Mittelpunkt des Bildes, auf den alle Fluchtlinien zulaufen. Anders als bei der sonst üblichen schnell auszuführenden Fresko-Technik malt Leonardo nicht auf dem frischen Putz, sondern auf einer Grundlage aus Leim und Kalk, die er trocknen lässt. So kann er in seiner gewohnt langsamen Art arbeiten

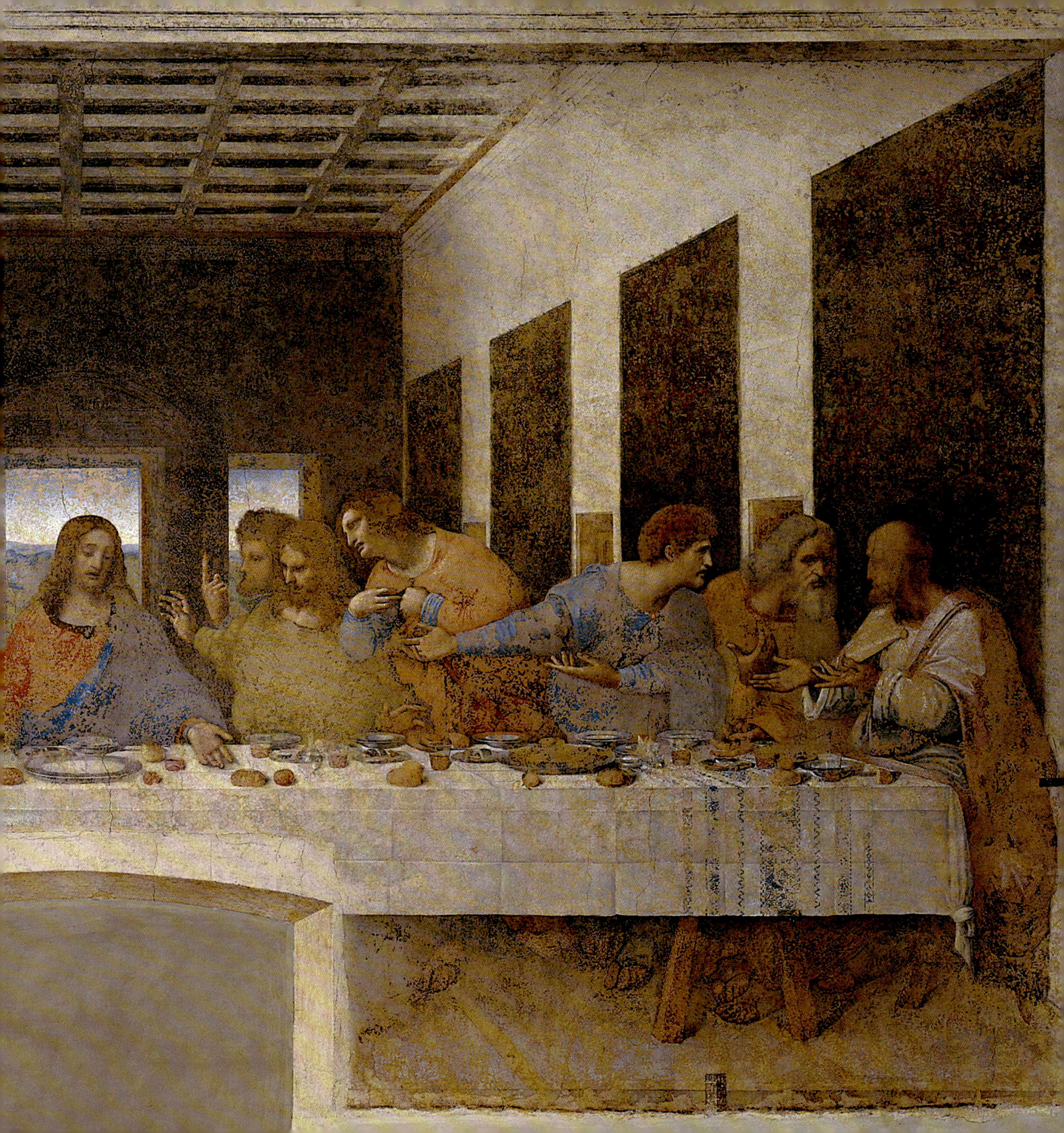

Hätte er selbst ein Baby, es dürfte krabbeln, mit den Armen fuchteln, die Beine in die Luft stoßen. Denn Säuglinge am ganzen Körper mit Bandagen festzuzurren, wie es zu seiner Zeit üblich ist: Das ist nicht nach dem Geschmack Leonardo da Vincis.

Er kann sich gut vorstellen, was es bedeutet, sehr klein zu sein, angewiesen noch auf die Mutter und doch schon neugierig auf die Welt jenseits ihres Körpers. Welche Ungeschicklichkeiten das mit sich bringt, wie oft man hinfallen muss, um irgendwann laufen zu lernen. Seinen Malerkollegen rät er: „Die kleinen Kinder müssen im Sitzen unbefangen und unbeholfen sein, im Stehen schüchtern und ängstlich."

Und daran hält er sich auch selbst. Seine Jesusknaben sind keine kurz geratenen Männer, altklug und zu früh erwachsen – so wie bei vielen anderen Künstlern. Sie sind vielmehr oft ungestüm und tollpatschig, immer wach und willensstark; Kleinkinder halt.

Ein gelockter Bub, auf einem Blatt, das sich heute im Londoner British Museum befindet, mit wenigen Strichen gezeichnet, wird von seiner Mutter getragen, sie muss sein Gewicht mit ihrem Oberkörper ausbalancieren, um voranzuschreiten. Dann sieht das Kind auf dem Weg etwas, das sein Interesse erregt; es strebt nach unten, reckt sein Ärmchen gen Boden, die Mutter aber hat ein anderes Ziel und steuert sachte dagegen.

Oder der ebenfalls getuschte Junge, der es sich auf Marias dunkel schraffiertem Schoß bequem gemacht hat („Studie zur Madonna mit der Katze"). Ihre Hände geben ihm Halt, so fühlt er sich sicher genug, um nach einer großen Katze zu greifen.

Die allerdings hat keine Lust auf das Spiel, sie windet sich aus seiner Umarmung: Jesus muss wie alle Kinder erst lernen, dass nicht nur er einen eigenen Willen hat – sondern ein anderes Wesen ebenso.

Leonardo, der seit den späten 1460er Jahren in der Florentiner Werkstatt von Andrea del Verrocchio das Künstlerhandwerk lernt und dann dort Geselle wird, hat ein Gespür für Kinder. Seine frühesten eigenen Gemälde zeigen Maria mit dem kleinen Jesus. Leonardos Madonnen sind selbst noch verspielte Teenager, die sich ihrem Nachwuchs liebevoll zuwenden. Vielleicht erinnern sie ihn an seine Mutter Caterina, die auch eine Jugendliche war, als sie ihn 1452 in Vinci unverheiratet zur Welt brachte.

So wie seine Jesusknaben mit der Welt experimentieren, sich ihr wissbegierig zuwenden, so probiert sich auch Leonardo an der Staffelei aus. Sein Meister Verrocchio ist ein begnadeter Bildhauer und Goldschmied – als Maler allerdings kaum erfahrener als seine Schüler. Er hat mit diesem Metier erst kürzlich begonnen, denn seine Werkstatt versteht sich als Rundum-Service für ihre Kunden, die hier von der Bronzestatue bis zu Festdekorationen und neuerdings eben auch Tafelmalerei alles bekommen, was das Auge erfreut.

Das ist Leonardos Chance. Wie alle Lehrlinge übernimmt auch er zunächst Hilfsarbeiten, mahlt Pigmente auf polierten Steinen, mischt Bindemittel, rührt Grundierungsmasse aus Leim und Gips oder Kalk an. Er skizziert nach den Vorlagen seines Meisters, und er modelliert kleine Gestalten aus Lehm, die er dann abzeichnet. Ob er auch Bronzegießen lernt, ist ungewiss.

Bald überträgt Verrocchio ihm das Malen ganzer Figuren. So darf er auf einer „Taufe Christi" einen knienden Engel malen – und Leonardos Biograf Giorgio Vasari behauptet später, danach habe Verrocchio nie wieder selbst malen wollen, sah er sich doch von seinem Schüler in den Schatten gestellt.

Der aber verfügt zu diesem Zeitpunkt noch nicht über eine ausgereifte Maltechnik. Es ist vielmehr sein Einfühlungsvermögen in das Empfinden nicht nur der Menschen, das ihm zauberhafte Ergebnisse beschert. So bittet Verrocchio seinen Gehilfen einmal, bei einer Darstellung des alttestamentarischen Tobias zu helfen, der einen Fisch besorgt, um damit seinen blinden Vater zu heilen. Den sterbenden Fisch und den kleinen Hund des Tobias darf wohl Leonardo malen – und er legt all sein Mitgefühl in die halbtote Kreatur, und zeigt den plüschigen Hund als vitales, freundliches Tier.

Als er schließlich eigene Tafeln anfertigt, experimentiert Leonardo mit der in Florenz noch neuen Ölmalerei, die seit einiger Zeit in Flandern modern ist und sich nun auch in Italien verbreitet. Dabei werden Pigmente mit Öl zu einer Farbmasse verbunden. Vermutlich sieht er auf Gemälden niederländischer Meister, welche Farbschimmer, welch weiche Übergänge das Bindemittel Öl erlaubt. So lässt sich auf die noch nasse Farbe eine weitere auftragen, und die Töne verschwimmen ineinander. Er wagt nicht gleich, ganz auf die ungewohnte Technik zu setzen, sondern mischt, etwa bei der „Madonna mit der Nelke", die Öl- mit der traditionellen Temperamalerei, bei der die Farbe mit Ei gebunden wird und härtere Konturen erzeugt. Doch offenbar hat ihm niemand erklärt, wie viel Öl er nehmen muss. So wird die Farboberfläche später an vielen Stellen einreißen und Runzeln bilden.

Leonardo aber hat seine Lust an der Ölmalerei entdeckt. Zeitlebens wird er testen, wie sich Licht und Schatten einfangen lassen, welche Farbkombination welche Stimmung erzeugt. Er wird seine Pasten manchmal mit dem Handballen verstreichen und dann wieder jedes Haar einer Locke einzeln stricheln. Und er wird dokumentieren und beschreiben, was er tut.

Denn die Malerei, davon ist er überzeugt, ist die Leitwissenschaft, die allen anderen Disziplinen überlegen ist. Gewitter und Landschaften, Pflanzen und Tiere, Hell und Dunkel, Körper und Seelenregungen kann sie zeigen, ja: neu erschaffen. „Eine Verwandte Gottes" sei die Malerei, schreibt Leonardo, und eine „Enkelin der Natur", denn „diese hat alle sichtbaren Dinge geboren, aus denen die Malerei geboren wurde".

Er vergleicht seinen Beruf sogar mit dem des Schöpfers: „Wenn der Maler Schönheiten sehen will, die imstande sind, ihn verliebt zu machen, ist er fähig, solche zu schaffen, und wenn er unheimliche sehen will, die ihn erschrecken, oder komische oder lächerliche oder wahrhaft mitleiderregende, so kann er dies als Herr und Gott tun."

AN SELBSTBEWUSSTSEIN mangelt es dem Maler auch schon in jungen Jahren nicht. Sein Biograf Vasari erzählt, Leonardo habe als Lehrling für seinen Vater einen Schild so realistisch mit einem Ungetüm bemalt, dass dieser es für echt hielt. Und Leonardos Lehrherr Verrocchio ist wohl beeindruckt von den ersten Zeichnungen, die der Junge noch in Vinci angefertigt hat.

Der Meister schätzt das Talent und auch den Stolz des Jünglings vom Lande. Er bittet

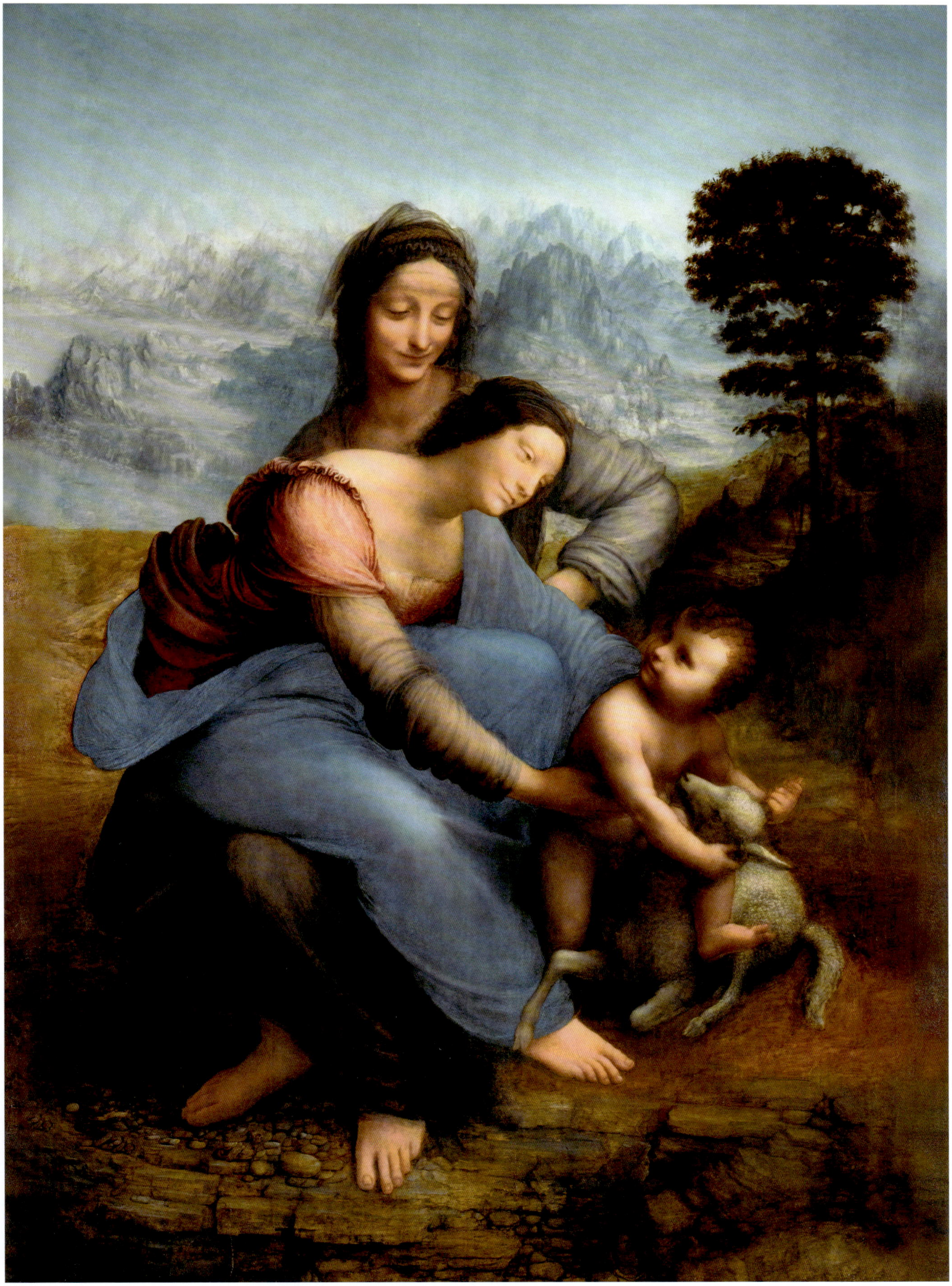

Über viele Jahre arbeitet Leonardo immer wieder an der »ANNA SELBDRITT«. Er verschmilzt darin den kindlichen Jesus, dessen Mutter Maria und die Großmutter Anna zu einer einzigen Figur. Wie die »Mona Lisa« zählt das Gemälde zu den Werken, von denen sich Leonardo bis zu seinem Tode nicht trennen wird

Leonardo wohl bald nach dessen Ankunft, ihm Modell zu stehen für eine Bronzefigur des David, der den alten Goliath besiegt hat: Verschmitzt schaut der Jugendliche in die Ferne; Goliaths zerfurchtes, abgeschlagenes Haupt liegt zu seinen Füßen.

Doch so siegessicher sich Leonardo auch gern gibt: Er hat es anfangs nicht leicht, in Florenz als Künstler Fuß zu fassen. Deshalb arbeitet er noch nach seiner Ausbildung vorerst weiter für Verrocchio. Dutzende Malerateliers konkurrieren in der Stadt miteinander, und neben den etablierten Werkstätten behaupten sich bald junge Aufsteiger wie Sandro Botticelli, der gelegentlich auch mit Verrocchio kooperiert.

Leonardo schätzt die Arbeit des Kollegen nicht, dessen idealisierte Gestalten und Bildhintergründe, und das beruht auf Gegenseitigkeit. Botticelli versteht nicht, weshalb der junge Mann aus Vinci sich in die Landschaftsmalerei stürzt und seine Bilder oft mit weiten Ausblicken auf blaue Berge ausstattet. Er höhnt, da „könne man doch ebenso gut einen mit verschiedenen Farben getränkten Schwamm gegen eine Mauer schleudern, um auf dieser Mauer einen Klecks zu erzeugen, in den man eine schöne Landschaft hineinzusehen vermag".

Diese Beleidigung wird Leonardo ihm noch viele Jahre später nachtragen. Wer die Natur geringschätzt, kann in seiner Sicht kein guter Maler sein. Landschaften sind für ihn mehr als eine Kulisse, sie künden davon, wie groß Gottes Schöpfung ist – und damit auch die des Malers.

S

Sein erstes großformatiges Gemälde malt er um 1473, da ist er Anfang 20. Wer ihn mit dieser „Verkündigung" beauftragt hat, ist nicht bekannt. Der Maler lässt Maria auf einer Terrasse mit weitem Ausblick in die Ferne Platz nehmen. Sie scheint im Einklang zu sein mit ihrer Umgebung, stolz wie

Ein DENKMAL für die Medici

Realistisch wie kaum jemand zuvor zeigt Leonardo um 1475 in der »Madonna mit der Nelke« das Jesuskind: als wohlgenährtes Baby

ES GEHT IHM GUT. Er ist wohlgenährt und wird geliebt. Nackt sitzt der Junge auf einem Samtkissen, seine Mutter umfasst seinen Rücken, so sicher, dass ihre Fingerspitzen eine Delle im Babyspeck hinterlassen.

Ihm kann nichts passieren. Eigentlich. Sein linkes Bein tritt in die Luft, als wolle er seine Kraft an einem imaginären Gegner testen.

Aber da ist niemand, nur sie und er, in ihrem höhlenartig dunklen Palazzo mit den Rundbogenfenstern, die den Blick auf eine flirrend blaue Berglandschaft freigeben.

Warmes Licht fällt auf seinen rundlichen Körper, betont seinen Rumpf, den kaum behaarten Kopf.

Vor allem aber moduliert es das helle Gesicht und Dekolleté seiner jungen Mutter. Schön ist sie mit ihren zurückhaltenden, noch mädchenhaften Zügen, dem kleinen Mund, den gesenkten Lidern unter hohen, hellen Brauen.

Und sie hat sich schön gemacht. Es hat wohl Stunden gedauert, das Haar so zu flechten, dass keine Strähne auf die Stirn fällt, aber links und rechts der Wangen unter einem schmalen Schleier blonde Locken das engelhafte Gesicht rahmen.

Ein transparent schimmernder Bergkristall hält ihr tiefblaues Gewand zusammen. Unter goldbestickter Borte kräuselt es sich über den kleinen Brüsten, die wohl immer noch das Kind nähren.

Der Junge lässt sich gern auf das Spiel ein, das sie ihm anbietet. Mit der Linken fasst sie den Stängel einer Nelke, hält sie in sein Gesichtsfeld.

Er streckt beide Hände aus, konzentriert sich und greift nach der roten Blume, ohne sie zu berühren. Es wirkt, als wisse er, was er tut. Als sei er entschlossen, die Nelke, sein Schicksal, anzuschauen und in Besitz zu nehmen.

Viel zu ernsthaft ist er für sein Alter. Wie sollte es auch anders sein: Er heißt Jesus Christus, und er wird seine Mutter nicht überleben, sondern in nicht einmal 33 Jahren vor ihren Augen für die Menschheit sterben. Gekreuzigt von Nägeln, die ungefähr so groß und lang sind wie der Stiel dieser Nelke.

Die Blume, rot wie Blut, erzählt von der Liebe Gottes, seines Vaters, die letztlich zur Passion des Sohnes führen wird, Marias einzigem Kind.

Und sie, die junge Mutter, zeigt auf dem Bild trotz all dem keine Furcht. Sie genießt die Nähe zu dem vitalen Knaben, ihre eigene Schönheit, die Ruhe im Palast. Dieser Moment gehört ihr und ihrem Baby.

Allerdings nicht ganz. So sehr sich Leonardo da Vinci bei diesem Gemälde in seine Protagonisten hineinversetzt, so sehr denkt er an die Menschen, die in seiner Zeit und irgendwann später das Bild betrachten werden. Und einer der ersten ist Giuliano di Piero de' Medici, der jüngere, etwas ungestüme Bruder des Herrschers über Florenz, Lorenzo de' Medici.

Die Wappensymbole der Familie sind Kugeln, an sie erinnern vermutlich die unscheinbaren Glasbälle, die vom Kissen des Knaben herabbaumeln. Zudem ähneln die modernen Fensterbögen im Bild denen von Giulianos Palazzo Medici.

Als Symbol der Reinheit Mariens ist rechts unten im Gemälde eine hingehauchte Blumenvase zu sehen, für die Leonardos Biograf, der Maler und Schriftsteller Giorgio Vasari, im 16. Jahrhundert besonders schwärmt.

Vasari berichtet, das Bild sei in den Besitz von Papst Clemens VII. gelangt, eines unehelichen Sohnes Giuliano de' Medicis. Der Vater hat es wohl direkt beim Künstler bestellt: Ein Auftrag der Medici mag Leonardos Aufwand erklären – das Gold, die feinen Farbschichten, die Sorgfalt.

DAS MADONNENBILD ist eines der ersten bekannten eigenhändigen Gemälde Leonardo da Vincis. Als es um das Jahr 1475 entsteht, ist der Maler ein lang gelockter Jüngling in seinen frühen Zwanzigern und bereits vollgültiges Mitglied der Florentiner Malergilde.

Doch er lebt und arbeitet noch bei seinem Lehrherrn, sei es aus Anhänglichkeit oder weil er auf eigene Rechnung nicht genügend Aufträge bekäme in der vor Kunst und Künstlern strotzenden Stadt.

Leonardos Meister Andrea del Verrocchio führt eine Werkstatt im Zentrum von Florenz. In seinem Atelier gehen die Reichen und Mächtigen ein und aus.

Verrocchio und die anderen Mitarbeiter können alles: Sie schnitzen, meißeln, gießen Bronzen, schmieden Rüstungen, malen, liefern den Schmuck für Feste, Theaterkulissen und ganze Inneneinrichtungen von Adelspalästen.

Bei wichtigen Aufträgen kooperiert Andrea mit Meistern, die ihm verbunden sind, darunter der junge, bald berühmte Sandro Botticelli.

Madonnenbilder auf Pappelholz gehören zu Andrea del Verrocchios Standardrepertoire. Doch keines aus seiner Werkstatt ist so raffiniert wie die »Madonna mit der Nelke« des jungen Leonardo. Ihm sitzt wohl das gleiche Mädchen Modell wie Verrocchio, zumindest übernimmt er dessen weibliches Schönheitsideal einer femininen jungen Frau mit vollem Gesicht, das Haar kunstvoll geflochten.

Leonardo hat, wie alle Schüler Andreas, über Jahre hinweg die gezeichneten Frauenköpfe seines Meisters immer wieder kopiert, mit Bleistift und Feder auf Papier oder mit Metallstiften auf billigem Holz. Doch bei aller ebenmäßigen Mädchenhaftigkeit, bei allem Harmoniewillen: Leonardos Madonna ist anders.

Sie hält ihre Emotionen zurück, ist auffallend nachdenklich und weiß doch genau, was sie will, wenn sie dem Jungen die Nelke reicht. Das Gemälde ist keine bloße Momentaufnahme; es veranschaulicht einen

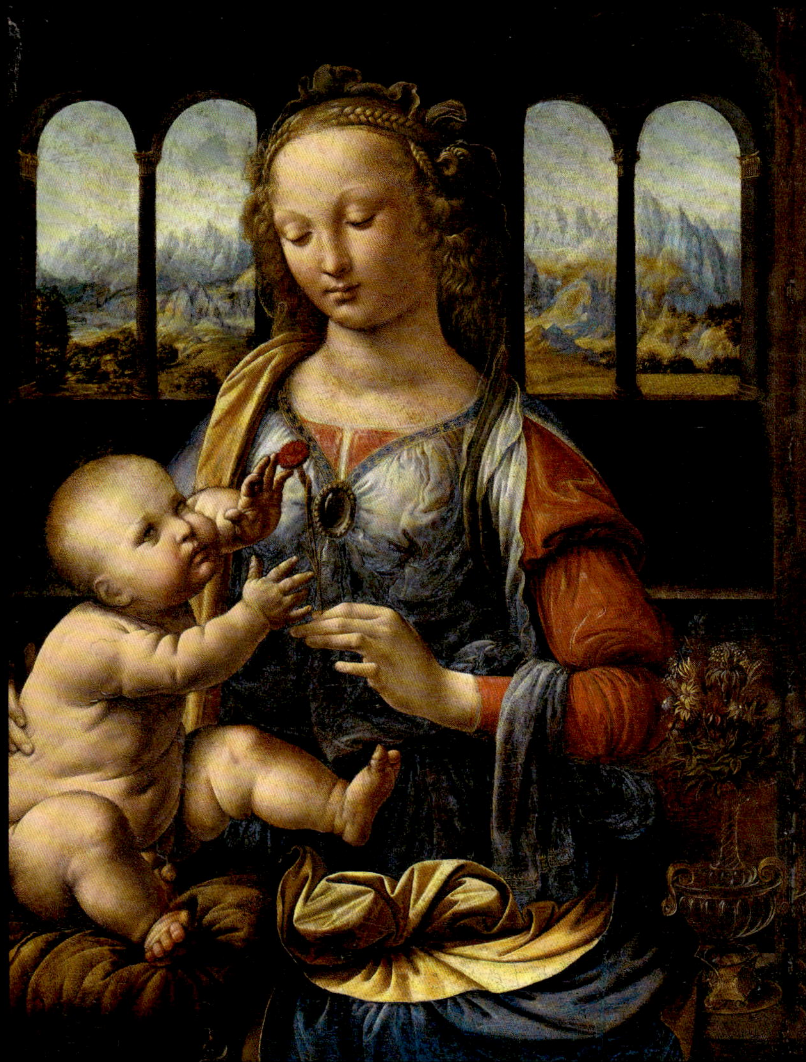

ganzen Handlungsablauf, eine Interaktion zwischen zwei innig miteinander verbundenen, doch autonom fühlenden Wesen.

Der Maler versucht sich in Teilen des Gemäldes an Ölfarben, die im Gegensatz zu den klassischen mit Ei gebundenen Temperafarben nur sehr langsam trocknen.

Dies erlaubt es ihm, auf die nasse Farbe eine weitere aufzutragen, sodass die Töne ineinander verschwimmen. Das kleine Bild ist hochexperimentell, denn obwohl die Florentiner Ölfarben bereits kennen und gelegentlich auch nutzen, ist die Technik hier noch lange nicht so weit entwickelt wie in Flandern.

Leonardo ist davon begeistert, wie natürlich die Farben mit Öl als Bindemittel wirken. Er erprobt unter anderem an diesem Madonnenbild die Kunst der sanften Übergänge zwischen Hell und Dunkel.

Allerdings ist ihm noch nicht klar, wie viel Öl er beim Anmischen der Farben verwenden muss. Sein Meister Verrocchio kann es ihm nicht beibringen, der hat selbst gerade erst mit dem Malen begonnen und bleibt lieber bei der in Florenz bewährten Temperamalerei. Leonardo wählt daher die falsche Mischung – und die Madonna wird bald tiefe Runzeln bilden, die die Bildoberfläche bis heute rau wirken lassen.

Mit dem weichen Schattenspiel verortet Leonardo Mutter und Sohn im Hier und Jetzt des Palazzo und nimmt ihnen die Weltferne, die Madonnenbilder älterer Künstler oft umgibt.

Die beiden befinden sich in einem schützenden, dunklen Raum; der aber ist kein Gefängnis, sondern er öffnet den Blick auf die helle Weite gottgegebener Berggipfel, wie sie in der Toskana kaum zu finden sind, wohl aber in der Vorstellungskraft des Künstlers.

Fern und Nah bedingen sich wie Licht und Schatten, Leben und Tod, Natur und Kunst.

Leonardo da Vinci ist um 1475 ein junger, noch nicht lebenskluger Mann. Aber er hat bereits eine Ahnung vom großen Ganzen, das sich im kleinen Menschen spiegelt.

die hohen Berge im Hintergrund hebt sie ihr Haupt, und der Engel erweist ihr seine Reverenz – nicht andersherum (siehe Seite 60).

Die Frauen und die große Natur gehören in Leonardos Sicht zusammen. Beide sind sie Schöpferinnen, fähig, Leben zu geben. Das nötigt ihm Respekt ab. Porträts einflussreicher Männer reizen ihn dagegen nicht.

Auch herkömmliche Frauenbildnisse interessieren ihn wenig. Die Florentinerinnen zeigen sich im Porträt oft nur einmal im Leben, nämlich vor ihrer Hochzeit. Zu diesem Anlass werden sie mit Gold und Perlen behängt, teuer gekleidet und sitzen in strenger Profilansicht Modell. Die Gemälde sollen den Reichtum des Mannes und die Keuschheit der Braut demonstrieren; sie dienen dem Status einer Familie – doch so viel Repräsentation langweilt Leonardo.

Vielleicht ahnen das die Städter, jedenfalls bitten sie den Maler offenbar nicht um solche Porträts. Um 1475 aber begegnet er einer Frau, die mehr will vom Leben, als Mann und Familie zu schmücken. Sie heißt Ginevra de' Benci, ist sechs Jahre jünger als der Maler, gut verheiratet. Ihr Vater ist ein Klient von Leonardos Vater, der in Florenz als Notar arbeitet. Ginevra schreibt Verse, was ungewöhnlich ist für eine Frau. Eine ihrer Gedichtzeilen lautet: „Ich bitte um Entschuldigung, und ich bin ein Bergtiger."

E

Eine Tigerin! Und sie weiß um ihre Kraft. Leonardo hat seine erste weltliche Bildpartnerin gefunden, eine Frau auf Augenhöhe.

Sie werden sich gegenseitig beflügeln, und am Ende steht eine Revolution: das erste psychologische Porträt der italienischen Kunstgeschichte. Kein Ruhm-und-Ehre-Bildnis, sondern die Darstellung einer zarten, leicht melancholisch wirkenden Person, die in Gedanken versunken ist. Ihr Kleid ist schlicht, ihr Gemüt ist es nicht. Sie schämt sich nicht, dem Betrachter ihr Gesicht zuzuwenden, und doch fängt sie seinen Blick nicht direkt auf. Ihm bleibt nur, über die Gedankenfülle zu sinnieren, die sich in diesem Lockenkopf verbergen mag.

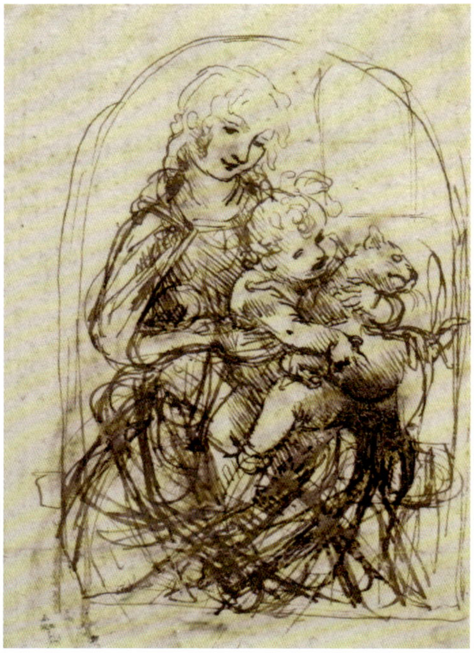

Immer wieder übt sich Leonardo darin, das Gebaren von Kindern so natürlich wie möglich darzustellen – etwa um 1480 in der »STUDIE FÜR EINE MADONNA MIT KATZE« den Griff des Jesusknaben nach dem Haustier

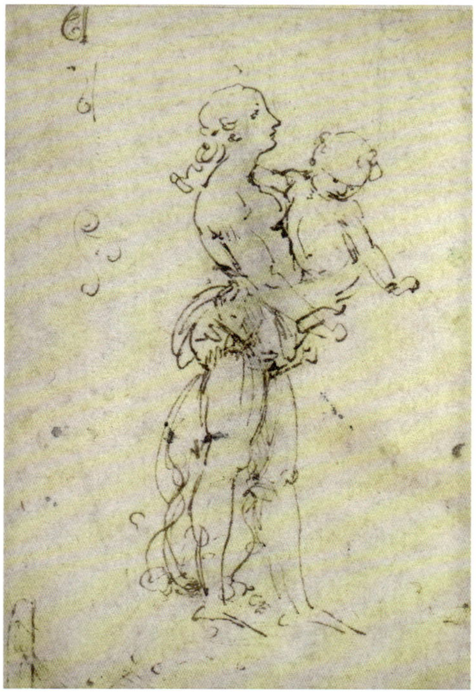

»EINE FRAU TRÄGT EIN KIND«, um 1481. Häufig wählt Leonardo die innige Verbindung von Mutter und Sohn als Thema. Vielleicht ist dies Ausdruck der Sehnsucht nach der eigenen Mutter, von der er früh getrennt wurde

Leonardo setzt Ginevra vor einen Wacholderbusch, was anspielt auf ihren Namen: Das immergrüne Gewächs heißt auf Italienisch *ginepro*. Zugleich scheint er sich damit über den Poeten Petrarca lustig zu machen, der im Jahrhundert zuvor seine geliebte Laura auch deshalb in seinem Gedichtband „Canzoniere" verherrlichte, weil ihr Name ihn an *lauro*, Lorbeer, erinnerte, das Ruhmessymbol der Dichter.

Statt hehrem Lorbeer tritt nun also stacheliger Wacholder ins Bild. Damit fordert Leonardo alle Petrarca-Verehrer heraus, besonders aber einen: den mutmaßlichen Auftraggeber des Porträts. Es ist der venezianische Humanist Bernardo Bembo, der in Florenz als Diplomat weilt und sich in Ginevra verliebt hat, die er nun in aller Öffentlichkeit umwirbt.

Dies stört nicht einmal ihren Ehemann, denn alle wissen, dass es sich nur um ein platonisches Spiel handelt.

Vorgelebt hat dies der Herrscher über Florenz, Lorenzo de' Medici, der wortreich, aber wohl keusch eine junge verheiratete Frau namens Lucrezia Donati verehrte. Sogar ein Reitturnier hat er für sie ausgerichtet. Die Männer zelebrieren ihre Liebe aus der Distanz, und damit auch sich selbst, und die Frauen mögen sich geehrt fühlen.

Ginevra aber ist anders. Sie antwortet ihrem Galan in eigenen Gedichten, nimmt ihn und seine Gefühle ernst. Keinen Zweifel lässt sie daran, dass sie respektiert werden will als Ehefrau, die nicht zu erobern ist, schon gar nicht von einem verheirateten Mann. Auf dieser Grundlage aber gestehen die beiden einander in Versen ihre Empfindungen, und das liest sich nun nicht mehr wie ein prätentiöses literarisches Spiel, sondern ehrlich und persönlich.

So viel in Worte gefasste Nähe ist ungewöhnlich in einer Zeit, in der Männer und Frauen arrangierte Ehen eingehen, selten aber in romantischen Beziehungen zueinander finden. Leonardo spürt wohl, wie zugewandt Ginevra sein kann, obwohl sie sich immer wieder in ihre eigenen Gedanken zurückzieht. Er übersetzt die Innigkeit in Malerei – und fordert so jedem, der das Bildnis betrachtet, die gleiche emotionale

Offenheit ab, die Ginevra de' Benci und Bernardo Bembo verbindet.

Mit diesem Frauenporträt wird die Kunst so zartfühlend und intim wie kaum je zuvor in der Geschichte. Sie tut nun so, als könne sie Liebe nicht nur erregen, sondern auch erwidern. Die Verwirrung, die das bei Bildbetrachtern auslösen muss, kalkuliert Leonardo kühl ein.

So notiert er einmal, die „göttliche Harmonie" seiner Malerei könne den Betrachter derart fesseln, dass „er seine Freiheit verliert". An anderer Stelle prahlt er, dass seine Kunden ihm sakrale Bilder ins Atelier zurückbrächten, damit er die Heiligenscheine der weiblichen Figuren übermale – denn seine Klienten wollten die betörend schönen Figuren endlich ohne schlechtes Gewissen küssen können.

Die Frauen bleiben die Hauptfiguren in Leonardos Kunst. Sein Denken und Schaffen kreist um die weiblichen Angehörigen der Heiligen Familie sowie um jene Zeitgenossinnen, die ihn beeindrucken und ihm Modell sitzen.

Als er sich endlich doch selbstständig gemacht hat, beauftragt ihn im März 1481, kurz vor seinem 29. Geburtstag, der Augustinerkonvent San Donato a Scopeto vor den Toren von Florenz mit einer Altartafel.

Doch für beide Seiten wird die Zusammenarbeit schnell unerfreulich. Leonardo muss einen ungünstigen Vertrag unterschreiben, mit dem er kaum etwas verdienen kann. Und die Mönche warten vergebens auf ihr Gemälde einer „Anbetung der Könige". Denn dieser Künstler macht keinen Dienst nach Vorschrift, er versteht die Aufgabe als Einladung zum Experiment.

Die Muttergottes platziert er, natürlich, ins Zentrum. In respektvollem Abstand knien huldigend die drei Könige. Um sie herum gestikulieren, dicht gedrängt, staunende Junge und Alte. Immer neue Figuren entwirft Leonardo und übermalt sie wieder, sogar ein Elefant ist darunter. Er kann sich nur schwer entscheiden, will alles zeigen, die ganze Welt auf einem Bild.

Ein pralles Panorama wächst auf seiner Staffelei – nur fertig wird es nicht. Viele Menschen bleiben bräunlich skizzierte Schatten ihrer selbst. Farbe trägt der Maler nur an einigen Stellen auf, etwas Grün in eine Baumkrone, Blau in den Himmel.

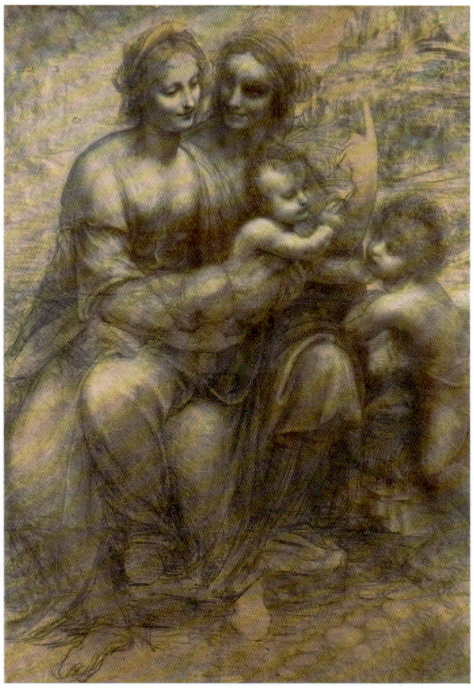

In Leonardos Weltsicht sind Mütter die großen Schöpferinnen, ihnen widmet er etliche Bilder, hier die um 1500 entstandene Studie »DIE JUNGFRAU UND DAS KIND MIT DER HL. ANNA UND DEM HL. JOHANNES«

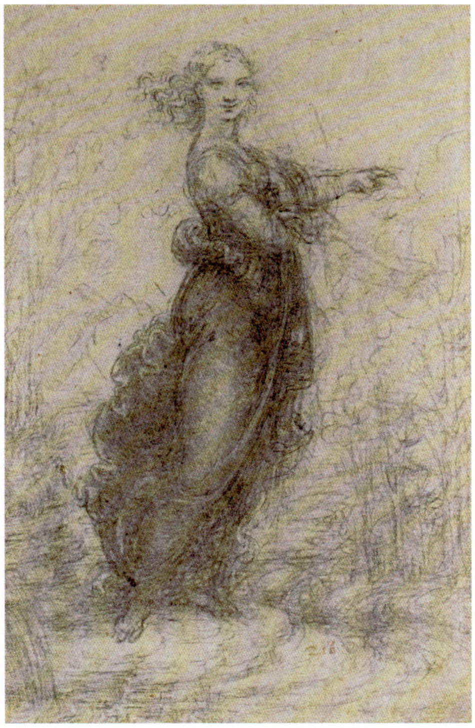

Womöglich, so sehen es Experten, deutet die »FRAU IN EINER LANDSCHAFT«, die der greise Toskaner wohl in seinen letzten Lebensjahren zeichnet, auf das paradiesische Jenseits hin – jedenfalls lächelt sie dabei freundlich

Dann verlässt ihn die Lust, und wie so häufig in seinem Leben beschließt er, alles hinter sich zu lassen und neu anzufangen.

Er händigt das Gemälde nicht aus, vielleicht, weil es nicht vollendet ist, sondern stellt es bei einem Freund unter.

Anschließend setzt er sich nach Mailand ab. Wie er sich am Ende mit den Mönchen einigt, die die Farben schon bezahlt haben, ist nicht bekannt. Möglicherweise verzichten beide Seiten auf ihre Forderungen.

Er ist nun etwa 30 Jahre alt, kein ganz junger Mann mehr, aber einer, der das Leben noch vor sich hat. Ästhetisch gesehen ist Mailand im Vergleich zu Florenz Provinz – doch eine aufstrebende. Der Ankömmling aus der allseits anerkannten Kunstmetropole hat es leicht, hier Fuß zu fassen. Die Familie von Ambroglio de Predi, eines erfolgreichen Malers, heißt ihn in ihrer Werkstatt willkommen.

Gemeinsam überzeugen sie die franziskanische Laienbruderschaft der Kirche San Francesco Grande, ihnen ein Altarbild anzuvertrauen; Leonardo verantwortet die zentrale Tafel, die Werkstatt von de Predis kümmert sich um die Seitengemälde.

Leonardos Bild soll die Muttergottes mit ihrem Sohn sowie Engeln und zwei Propheten zeigen; der Ort, an dem das Kind sitzt, soll in Gold gearbeitet werden; das Gewand der Maria soll mit Goldbrokat und teurem Ultramarinblau geschmückt sein. Auch ein Gottvater soll irgendwo vorkommen, ebenfalls golden und blau gekleidet. Der Neuankömmling sagt alles zu – wird aber, wie oft, die meisten dieser Vorgaben ignorieren.

Noch strikter als in ihren formalen Vorstellungen von guter Kunst sind die Auftraggeber in ihren theologischen Überzeugungen. Ihre Mission ist die Lehre der unbefleckten Empfängnis. Sie glauben, dass nicht nur Christus, sondern sogar Maria, obwohl sie ein Kind menschlicher Eltern war, schon vom ersten Moment ihrer Existenz im Mutterleib an „unbefleckt" gewesen sei, unberührt von der Erbsünde.

Leonardo neigt nicht zu religiösem Eifer, doch der Kult um Maria regt seine Fantasie an – und so nimmt der passionierte Wanderer die Madonna in seinem Bild mit auf einen imaginären Ausflug in die Berge. Er setzt die Muttergottes mit einem Engel und den beiden Knaben Jesus und Johannes in

Eine Botschaft des HIMMELS

In seiner »Verkündigung« präsentiert Leonardo 1473 eine äußerst unkonventionelle Madonna

MARIA ERHÄLT BESUCH vom Erzengel Gabriel, einem geflügelten Wesen, einer jungenhaften Figur mit echten Vogelfedern. Der verkündet Maria ihre Empfängnis des Gottessohns.

Der Engel nähert sich ihr in respektvollem Abstand und kniet auf dem blumenübersäten Gras nieder, das sich durch den Luftzug seines Anflugs zu krümmen scheint. Dann streckt er seine Hand zum Gruß aus. In der Linken hält er eine Lilie, das Symbol jungfräulicher Reinheit und nebenbei auch Symbol der Stadt Florenz.

Maria ist eine junge Frau mit zarter Haut. Doch sie reagiert wie eine erfahrene Dame. Mit der Rechten hält sie die Seiten des Buchs, in dem sie eben gelesen hat.

Sie wendet ihren in lange Stoffbahnen gehüllten Körper ab, das strahlend hell erleuchtete Gesicht jedoch dreht sie geraden Hauptes Richtung Engel. Ruhig hebt sie die linke Hand, und diese Geste könnte meinen: Moment mal, lass mich nachdenken über das, was du da sagst!

Sie könnte aber auch den Gruß des Engels erwidern und gelassen Einverständnis signalisieren mit dem Geschehen.

Gerade in der Uneindeutigkeit wirkt Marias Pose spontan und souverän. Diese Muttergottes ist Herrin der Lage.

Nicht alles an der Figur ist perspektivisch und anatomisch korrekt ausgeführt. Der rechte Arm erscheint zu lang, und man weiß nicht, von welchem Blickpunkt aus das Pult der Frau eigentlich anzusehen ist. Auch die Proportionen der tief dunklen Bäume hinter der Gartenmauer sind nicht ganz korrekt. Vielleicht sollte das Bild ursprünglich von unten rechts betrachtet werden, was es stimmiger wirken ließe.

Doch solche Anfängerprobleme stehen der Idee Leonardos nicht im Wege: Göttliches Licht erhellt die Landschaft sowie Maria, es ersetzt die Taube des Heiligen Geistes oder den plump aufgetragenen Schriftzug älterer Verkündigungsbilder.

Im Gemäldehintergrund erhebt sich eine flirrende Berglandschaft so hell, dass Himmel und Bergspitzen kaum von einander zu unterscheiden sind. Es ist, als wolle Leonardo sich und allen anderen beweisen: Luft und Licht lassen sich malen. Das Übersinnliche ist mit dem Pinsel erfahrbar.

Die Natur spricht für sich. Und diese Maria ist klug genug zu wissen, was sie tut. Sie ist kein passives Werkzeug eines abstrakten Heilsplans, sie ist belesen und unterstützt Gottes Vorhaben aus eigenem Antrieb.

Ihre Fähigkeit, zu empfangen, ist untrennbar verbunden mit dem Wort, das Fleisch wird – und so mit der menschlichen Fähigkeit, zu verstehen und zu handeln.

Leonardo nimmt die Frauen ernst, erst recht in einem Moment, in dem sie sich für das Leben entscheiden. Für seine ungewöhnliche Sicht auf Maria bricht der junge Maler mit der Konvention.

Denn in der Regel folgen Verkündigungsbilder einem klaren Ablauf: Theologen zufolge

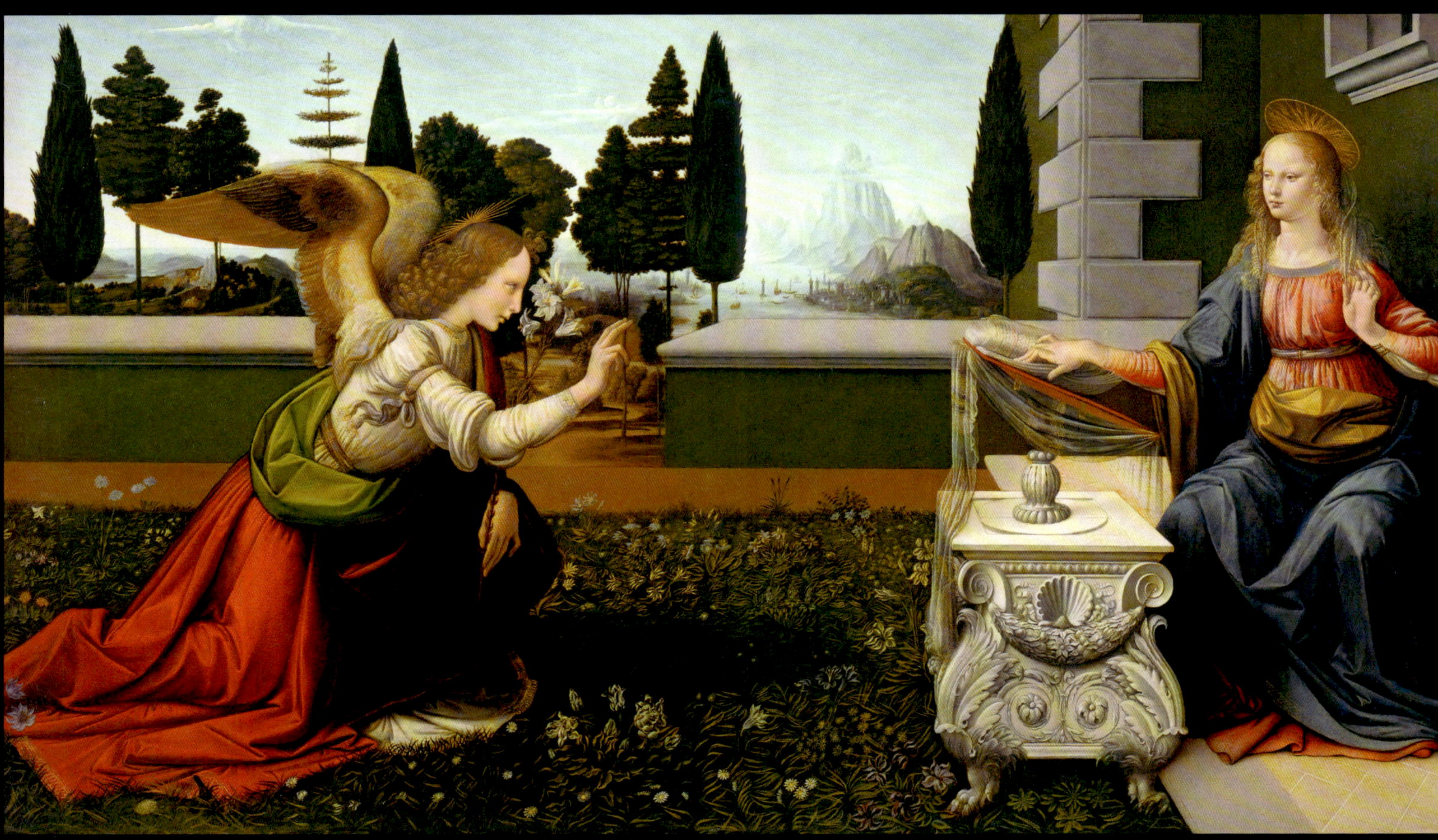

durchläuft Maria bei der Begegnung fünf Stadien. Zunächst erschrickt sie, dann überlegt sie, ehe sie nachfragt, ob sie sich für die Empfängnis auf einen Mann einlassen müsse. Schließlich, als geklärt ist, dass sie Jungfrau bleiben wird, willigt sie demütig ein und erscheint zuletzt in einem glücklichen, gesegneten Zustand.

Manche Künstler zeigen eine verunsicherte Frau in der ersten Phase, *conturbatio*; andere bevorzugen *humiliatio*, die Zustimmung, und malen Maria gesenkten Hauptes. Nur Leonardo lässt seine Protagonistin improvisieren. An ihrem klaren Willen, ihrer Entscheidungshoheit besteht kein Zweifel. Der sich demütig nähernde Engel ist der Bittsteller, nicht sie.

Für jeden erkennbar widerspricht der Künstler hier Kollegen, die den Engel in ihren Gemälden Befehle erteilen lassen und Maria einschüchtern.

Diese strengen Verkündigungsbilder spielen eine wichtige Rolle in der Disziplinierung der weiblichen Bevölkerung. So preist der toskanische Prediger Berhardin von Siena im 15. Jahrhundert die 1333 entstandene Verkündigungsszene von Simone Martini und Lippo Memmi, die sich zu der Zeit in der Kathedrale von Siena befindet. So bescheiden sei diese Maria, wie sie demütig, fast verängstigt den Engel anhöre. Sie wage es ja nicht einmal, den Überbringer der göttlichen Nachricht direkt anzuschauen – und das, obwohl er kein Mann, sondern nur ein Engel sei. »Nehmt euch daran ein Vorbild, ihr jungen Frauen!«

Leonardo hat der Prediger nicht auf seiner Seite. In seinen Schriften macht sich da Vinci lustig über die dominanten Gottesboten: »So sah ich neulich einen Engel, der bei einer Verkündigung so aussah, als wollte er Unsere Liebe Frau aus dem Zimmer verjagen, mit Bewegungen, die eine solche Schmähung ausdrückten, wie man sie einem niederträchtigen Feind zuteilwerden ließe, und Unsere Liebe Frau sah aus, als wollte sie sich vor Verzweiflung aus einem Fenster stürzen. Passt auf, dass Ihr nicht in solche Fehler verfallt.«

Nein, er treibt die Frauen nicht zur Verzweiflung, und ihre Unterwerfung interessiert ihn nicht. Leonardo da Vinci braucht Maria und die anderen Frauen, und sie brauchen ihn. Denn dieser Künstler bietet ihnen ungeahnte Vorbilder.

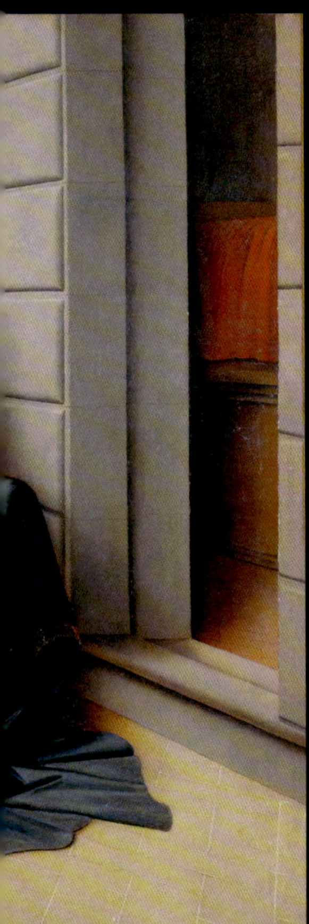

eine Felslandschaft, von der man nicht weiß, ob sie eher beschützend oder bedrohlich ist.

Hohe Steine hinter den Figuren scheinen sie vor Unbill abzuschirmen, doch vorn im Bild tut sich ein tiefer Abgrund auf. Später wird man dieses Gemälde die „Felsgrottenmadonna“ nennen, obwohl die Grotte hinten durchbrochen ist und den Blick auf einen leuchtenden Bergsee freigibt.

Maria ist eine schlanke, noch nicht ausgewachsene Jugendliche, sie könnte ein Mädchen vom Land sein. Ihre Hände aber sind groß und kräftig. Mit der Rechten umfasst sie die Schulter des Johannes – ein Griff, der Kleinkinder zu beruhigen vermag.

Die ausgestreckte Linke behütet den noch pausbäckigen Jesusknaben, der seinen Freund Johannes als Vertreter der Menschheit segnet. Beide Jungen wirken so natürlich, unbeholfen und verspielt, wie Leonardo dies an Kleinkindern bewundert.

Mit der anderen Hand stützt Jesus sich auf dem Steinboden ab, gehalten von dem Engel hinter sich. Er ist zu klein, um schon alleine sicher zu sitzen, und doch scheint er den steilen Abhang, der sich direkt unter ihm auftut, nicht zu fürchten.

LEONARDO INTERESSIERT sich stark für Geologie und Erdgeschichte, als er um 1483 die Altartafel malt. Der Erdkörper ist in seiner Vorstellung mit dem menschlichen Leib vergleichbar. Er hat Adern, in denen Wasser fließt. Dieses entlade sich, so glaubt der Künstler, in Bergseen und -flüssen.

Doch ihn quält die Frage, wie das Wasser die Schwerkraft überwinden könne.

Die Antwort, die er findet, lautet: Nasenbluten. Wie der menschliche Körpersaft, so werde Wasser in der Erde und in den Bergen nach oben gedrückt und fließe dort hinaus. So könne es sich in hoch gelegenen Seen sammeln, wie auf dem Gemälde zu sehen.

Und noch etwas treibt ihn während der Arbeit an der „Felsgrottenmadonna“ um: Wenn die Erde wie ein Mensch ist – dann müsse sie auch altern und sterben. Dazu entwickelt Leonardo zwei Theorien.

Nach der ersten ist die Erde in ständiger Bewegung. Einst hat die Sintflut die gesamte Oberfläche bedeckt, dann ist sie in die Adern im Erdinneren abgeflossen. Dort hat sie so viel Druck erzeugt, dass die Wassermassen am anderen Ende der Welt wieder herausgeströmt sind. Das Geröll, das sie mit sich gerissen haben, hat sich draußen zu Bergen aufgetürmt, in die das Wasser Schneisen schlägt. Dann ist es wieder abgeflossen und hat Täler hinterlassen. Die ständige Wasserbewegung wird am Ende dazu führen, dass die Berge wieder abgetragen werden und die Erdkugel glatt und rund sein wird. In diesem Szenario bedeckt das Wasser irgendwann alles. Die Welt ertrinkt.

Das zweite Szenario ist ähnlich düster. Für ebenso denkbar hält es Leonardo, dass die Adern im Erdinneren wie die Blutbahnen des Menschen im Alter verkalken, also mit Steinen und Erdklumpen verstopfen. Das behindert den Wasserfluss, und die Meere werden verdunsten, weil sie keinen Nachschub aus dem Erdinneren mehr bekommen. Die Welt wird vertrocknen.

So oder so: Die Menschheit geht unter.

Aber Gott hat eine Hoffnungsträgerin gesandt, die dem Niedergang etwas entgegenzusetzen hat. Denn wie alle gesunden jungen Frauen verfügt Maria über eine Urkraft: Sie kann Leben schaffen. Gebärend sorgen Frauen für steten Neuanfang. Die heilige Anna hat Maria ausgetragen, Maria Jesus zur Welt gebracht. Die christlichen Vorbilder mögen um das Weltenende wissen, aber beeindrucken lassen sie sich davon nicht.

Auf dem Altargemälde für die Bruderschaft mag der Abgrund vorn im Bild andeuten, dass jedes Glück, auch das menschliche, endlich ist. Doch der strahlende Bergsee im Hintergrund zeigt an, dass es noch nicht so weit ist: Weder das Austrocknen noch die Überschwemmung stehen kurz bevor. Die Welt hat nur etwas Nasenbluten. Und die Figuren (und wohl auch ihre Betrachter vor dem Bild) leben in der besten aller Zeiten.

Ob sich dem Publikum das alles erschließt? Vermutlich nicht. So wie Botticelli mit Leonardos Landschafts-Obsessionen hadert, so verstehen viele Menschen nicht, weshalb er sich so ausführlich mit der Natur beschäftigt. Sie ist in ihren Augen einfach da und kein Grund zum Räsonieren. Der Hang des Mannes aus Vinci zum Philosophieren befremdet auch Dichter und Denker, sie finden, das viele Grübeln halte ihn nur von seiner eigentlichen Arbeit ab: der Kunst.

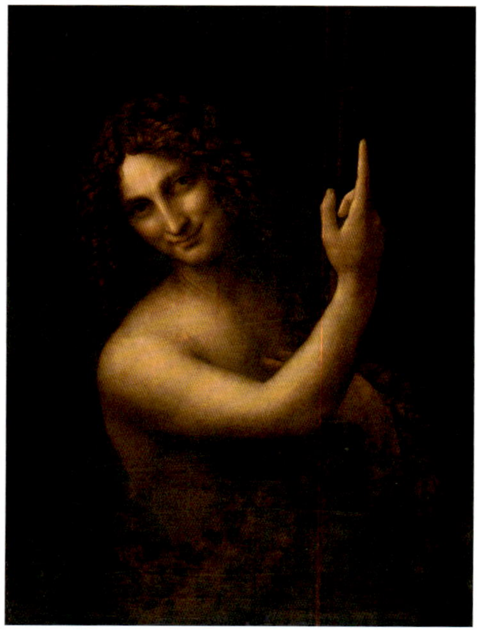

Das letzte Meisterwerk: Wohl um 1516 vollendet Leonardo das Gemälde »JOHANNES DER TÄUFER«. Vorbild für den androgynen Jüngling, der auf den Ursprung des göttlichen Lichtes weist, ist möglicherweise Salaì, der langjährige Geliebte des Künstlers

Die aber ist auch deshalb so ungewöhnlich, weil Leonardo es sich nicht einfach macht. Er werkelt lange an jedem Stück, und seine Bilder sind rare Unikate.

Man weiß bei diesem Künstler nie, ob und wann etwas fertig wird. Ludovico Sforza, der Herrscher über Mailand, verzichtet darauf, selbst eine große Altartafel bei Leonardo zu bestellen. Er will stattdessen offenbar das Bild von der Madonna in den Bergen haben, und er ist es gewohnt zu bekommen, was er begehrt.

Leonardo freut das wohl, schließlich ist Ludovico der wichtigste Mäzen in Mailand. Wenn nicht alles täuscht, dann hilft er dem Herrscher, unterstützt von Ambrogio de Predis, den franziskanischen Laienbrüdern die „Felsgrottenmadonna" zu entziehen. Obwohl die Brüder im Jahr 1484 schon einen Großteil des Lohns gezahlt haben, zetteln die Künstler einige Jahre später einen Streit an. Sie behaupten, einen höheren (nämlich vierfachen) Bonus auf das Honorar verdient zu haben, als die Brüder zu zahlen bereit sind. Leonardo und Ambrogio richten eine Eingabe an Ludovico, damit der sie in dieser Angelegenheit unterstütze.

Die Laien redeten „wie Blinde über Farben", höhnen die Künstler in ihrem Schreiben. Zudem hätten die Maler für das Madonnenbild bereits einen Käufer an der Hand, der einen höheren Preis zu zahlen bereit sei. Dies ist allem Anschein nach Ludovico.

Das ist ein sehr ungewöhnliches Vorgehen: Leonardo behandelt seine Mitteltafel nicht wie ein Auftragswerk – was sie ja zweifelsohne ist –, sondern als Ware, über die er frei verfügen kann. Kein anderer Maler treibt die Emanzipation seines Berufsstandes so voran wie der selbstgewisse Toskaner.

Im Grunde scheint er der Meinung zu sein, dass seine Werke seine Kinder seien und er allein wisse, was gut für sie ist. Er wird keinen Konflikt scheuen, wenn es darum geht, für seine Bilder zu sorgen.

Ob dann wirklich Ludovico die Altartafel Leonardos bekommt oder ob sie letztlich an andere Käufer geht, lässt sich nicht mehr zweifelsfrei klären. Sicher ist jedoch, dass das Werk nicht dauerhaft in der Kirche der Bruderschaft bleibt. Über Jahrzehnte streiten sich Leonardo und die Familie de Predis mit den Laienbrüdern. Am Ende bekommen die eine zweite Fassung, die deutlich braver wirkt: Jesus und Johannes sind nun ältlich und gravitätisch statt verspielt und kindlich, und sie tragen ebenso wie Maria Heiligenscheine. Das Menschliche weicht dem Göttlich-Entrückten.

Solche Zugeständnisse hätte Leonardo wohl nicht gemacht, wäre ihm dieses Werk so wichtig wie die erste Version. Aber die Nummer zwei ist für ihn eher eine Pflicht: Er fertigt nur Vorzeichnungen auf der Tafel an, überlässt seinen Mitstreitern aber offenbar einen Teil der Arbeit und fügt vermutlich nur an einigen Stellen etwas hinzu, weil er dazu vertraglich verpflichtet ist.

Ludovico jedenfalls begeistert sich für den Künstler, der nun bei Hof ein- und ausgeht. Irgendwann beginnt er, ihn pauschal zu bezahlen, wenn auch nicht immer regelmäßig, wie Leonardo in einem Brief an seinen Dienstherrn klagt. Allzu viel aber muss der Künstler für sein Geld nicht malen.

Dann aber lässt Ludovico ihn ein besonderes Bild schaffen: das Porträt seiner Geliebten Cecilia Gallerani.

Die junge Frau kommt aus gutem Haus, doch nach dem Tod des Vaters hat die Familie es nicht leicht. So nimmt die Sippe Ludovicos Offerte einer Liebschaft an und löst 1487 das Eheversprechen, das Cecilia einem Mailänder gegeben hat. Dafür erhält ihre Familie zahlreiche Privilegien, finanziell hat sie ausgesorgt.

Was Cecilia, die wie Ginevra de' Benci gern Verse schreibt, zu diesem Handel mit dem grobschlächtigen Machtmenschen sagt, ist nicht bekannt. Nur Ludovico erklärt sich in Briefen euphorisch für verliebt.

Leonardo versteht sich bestens mit der klugen jungen Frau, später nennt er sie seine „innigst geliebte Göttin“. Der Austausch mit dem einfühlsamen, im Umgang stets angenehmen Maler mag für Cecilia eine willkommene Abwechslung zu ihrem Leben als untergeordnete Mätresse sein. So inspirieren die beiden einander im Atelier.

Das Ergebnis verändert die Porträtmalerei grundlegend. Denn Cecilias Bildnis erfüllt, was Leonardo in seinen Schriften verspricht: Eine Figur sei nur dann zu loben, wenn der Maler in einer Handlung auch „die Leidenschaft der Seele“ ausdrücke.

Dafür muss der Künstler den Menschen auf seinem Bild physisch und psychisch gleichermaßen in Bewegung bringen. Darum geht es Leonardo auch im Bildnis der Cecilia. Statt einer unbeweglichen, steifen Person zeigt es in den Regungen des Körpers die Regungen ihres Gemüts.

Cecilia ist nicht allein auf ihrem Bild, sie trägt ein Hermelin auf dem Arm. Mit ihrem weißen Pelz haben Hermeline in Sicht der Zeitgenossen etwas Pures. Es heißt, man müsse sie bei der Jagd in den Schlamm hetzen, denn sie würden sich eher töten lassen, als ihr helles Fell zu beschmutzen.

Südlich der Alpen sind Hermeline nicht heimisch, wohl aber ihre engen Verwandten, die Mauswiesel. Sie werden als Haustiere zum Mäusejagen gehalten, und viele Frauen tragen die toten Tiere als Stola.

Wiesel gelten in jenen Zeiten als Glücksbringer in der Schwangerschaft und bei der Geburt. Doch auch ein Hermelin kann für all diese sehr unterschiedlichen Eigenschaften stehen: für Keuschheit wie für die Fruchtbarkeit, für das Zutrauliche wie für das Bissige.

Das Hermelin wird Leonardo wohl noch aus zwei weiteren Gründen reizen: Auf Griechisch heißt das Tier *galè*, was an Cecilias Nachnamen erinnert. Und Ludovico Sforza ist 1486 in den Hermelinorden aufgenommen worden. Es ist das perfekte Lebewesen, um auch Ludovico im Bild erscheinen zu lassen. Als Schoßtier einer Frau.

Tier und Mensch agieren Hand in Pfote. Das Hermelin schmiegt sich an Cecilias Herz. Mit ihren langen Fingern drückt sie es an sich, als wolle sie seinen Puls ertasten. In Verlängerung ihrer Hand erhebt das Raubtier die Tatze. Beide wenden sich einem unsichtbaren Dritten rechts vom Bildrand zu, und wer sie so zusammen sieht, vergleicht unwillkürlich auch Nase und Schnauze.

Es scheint, als wären die beiden Protagonisten des Bildes von der gleichen unbezähmbaren Energie beseelt. Wendig, zum Sprung bereit, so zartfühlend und hinreißend wie dynamisch und gefährlich treten die *bella donna* und ihr Biest auf die Bühne.

Leonardo verabschiedet damit alles Bedächtige und Ehrwürdige aus der Malerei; er zeigt das Leben, wie es sich in einem kurzen Moment zur Aktion verdichtet.

Noch als reife Dame – Ludovico hat sie da längst verlassen – wird sich Cecilia an die Zeit mit dem Maler erinnern. Für „unvergleichbar“ hält sie ihn, für den Besten seiner Zunft – auch wenn das Bildnis, das Sforza ihr zum Abschied geschenkt hat, sie an ihre schwierige Jugend erinnert.

Ludovico lässt Leonardo weiterhin viele Freiheiten. Der Künstler unterhält den Hof mit seinen klugen Aphorismen, er dekoriert die Feste des Herrschers. Wenn er malt, dann aus Erkenntnisinteresse oder weil ihn mit dem Thema etwas verbindet. Am heiligen Hieronymus, den er mit seinem Löwen in der Wüste zeigt, begeistert ihn beispielsweise die Anatomie, das Spiel der Muskeln und Sehnen, der kahle Schädel des Alten.

Und als er vermutlich Ludovicos nächste Geliebte abbildet, die junge Lucrezia Crivelli, experimentiert er mit ihrem Blick: Wie direkt kann eine Figur den Zuschauer anschauen, ohne sich ihm aufzudrängen? Leonardo entscheidet sich, sie ihr Gegenüber aus den Augenwinkeln betrachten zu lassen, intensiv, aber nicht offensiv (siehe Seite 65).

Wie Menschen – auch Figuren und Betrachter – aufeinander reagieren, das beschäftigt Leonardo. Seine Kunst lebt vom Dialog, und er liebt es, mit anderen über seine Werke zu diskutieren. Der Maler „hatte es sehr gern, wenn jeder, der sich seine Malerei anschaute, frei heraus sagte, was er davon hielt“, erinnert sich ein Wegbegleiter.

Wie wäre es, diese Gesprächsfreude nicht nur zu leben, sondern sie auch zu malen? Dafür braucht Leonardo ein Bild mit mehr Personal als auf seinen Porträts und Marienbildern. Und er braucht einen Grund für eine Auseinandersetzung. Etwas, das an die Substanz geht, weil es menschliche Beziehungen in ihrem Kern berührt.

Das Thema, das Leonardo findet, heißt: Freundschaft und Verrat.

Oder auch: das letzte Abendmahl.

„Amen, ich sage euch: Einer von euch wird mich verraten und ausliefern, einer von denen, die zusammen mit mir essen.“

So spricht Jesus, als er mit den zwölf Jüngern ein letztes Mal gemeinsam speist. Leonardo konzentriert sich auf diesen Augenblick, als er ab 1494 sein Wandbild für den Speisesaal des Mailänder Klosters Santa Maria delle Grazie konzipiert. Ludovico Sforza lässt das Kloster gerade zu seiner Grabstätte ausbauen, und damit sich das herumspricht, braucht er ein sensationelles neues Gemälde. Leonardo hat zugesagt, obwohl er sich auf Wandbilder nicht versteht.

Den Maler interessieren die Gesichtsausdrücke von Menschen, die überrascht werden von einer schier unglaublichen Nachricht: Unter ihnen, den loyalen Anhängern Jesu, soll ein künftiger Verräter sein?

„Da wurden sie traurig, und einer nach dem andern fragte ihn: Doch nicht etwa ich?“, beschreibt das Markus-Evangelium die Situation. Jesus bestätigt: „Einer von euch zwölf, der mit mir aus derselben Schüssel isst.“ Dann wird er noch deutlicher: „Der Menschensohn muss zwar seinen Weg gehen, wie die Schrift über ihn sagt. Doch weh dem Menschen, durch den der Menschensohn verraten wird! Für ihn wäre es besser, wenn er nie geboren wäre.“

In der Regel machen die Maler jener Zeit Judas als den Übeltäter kenntlich. Leonardo aber gönnt seinen Figuren und Betrachtern keine bequemen Gewissheiten. Zu diesem Zeitpunkt während des Mahls muss sich nach Jesu Rede jeder Jünger fragen, ob nicht auch er unter bestimmten Umständen das Undenkbare zu tun bereit wäre. Und wenn nicht er, wer dann von den hier speisenden Glaubensgenossen, auf die doch immer Verlass zu sein schien?

Derart verunsicherte Menschen reagieren sehr unterschiedlich, sie können überrumpelt oder entsetzt sein, still oder schrill, wütend oder abwehrend – und all das will Leonardo in seinem Bild zeigen.

Der Maler verbringt viel Zeit damit, Gemütszustände zu studieren; er flaniert durch die Stadt, um Gesichter anzuschauen. Zuweilen provoziert er jemanden, nur um dessen Muskelspiel beim Lachen oder im Ärger zu betrachten.

S

Sein Wandbild wird zum Panorama menschlicher Reaktionen, und es handelt von der Kunst des Streits. Andere Maler sehen in Jesus den Allwissenden, der Weisheiten verkündet, denen die Jünger dann brav folgen – Leonardo dagegen verachtet das Prinzip von Befehl und Gehorsam. Einmal sagt er: „Wer im Streit der Meinungen sich auf die Autorität beruft, der arbeitet mit seinem Gedächtnis anstatt mit seinem Verstand.“ Und so ist sein Jesus folgerichtig Teil eines lebhaften Debattierklubs.

Um die Neuigkeit zu bewältigen, reden die Jünger aufeinander ein, befragen nicht nur Jesus, sondern auch einander und sich selbst. Einer flüstert einem zweiten etwas zu, einer scheint sich mit Gesten zu verteidigen, drei weitere erörtern lauthals die Lage, ohne sich um den Tischherrn zu kümmern.

Und dann ist da noch Judas. Er lehnt sich zurück, zwischen dem hübschen, mädchenhaften Johannes und dem älteren Petrus. Niemand am Tisch, aber jeder Betrachter

Das LOB der weiblichen Schönheit

Leonardo malt gern die Geliebten mächtiger Männer. Eine könnte die »Belle Ferronière« sein

DAS BILDNIS der jungen Dunkelhaarigen, das Leonardo für Ludovico Sforza malt, den Herrscher von Mailand, zeigt vermutlich Lucrezia Crivelli, die Zofe von Ludovicos Gattin – und seine Geliebte.

Züchtig steht die Frau hinter einer steinernen Brüstung, die sie auf Höhe des Bauchnabels vom Betrachter trennt. Gekleidet ist sie in ein rotes, hochgeschlossenes Kleid; nach Mode der Zeit sind die Überärmel an den Schultern festgebunden. Keine Schleife öffnet sich, kein Zipfel vom Unterhemd lugt aus dem Dekolleté.

Das von einem Tuch am Hinterkopf gehaltene braune Haar ist streng gescheitelt, die mehrfach um den Hals gewickelte Kette ist fesch, nicht teuer. Geschminkt ist die Dame, wenn überhaupt, dann so dezent, dass man es nicht merkt. Alles entspricht höchsten Anstandsnormen.

Wäre da nur nicht dieser Blick – wie er tiefbraun die Betrachter zu durchdringen scheint und dann doch knapp an ihnen vorbeigleitet.

Dieser Blick lässt auch die nicht mehr los, die hin- und hergehen vor dem Bild. Die Augen einer Frau, dies ist der Beweis für die Redewendung aus der Renaissance, sind das Fenster der Seele. Durch sie sendet Amor, wie der Dichter Petrarca sagt, Pfeile, die einen Mann im Herzen treffen.

Leonardo öffnet in dem Bildnis die Augen seiner *bella* weiter denn je zuvor. Nicht mehr entrückt ist der weibliche Blick wie bei Ginevra de' Benci (siehe Seite 44), nicht mehr zur Seite gerichtet wie bei Cecilia Gallerani, die der Maler mit einem Hermelin in den Armen malt.

Nur noch knapp verfehlt dieser neue Blick den Betrachter, entzieht sich bloß um eine Nasenlänge dem direkten Kontakt.

Die Macht dieses immer näher rückenden Blicks ist so stark, dass es eine Brüstung, ein braves Kleid und gleich mehrere Reihen Halsketten braucht, um den Zuschauer zu schützen vor dem Risiko, dem er sich gerade aussetzt. Der Betrachter wird erkannt von dieser Frau, ohne sie seinerseits voll zu durchschauen. Käme sie ihm noch näher, würde sie ihr Haar und die Schleifen lösen, die Brüstung überwinden – es wäre kaum auszuhalten. Das Spiel von Nähe und Distanz beherrscht Leonardo da Vinci wie kein anderer.

Es ist wohl kein Zufall, dass der Maler gerade auf seinen Porträts von Männern geliebter Frauen ausprobiert, wie nah sich die Menschen vor und hinter dem Bilderrahmen kommen können.

Seit der Antike gilt das Bild einer schönen Frau als Beweis der Kunstfertigkeit eines Malers. Gebildete Menschen in der Renaissance erzählen gern die Geschichte von dem altgriechischen Maler Apelles, der für Alexander den Großen ein Aktbild von dessen Mätresse Kampaspe schuf und sich in das Modell verliebte. Alexander bestaunte das fertige Bildnis – und überließ Kampaspe, die nicht gefragt wurde, dem Maler als Dank. Beliebt ist die Geschichte unter Künstlern wohl nicht zuletzt deshalb, weil sie suggeriert, Machthaber und Maler seien ebenbürtig.

Auch Leonardo ist besonders stolz auf seine Bildnisse von Geliebten mächtiger Männer oder von anderen Frauen, die für ihre Schönheit verehrt werden. In einem Pamphlet, das die Überlegenheit der Malerei über andere Künste belegen soll, beschreibt er, wie – angeblich – der ungarische König Matthias Corvinus zwei Künstler empfängt, einen Maler und einen Dichter. Beide preisen die Mätresse des Herrschers. Doch das Werk des Poeten schiebt der König laut Leonardo ungelesen zur Seite.

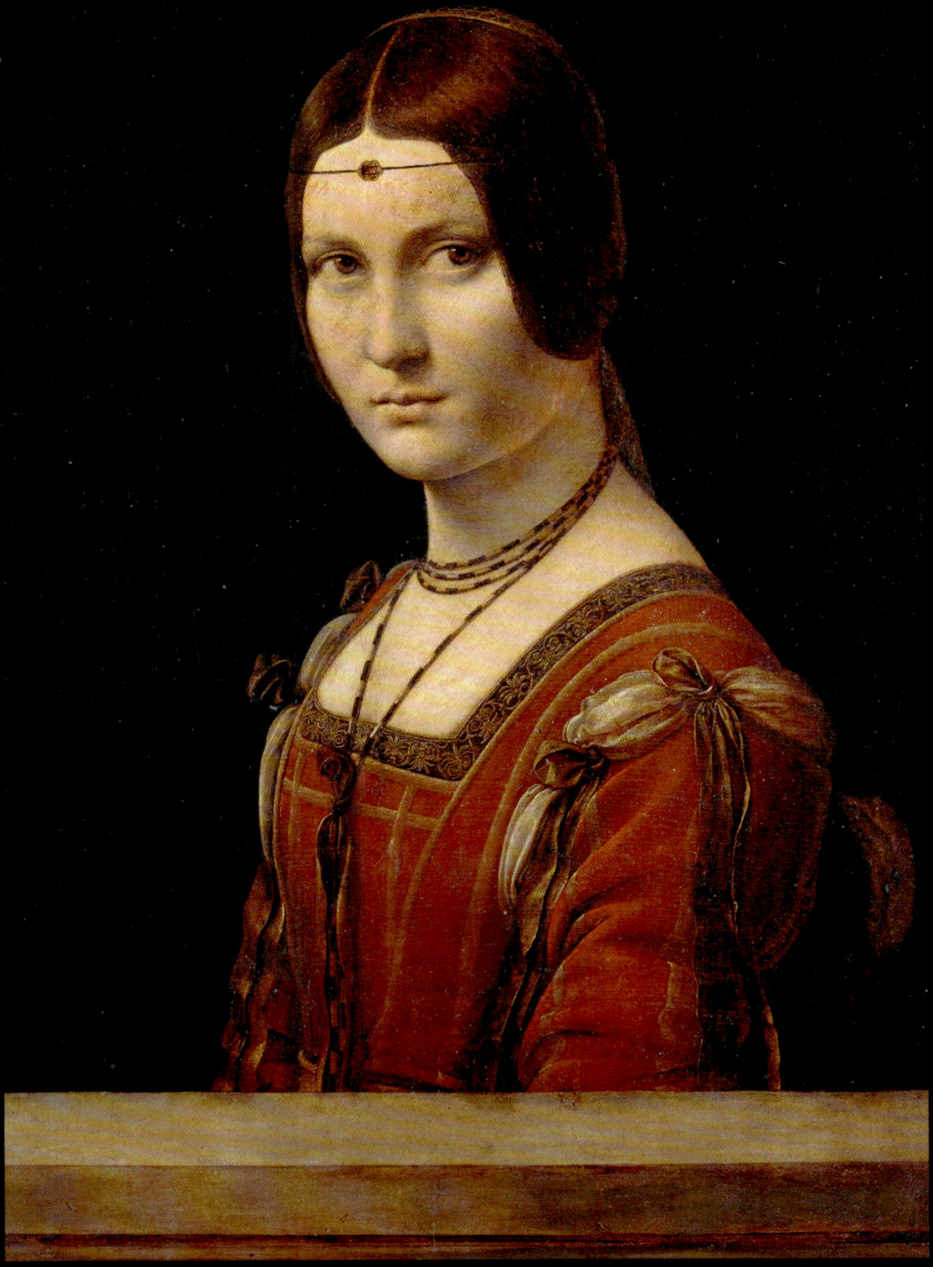

Seine Begründung: Er wolle etwas haben, das er anfassen und ansehen könne, nicht nur – wenn es ihm vorgelesen wird – anhören. Umso mehr begeistert ihn die Arbeit des Malers: Der Monarch herzt und betrachtet die gemalte Frau, glücklich über ihre scheinbar körperliche Anwesenheit. Im Vergleich dazu seien die Kunstwerke der Dichter eben nur „Hirngespinste", höhnt Leonardo. Schließlich müsse sich ein Leser selbst vorstellen, wie die beschriebene Person aussieht, während der Betrachter es mit einem sichtbaren Bild zu tun habe.

Leonardo gefällt es, die Illusion zu erzeugen, seine Figuren seien lebendig, mehr noch: Sie bewegten sich auf den Betrachter zu. Er findet es nur angemessen, wenn diese ihr Herz an seine schönen Frauen verlieren. Das Porträt der Lucrezia Crivelli lädt den Zuschauer zur Zweisamkeit ein. Nur für ihn scheint sie Augen zu haben, er könnte sie nun ansprechen.

Damit begegnet Leonardo einem Vorwurf, den Petrarca den Malern machte: Ihre Werke seien stumm. In seinem Lyrikband „Canzoniere" beschreibt der Poet das Bildnis seiner verehrten Laura, das Simone Martini gemalt hat. Er bewundert das Gemälde, will sich mit ihm unterhalten – doch der angesprochenen Figur fehlen „Stimme und Verstand". Verzweifelt ruft der Dichter aus: „Könnte es mir doch nur antworten!"

Wenn auch Leonardos Frauen letztlich schweigen, so scheinen sie doch in Blicken und Gesten auf den Betrachter zu reagieren und zu verstehen, was er sagt. Mehrere seiner weiblichen Modelle sind wortgewaltige Dichterinnen. „Stimme und Verstand" wird ihnen niemand absprechen können.

Damit verändert Leonardo die Kunst und auch das Frauenbild seiner Zeit. Zuvor waren feminine Figuren nur zum Anschauen da. Jetzt schauen sie selbst, wer vor ihnen steht.

Die verschollenen MEISTERWERKE

Manche Bilder Leonardos sind im Laufe der Jahrhunderte verloren gegangen oder wurden zerstört – und sind nur überliefert, weil Kollegen sie kopiert haben. Bei anderen Gemälden geben besser erhaltene Nachahmungen die ursprüngliche Farbigkeit oder nicht mehr erkennbare Details der beschädigten Originale wieder

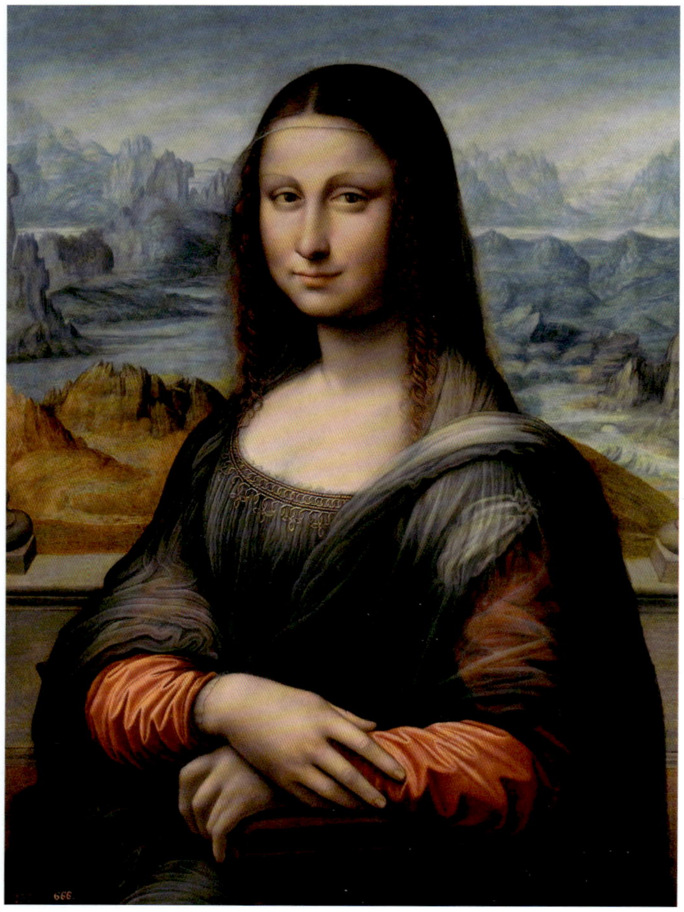

Diese Kopie der **»MONA LISA«**, die ein Mitarbeiter des Meisters parallel zum Original fertigt, zeigt Farben und Details, die bei Leonardos Meisterwerk nicht mehr zu erkennen sind, etwa im Faltenwurf des Gewands

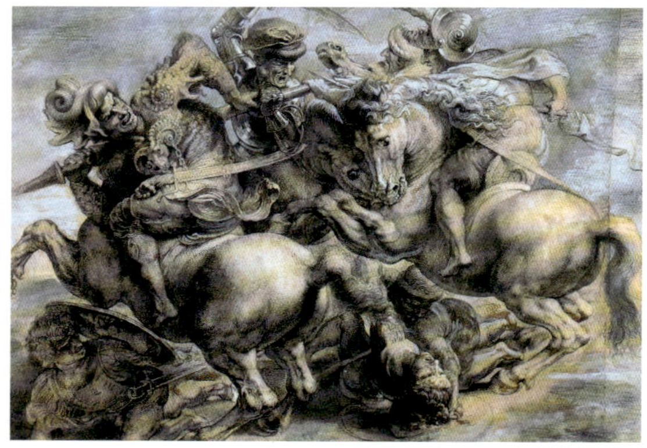

Ob Leonardo die **»ANGHIARI-SCHLACHT«** jemals verwirklicht, ist ungewiss. Falls er es tut, existiert das Fresko nur für kurze Zeit. Diese Reproduktion fertigt Peter Paul Rubens später an – als Vorlage dient ihm wahrscheinlich eine Entwurfsskizze

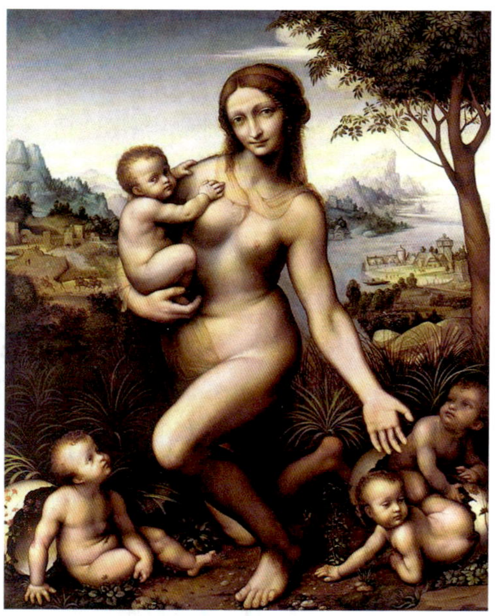

Leonardo beaufsichtigt wohl diese Kopie der **»LEDA MIT IHREN KINDERN«**, die ein Schüler nach seinem Entwurf malt. Das Original, das der Meister wahrscheinlich selbst angefertigt hat, ist verschollen

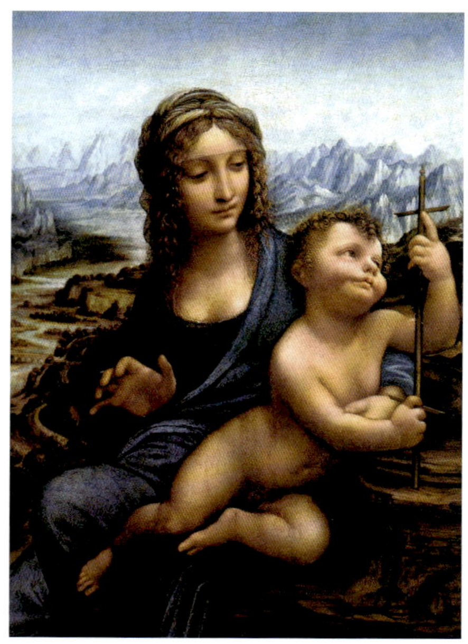

Eine **»MADONNA MIT DER SPINDEL«** malt Leonardo um 1501 für den Staatssekretär des französischen Königs. Doch erhalten sind nur Kopien, darunter diese aus der Hand eines Gehilfen

des Gemäldes sieht, was er umklammert: einen Geldbeutel als Zeichen seiner Tat.

Es dauert gut drei Jahre, ehe Leonardo fertig ist, dann aber wird das Wandbild schnell zur Attraktion. Ein „Abbild der glühenden Sehnsucht nach unserem Heil" habe er geschaffen, sagt der Mathematiker Luca Pacioli und staunt über die „Gebärden lebhafter und betrübter Verwunderung", die der Maler den Jüngern gegeben hat.

Rasch verbreiten sich Anekdoten, wie ausgiebig Leonardo Gesichter für das Werk studiert, wie intensiv er über jeden Pinselstrich nachgedacht habe. Besucher reisen von weit her, um das Ausnahmestück zu sehen.

Bald jedoch wird sich der Genuss trüben: Noch zu Leonardos Lebzeiten bröckelt Farbe ab, denn er war in der Technik, auf die er sich nicht verstand, zu wagemutig. „Es ist vortrefflich, obgleich es schon zu verderben beginnt", schreibt ein Gast im Jahr 1517.

Der Grund für den Verfall: Der Maler hatte sich daran gestört, dass er bei der herkömmlichen Freskotechnik die Farbe zügig auf den frischen Kalkputz auftragen muss. Also legte er über den bereits getrockneten Putz eine Grundierung aus Leim und Kreide und malte darauf mit unterschiedlichen Mischungen aus Tempera und wohl auch Öl. Diese Eigenrezeptur aber hält nicht gut. Wie so oft hat Leonardo sich in einer technischen Frage überschätzt.

Einige Jahre später wird er in Florenz mit unbekannten Ölmixturen für Wandbilder experimentieren – so will er ein Schlachtengemälde zum Strahlen bringen. Doch die Farben seiner „Anghiari-Schlacht" zerfließen an der Wand, sie halten noch schlechter als beim „Abendmahl". Verärgert gibt Leonardo die Schuld dem Händler, der ihm gepanschtes Öl verkauft habe.

Und schon in Mailand hält er sich für einen begnadeten Bildhauer, der er nicht ist. Er verspricht Ludovico ein gigantisches Reiterdenkmal für dessen Vater Francesco – um dann erst lange an dem Tonmodell zu werkeln und schließlich am Bronzeguss zu verzweifeln. Nichts bleibt von diesem Projekt, das Leonardo einmal so wichtig war.

Am Ende verwenden die Franzosen (die 1499 Ludovico vertreiben und die Macht in der Stadt übernehmen) das Tonmodell als Zielscheibe für ihre Schießübungen.

Sonst aber versteht sich der Künstler prächtig mit den neuen Herrschern der Stadt, denn die französischen Besatzer bewundern sein „Abendmahl".

Erst als Ludovico nach einigen Monaten versucht, die Stadt zurückzuerobern (was für Leonardo schlecht ausgehen könnte), verlassen der Maler und seine Leute Mailand. Anfang der Jahres 1500 logiert er in Mantua bei der Markgräfin Isabella d'Este.

Nicht vergessen hat die Sammlerin das Porträt der Frau mit Hermelin, das Cecilia Gallerani ihr einst zur Ansicht geschickt hat. Isabella will nun auch von dem Meister gemalt werden. Sie umschmeichelt ihn, macht ihm aber offenbar Vorgaben: Er soll sie im Profil zeigen, nicht nach links gewendet wie andere Ehefrauen, sondern nach rechts, so wie männliche Herrscher.

Sämtliche Forschungen LEONARDOS dienen letztlich der Malerei

Doch von der Seitenansicht hat sich Leonardo in seinen Frauenporträts längst verabschiedet, weil sie die innere und äußere Dynamik bremst, die ihm vorschwebt.

Auch fehlt ihm an Isabella wohl die Ungezwungenheit, mit der Cecilia offenen Blickes vor seine Staffelei trat, überdies vielleicht die Freundschaft, die ihn mit der jungen Mätresse verband.

Jedenfalls ignoriert er den Auftrag der hohen Herrin, fertigt bloß eine Vorstudie an, nicht aber das ersehnte Porträt – und flieht vor ihren drängenden Bildwünschen nach Venedig.

Was er in den wenigen Wochen in der Stadt auf dem Wasser anschaut und wen er trifft, ist nicht überliefert. Doch die venezianische Kunst ist bald nach seinem Besuch eine andere; fortan setzt die Malerei des Meisters hier Maßstäbe.

So wendet sich der berühmte Giovanni Bellini nun auch weltlichen Themen zu. Und junge Künstler wie Sebastiano del Piombo und Giorgione nehmen sich Leonardos schwimmende Übergänge zwischen Schatten und Licht zum Vorbild, sie bewundern den satten Schimmer seiner Farben.

Auch lernen sie von ihm, wie verführerisch lebensnah die Kunst wird, wenn man sie aus den alten Formeln befreit und die Figuren auf die Betrachter reagieren lässt.

Im Frühjahr 1500 zieht Leonardo wieder nach Florenz. Hier in der Nähe ist er aufgewachsen und vor ihm seine Mutter Caterina. Vermutlich ist sie im Alter zu ihrem Erstgeborenen nach Mailand gezogen und dort gestorben. Das mag der private Grund sein, weshalb er nun, unter dem Eindruck alter Erinnerungen, wieder Mütter malt.

Möglicherweise hat Leonardo noch aus Mailand einen mannshohen Karton mitgebracht, eine maßstabgerechte Vorzeichnung für ein Porträt Marias, die auf dem Schoß ihrer Mutter Anna sitzt.

Vom Alter unterscheiden sich die beiden Frauen auf dem Bildnis kaum, und sie stecken die Köpfe zusammen wie zwei Freundinnen. Maria hält den Jesusknaben, der sich dem kleinen Johannes zuwendet. Die Skizze wirkt wie ein (unfertiges) Gemälde, Licht und Schatten sind schon gesetzt, sie modulieren die skulpturenhaften Körper. Es wäre für einen Meistermaler ein Leichtes, einen so exakten Entwurf auf eine Holztafel zu übertragen und auszumalen.

Doch das tut Leonardo nicht. Wie so oft entscheidet er sich um und verwirft die Idee der Vierergruppe. Nicht, weil sie nicht funktionieren würde, sondern weil ihm nun offenbar etwas anderes einfällt: Er will sich auf die drei Blutsverwandten Anna, Maria und Jesus konzentrieren.

Der kleine Johannes hat als Spielkamerad Jesu ausgedient, an seine Stelle tritt ein Opferlamm. So kindlich der Jesusknabe noch ist, vor Augen hat er schon seinen eigenen Tod, den das Tier symbolisiert.

Wieder fertigt er einen Gemäldekarton an, und es ist wahrscheinlich jene (nicht überlieferte) Vorarbeit, die für Aufsehen sorgt: Leonardo stellt den Karton öffentlich aus. Das ist nicht üblich, schließlich handelt es sich ja nur um einen Entwurf.

Der Maler aber will wissen, was die Leute zu seiner Arbeit sagen. Laut Vasari strömen die Florentiner zwei Tage lang herbei, um das Bild zu sehen. Und sind begeistert.

Ein Priester schaut sich den Entwurf an, und er interpretiert ihn so: Maria zieht ihren Sohn vom Lamm weg, da sie den Gedanken nicht erträgt, Jesus werde eines Tages eines gewaltsamen Todes sterben. Anna aber ruft ihre Tochter zurück, weil der Gang der Passionsgeschichte nicht aufgehalten werden kann und darf. Demnach inszeniert der Künstler hier den Konflikt von Mutterliebe und höherer Einsicht.

Das Sujet der Doppelmutter mit Kind lässt Leonardo nicht mehr los. Spätestens ab 1503, er ist inzwischen knapp über 50 Jahre alt, überträgt er die „Anna selbdritt" auf eine große Tafel aus Pappelholz.

Jesus ist nun ein ungestümer Knabe, der seine Kräfte testet und dem Lamm im Spiel beinahe den Hals bricht. Jetzt ist es Maria, die ihn aufhält und zur Umsicht mahnt. Sanft zieht sie ihn zu sich und der heiligen Anna, auf deren Schoß sie sitzt. Das Lamm lebt weiter, ihr Sohn wird sterben.

Wie so oft bei Leonardo kommt die heilige Familie ohne Josef aus: Zuständig für den Lauf der Heilsgeschichte sind bei diesem Künstler die Frauen. Und auch in seiner „Anna selbdritt" spielt Leonardo auf die Erdgeschichte an, wie er sie sich vorstellt.

Denn wenn die Malerei die Leitwissenschaft ist, höchste aller Künste, dann kann sie nicht nur die Natur zeigen und überbieten, sondern auch das Wissen der Welt bündeln. Anatomie, Geologie, Wasserkunde, Ingenieurswesen: Alle Forschung, die er betreibt, dient letztlich der Kunst – und an seiner Staffelei finden sinnliches Erleben und die Kraft der Erkenntnis zusammen.

In der „Anna selbdritt" halten sich die Menschen in einer steinigen Landschaft auf. Nur ein Baum kündet vom Leben. Vorn klafft ein Abgrund. Im Hintergrund des Gemäldes leuchten blaue Berge, ihre Täler sind voller Wasser – die unterirdischen Adern der Erde haben sich in Bergseen entladen.

Doch im Mittelfeld des Bildes droht die Welt schon auszutrocknen. Diesem Niedergang stemmt sich die Familie mit ihren drei Generationen entgegen. Die Erde altert und wird eines Tages untergehen, aber die Menschheit verjüngt sich.

Wahrscheinlich arbeitet Leonardo bis ins hohe Alter an der Tafel. Die „Anna selbdritt" ist eines jener Herzensbilder des Künstlers, die er nie verkaufen wird.

Das ist ungewöhnlich in einer Zeit, in der Maler nach wie vor als bessere Handwerker gelten und erst allmählich als kreative, eigenständig denkende Persönlichkeiten anerkannt werden. Dies ist vor allem Leonardos Verdienst. Er setzt neue Maßstäbe, indem er macht, was er will.

Und er will seine Weltsicht nach der „Felsgrottenmadonna" und neben der „Anna selbdritt" nun auch an einer realen Person erproben. In seinem Bildnis der Ginevra de' Benci hat er der Porträtmalerei eine Seele geschenkt – und mit der Darstellung der Cecilia Gallerani Bewegungsfreiheit. Jetzt wird er alles, was er über die Menschen und die Natur weiß, in einem großen Frauenbildnis zusammenführen.

Der Seidenhändler erlaubt seiner Frau LISA, dem Künstler Modell zu sitzen

Dafür braucht er eine Partnerin. Das ist nicht einfach, denn Ehefrauen sind angewiesen auf die Zustimmung ihres Mannes. Und der besteht womöglich auf den klassischen Bildformeln, die Leonardo so langweilen. Er könnte wie andere Maler eine Kurtisane engagieren. Von einer prekär lebenden Prostituierten aber wäre ein intellektueller und emotionaler Austausch wie mit Cecilia und Ginevra nicht zu erwarten.

Nun, 1503, findet er die Frau seiner Träume. Womöglich kennt er sie schon lange, denn sie ist nahe dem Arno in unmittelbarer Nachbarschaft zu seinem Vater Ser Piero aufgewachsen. Inzwischen hat sie einen reichen Seidenhändler geheiratet. Welche Abmachung Leonardo mit Francesco del Giocondo trifft, ist nicht bekannt. Jedenfalls erlaubt der es seiner Frau Lisa, genannt „Mona Lisa", ihm Modell zu sitzen.

Leonardo wählt eine ungewöhnlich große Pappelholztafel. Zuerst malt er, wie ein Zeitzeuge notiert, den Kopf der Mittzwanzigerin. Lisa ist eine dunkelhaarige Schöne, die ihr gewelltes Haar am Hinterkopf züchtig unter einer Haube zusammenbindet. Doch etliche Locken befreien sich aus der Frisur und fallen ihr locker auf die Schulter. Nichts an ihr wirkt streng, jedenfalls nicht, so wie Leonardo sie malt.

Er gibt sich viel Mühe, der jungen Mutter gerecht zu werden. Ihrem Teint mischt er einige Körnchen Zinnober bei, um die Blutzirkulation nachzuahmen. Als er ihr dunkles Kleid mit der feinen Stickerei am Ausschnitt malt, denkt er auch an die Abnäher über der Brust.

Anders als noch beim Porträt der Cecilia Gallerani verzichtet er auf harte Konturen und übt sich in der Kunst der weichen Übergänge von Hell nach Dunkel. Am Ende wird er etliche durchsichtige Lasuren auf das Bild auftragen. Das verleiht dem Gesicht etwas schummrig Geheimnisvolles. Dazu trägt bei, dass die Frau den Betrachter aus ihren Augenwinkeln anzuschauen scheint und mit dem linken Mundwinkel anlächelt.

Lisa del Giocondo bekommt das fertige Porträt wohl nie zu sehen. Denn es wird so schnell nicht fertig. Vermutlich vollendet Leonardo das Werk erst, als er nicht mehr in Florenz lebt. Längst geht es ihm da nicht mehr um Lisa: Vielmehr will er das große Ganze im kleinen Menschen zeigen.

Im Bildnis steht der Holzstuhl der Frau auf einer Loggia vor offener Landschaft. Doch die Horizonte hinter ihr passen nicht zusammen, sie liegen links und rechts in unterschiedlicher Höhe. Denn Leonardo malt keine reale Landschaft, er sucht vielmehr nach Bildern für den Lauf der Welt.

Links schlängelt sich unter tiefem Horizont ein ausgetrocknetes Flussbett durch die felsige Gegend. Der See im Hintergrund ist zu seicht, um ihm Wasser zu spenden, zudem scheint der Zugang halb verschüttet.

Von dieser sterbenden Natur wendet Mona Lisa sich ab; ihr Körper dreht sich weg von der Ödnis.

Im Hintergrund rechts dagegen blüht das Leben. Der See hoch oben zwischen blauen Bergen ist prall gefüllt, er speist einen reißenden Strom, der auf die Frau zuläuft. Eine Brücke deutet Zivilisation an. Dies ist die fruchtbare Seite der Welt, ihr lächelt die Schöne zu.

Um die Welt muss man sich Sorgen machen, um die Menschheit erst einmal noch nicht. Jedenfalls nicht, solange es Frauen gibt, die so viel Zuversicht spenden.

Die fröhliche Ausgeglichenheit der Dargestellten mag damit zu tun haben, dass sie schwanger ist (was die reale Lisa del Giocondo, als sie Modell saß, nicht war). Leonardo kleidet sie in einen hauchdünnen Gaze-Überwurf, der über der linken Schulter hochgekrempelt ist. Ein solches Oberkleid tragen in Florenz Frauen, die guter Hoffnung sind. Unter dem Herzen der Porträtierten wächst etwas Neues heran.

Die Frau, die mit der Natur zu kommunizieren scheint, versteht sich also auch auf die Geheimnisse des Lebens.

Wie die „Anna selbdritt", so ist auch die „Mona Lisa" ihrem Schöpfer so wichtig, dass er sie sein Lebtag nicht verkaufen wird.

Er betrachtet das Werk offenbar auch nicht in erster Linie als ein Porträt der Seidenhändlergattin Lisa del Gioconda, sondern als das Bildnis einer Frau schlechthin – wie sich zeigen wird, als er kurz vor seinem Tod einem Besucher in seinem Atelier die „Mona Lisa" präsentiert.

Leonardo wird bei dieser Gelegenheit nichts von der Florentinerin erzählen, die ihm einst Modell gesessen hat, sondern stattdessen berichten, er habe das Bild für den Papstbruder Giuliano de' Medici geschaffen, seinen Mäzen im Rom der Jahre 1513 bis 1516: zehn Jahre, nachdem Lisa von ihm gemalt wurde.

Mag sein, dass sein Gönner ihn da tatsächlich gebeten hat, an der „Mona Lisa" weiterzumalen, vielleicht weil er das Werk gern für eigene Zwecke gehabt hätte: Sein kleiner unehelicher Sohn Ippolito fragte stets nach seiner Mutter, die kurz nach der Geburt gestorben war. Möglicherweise – zu beweisen ist das nicht – hoffte Giuliano, dem Knaben wenigstens in Leonardos Bild eine Mutter vor Augen führen zu können.

Doch dann starb Giuliano, und der Maler kam gar nicht mehr in die Verlegenheit, dem Papstbruder erklären zu müssen, weshalb er sich von seiner Lieblingsfrau niemals trennen würde.

Die Jahre in Rom sind für Leonardo ein letzter künstlerischer Höhenflug. Er ist schon Anfang 60, als er (nach einem weiteren zwischenzeitlichen Mailandaufenthalt) am Hof Giulianos ankommt. In der Lombardei hat er sich in Zeichnungen und wohl auch Gemälden am Mythos der Leda versucht, die mit dem in einen Schwan verwandelten Zeus Kinder bekommt. Während andere Künstler sich auf die ungewöhnliche Paarung konzentrieren, richtet Leonardo sein Augenmerk auf Ledas Babys, die aus ihren Eiern schlüpfen.

In Rom wohnt er auf Kosten des Papstbruders in einer großen Villa, und das ohne repräsentative Pflichten. Hier kann er leben und malen, wie es ihm gefällt.

Und nun, endlich, erobern schöne Männer nicht nur sein Herz, sondern auch seine Kunst. Seit vielen Jahren umgibt er sich mit gut aussehenden Jünglingen, doch gemalt hat er kaum je einen von ihnen.

Jetzt aber gesteht Leonardo die Freiheit, die sich seine weiblichen Figuren nehmen, auch einem Mann zu: Wie die Frauen, so kennt auch sein „Johannes der Täufer" sehr genau die eigene Wirkung und wendet sich direkt an die Betrachter.

Halbnackt kommt der Freund Jesu ihnen aus dem Dunkel entgegen. Es fehlt nicht viel, und er würde auch den Fellumhang fallen lassen, der seinen Unterleib bedeckt. Warmes Licht erleuchtet sein Gesicht und seinen muskulösen, bloßen Oberkörper.

Doch er richtet sich nicht – oder nicht nur – in erotischer Absicht an sein Publikum. Den Lockenkopf kokett zur Seite geneigt, deutet der Jüngling mit erhobenem Zeigefinger gen Himmel. Seine Verführungskraft steht im Dienst einer höheren, der göttlichen Sache.

Leonardo liebt den „Johannes der Täufer" ebenso wie seine großen Frauenporträts. Wie „Anna selbdritt" und „Mona Lisa" gibt er auch dieses Bild nicht her.

Bald darauf kann der Künstler nach einem mutmaßlichen Schlaganfall nur noch mit einer Hand arbeiten. 1517 ist er auf Einladung des französischen Königs Franz I. nach Amboise an der Loire umgezogen. Denn sein Förderer Giuliano de' Medici war im Vorjahr gestorben, woraufhin Leonardo in Rom die Unterstützung fehlte. Die bietet ihm der junge Franz gern, schätzt der König den alten Mann doch wegen seiner Kunst und seiner Gedankentiefe.

Für große Gemälde fühlt Leonardo sich nun zu schwach, das Zeichnen aber bereitet ihm weiterhin Freude. Vielleicht ist dies der Moment, in dem er ein Blatt hochkant vor sich auf den Tisch legt und einen Kreidestift ansetzt. Unter seinen Strichen und Schraffuren wächst eine junge Frau aus einer locker angedeuteten Schilflandschaft empor.

Ihr wendiger Körper zeichnet sich in dem weich fallenden Gewand ab; ihr Haar fliegt im Wind. Leise lächelt sie Leonardo zu. Und streckt die Hand aus, als wolle sie ihn hinweisen auf etwas, das jenseits des Blattes und des Lebens liegt. Sterbliche kennen dieses Jenseits nicht, auch der alte Künstler nicht. Nur die Frau weiß, was auf ihn zukommen mag. Ihr heiterer Blick verheißt: Es ist kein Unglück, dorthin zu reisen.

Am 2. Mai 1519 stirbt Leonardo mit 67 Jahren in Amboise. Später wird Vasari behaupten, Franz I. sei herbeigeeilt, um den Sterbenden bei dessen letzten Zügen in den Armen zu halten. Das aber deckt sich nicht mit dem Terminkalender des Königs.

Wahrscheinlicher ist, dass all jene bei ihm sind, die ihm nahestehen. Das ist allen voran sein Sekretär Francesco Melzi, ein Mann von Ende 20, der die vielen Tausend Blätter von Leonardos Schriften sortiert und sein bester Freund ist.

Vermutlich ist auch Salaì zugegen, Leonardos Gehilfe und langjähriger erotischer Gefährte. Maturina ist sicher da, Leonardos Köchin, die ihn in Frankreich versorgt. Sie drängte ihn zuletzt, bei all dem Denken auf sich selbst zu achten. Als er sich wenige Monate vor seinem Tod einmal wieder nicht losreißen konnte von seiner Schreibarbeit, rief sie ihm streng zu: „Die Suppe wird kalt!" (was der Meister prompt notierte).

Und dann sind da die Frauen seines Lebens. In der „Anna selbdritt" leisten ihm vermutlich noch immer Maria und ihre Mutter Gesellschaft, und der kleine, wilde Jesus bringt Leben ins Haus. Die „Mona Lisa" schaut ihn an, und „Johannes der Täufer" erklärt ihm den Weg in den Himmel.

Ihr Freund und Schöpfer geht, sie aber bleiben den Menschen erhalten. ●

Das ZEITALTER

Es ist eine geradezu unglaubliche Zusammenballung von Talent: Um 1500 wirken in Italien Künstler wie Leonardo und Botticelli, Michelangelo und Raffael und viele andere mehr. In ihren Gemälden lassen sie die Kunstnormen des Mittelalters hinter sich – und schaffen eine neue, revolutionäre Bildersprache

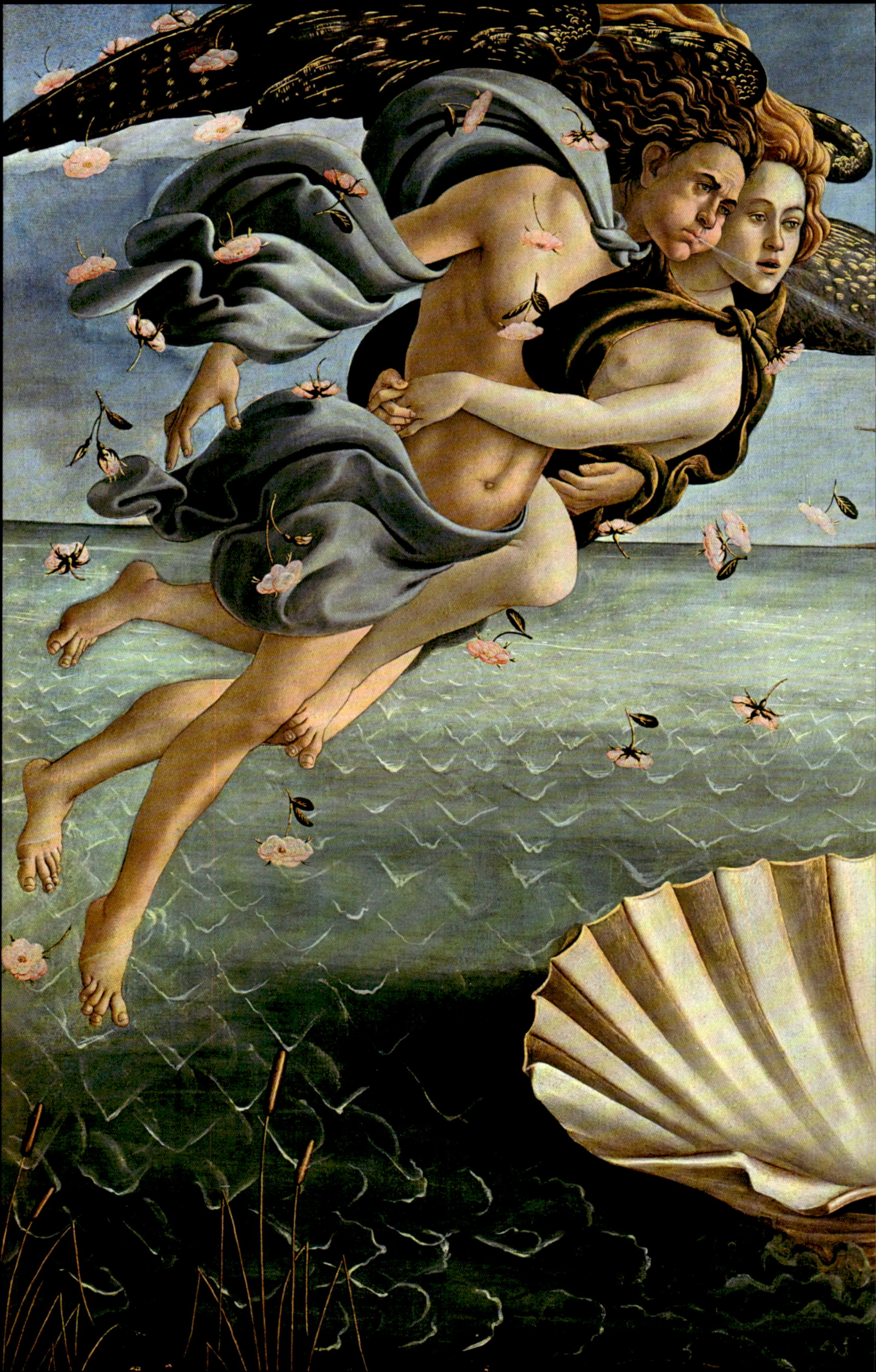

Als erster Maler seit der Antike wagt **SANDRO BOTTICELLI** um 1485 mit der »Geburt der Venus« die nicht christliche Darstellung einer nackten Frau. Der Florentiner ist wie Leonardo da Vinci einer jener Umstürzler, die in der Renaissance eine neue Kunst gestalten

der Genies

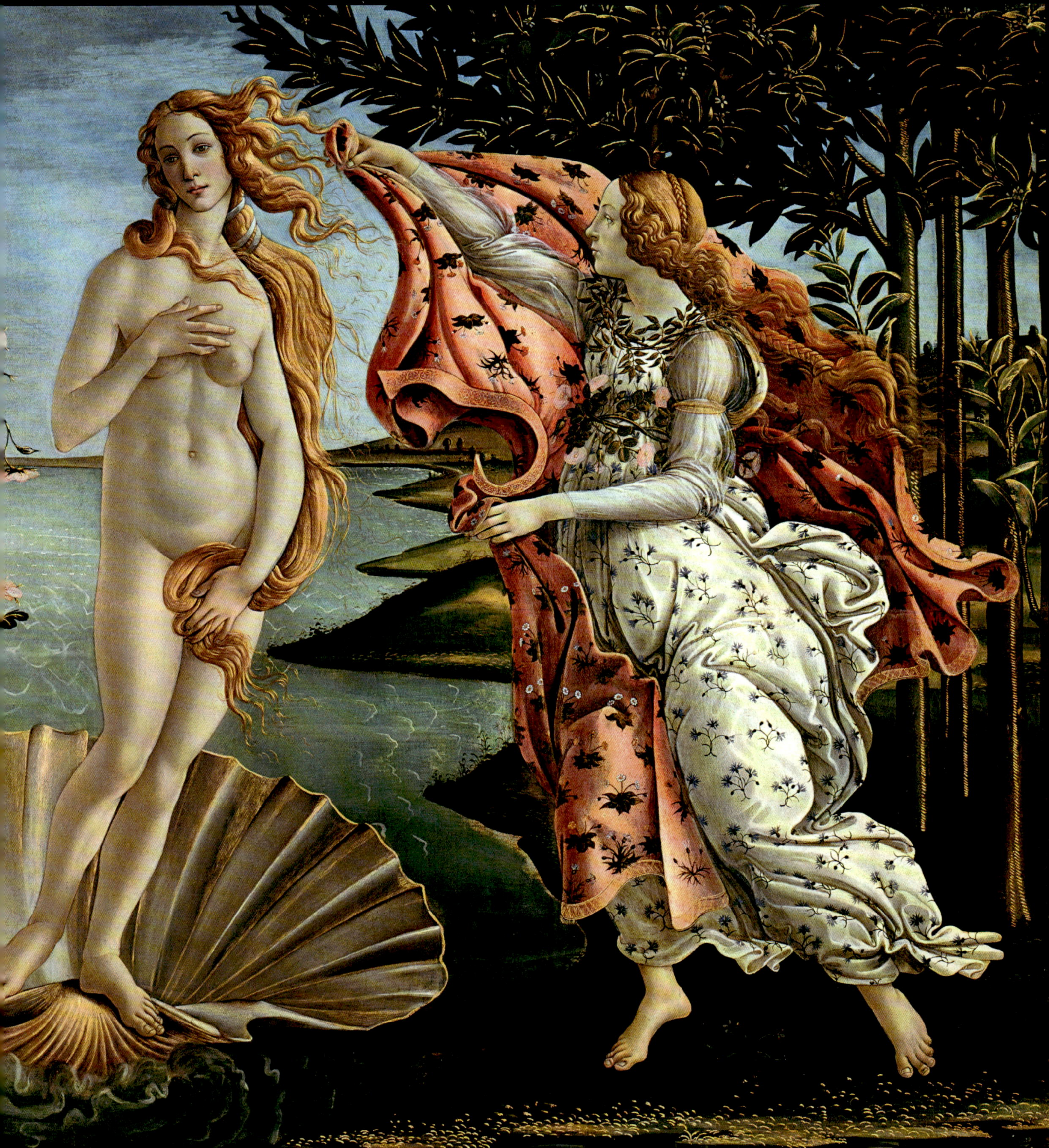

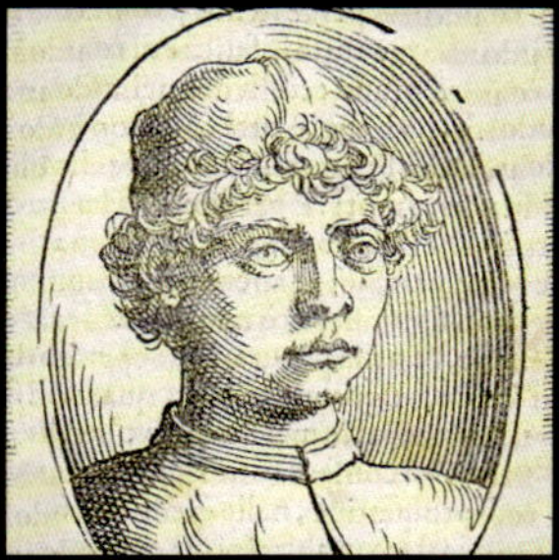

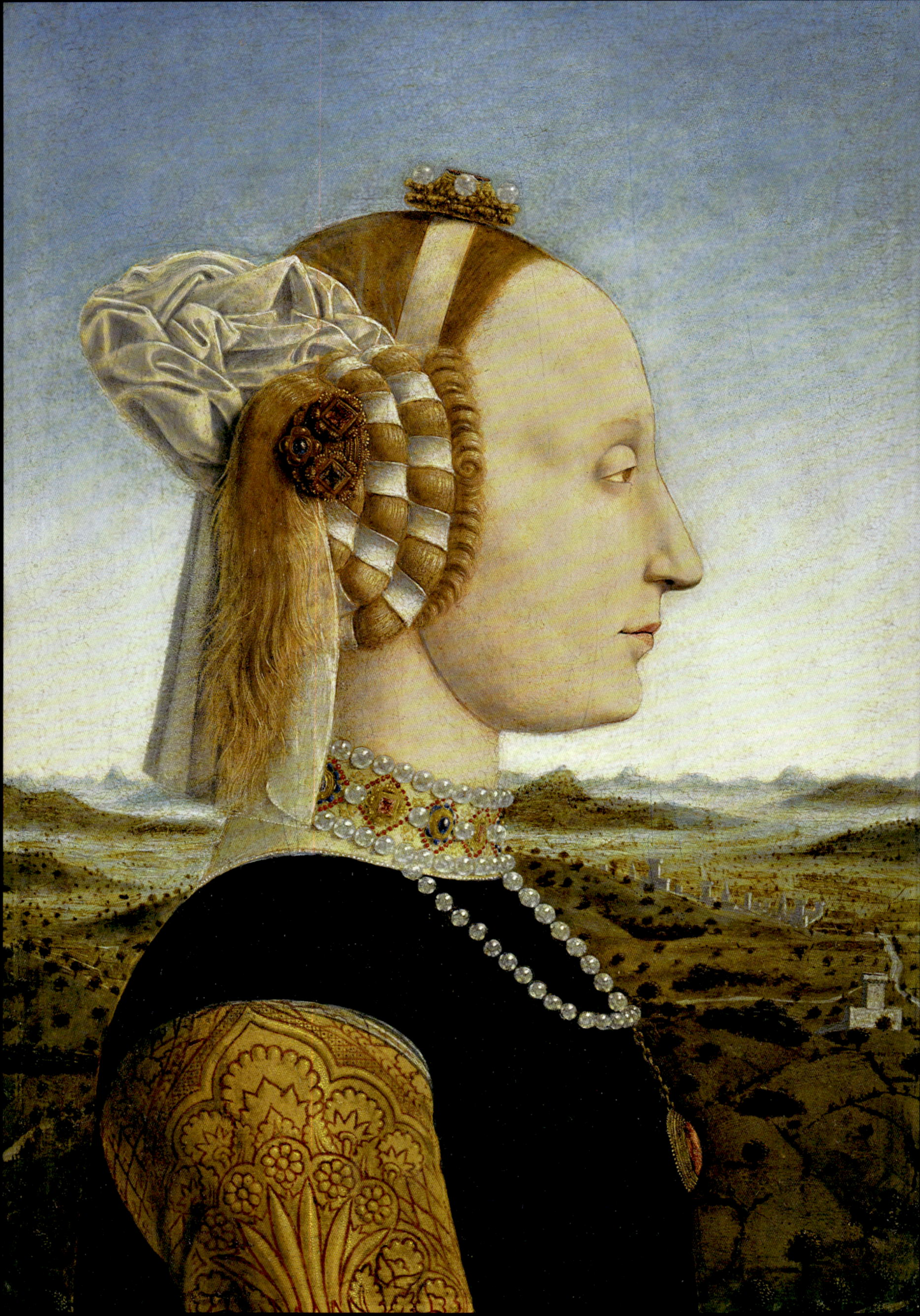

Als »Monarchen der Malerei« preist ein Zeitgenosse **PIERO DELLA FRANCESCA** (um 1415–1492), der wie Leonardo in einem Städtchen in der Toskana zur Welt kommt. Einige seiner wichtigsten Werke (wie hier um 1472 das Diptychon »Battista Sforza und Federico da Montefeltro«) malt er im Dienst des Herzogs von Urbino, eines Söldnerführers – und einem jener italienischen Fürsten, die ihre zweifelhafte Legitimität durch ein besonders großzügiges Mäzenatentum kaschieren wollen

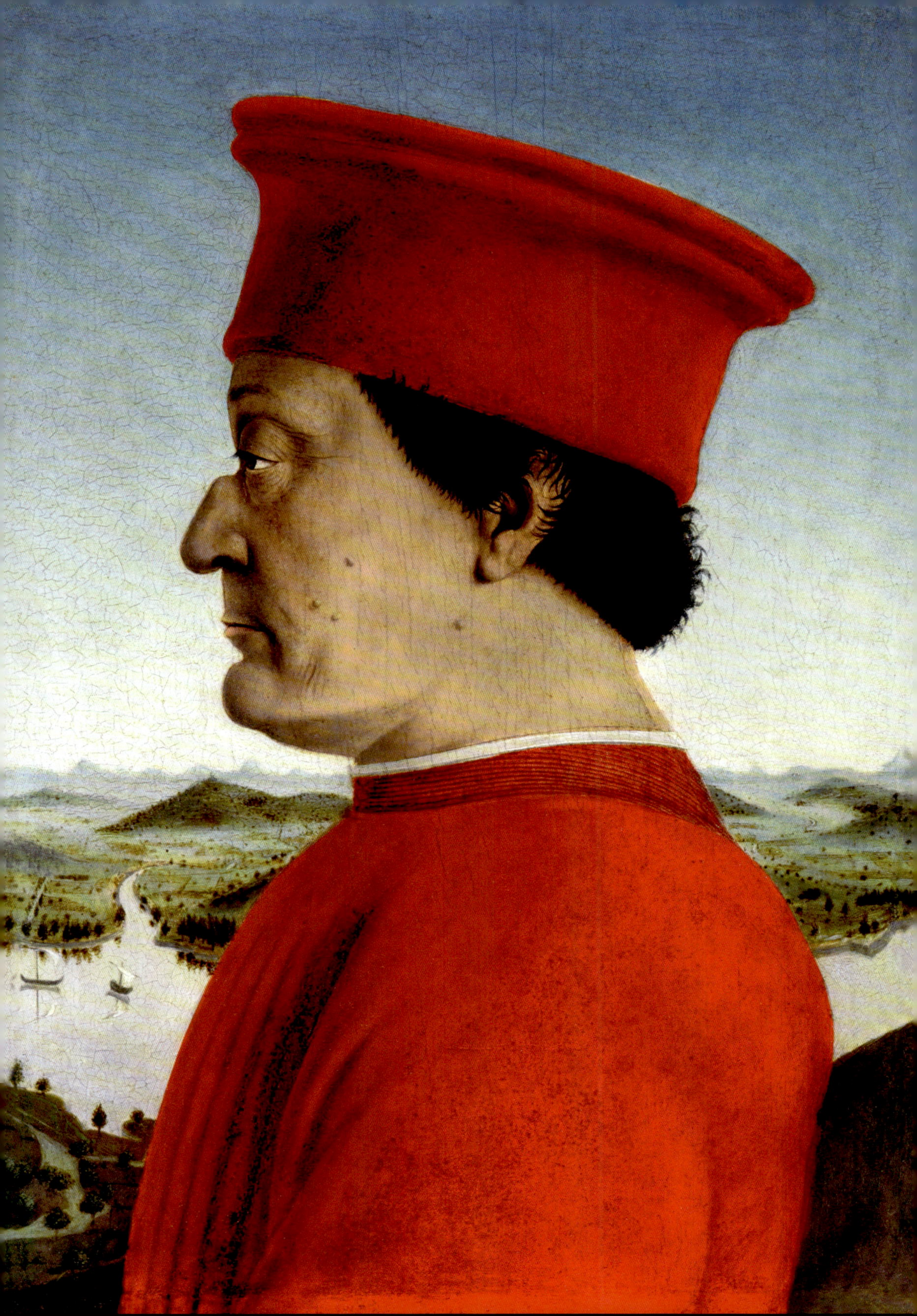

Der Mann mit der Hakennase und dem roten Barett ist der meistgemalte Mensch seiner Zeit – dabei herrscht Federico da Montefeltro nur über das kleine mittelitalienische Fürstentum Urbino. Entgegen der Konvention zeigt Piero della Francesca seinen kunstsinnigen Auftraggeber hier rechts statt links von seiner Gemahlin und überspielt bei aller Genauigkeit der Darstellung so einen Makel: Der Herzog hat bei einem Ritterturnier sein rechtes Auge verloren

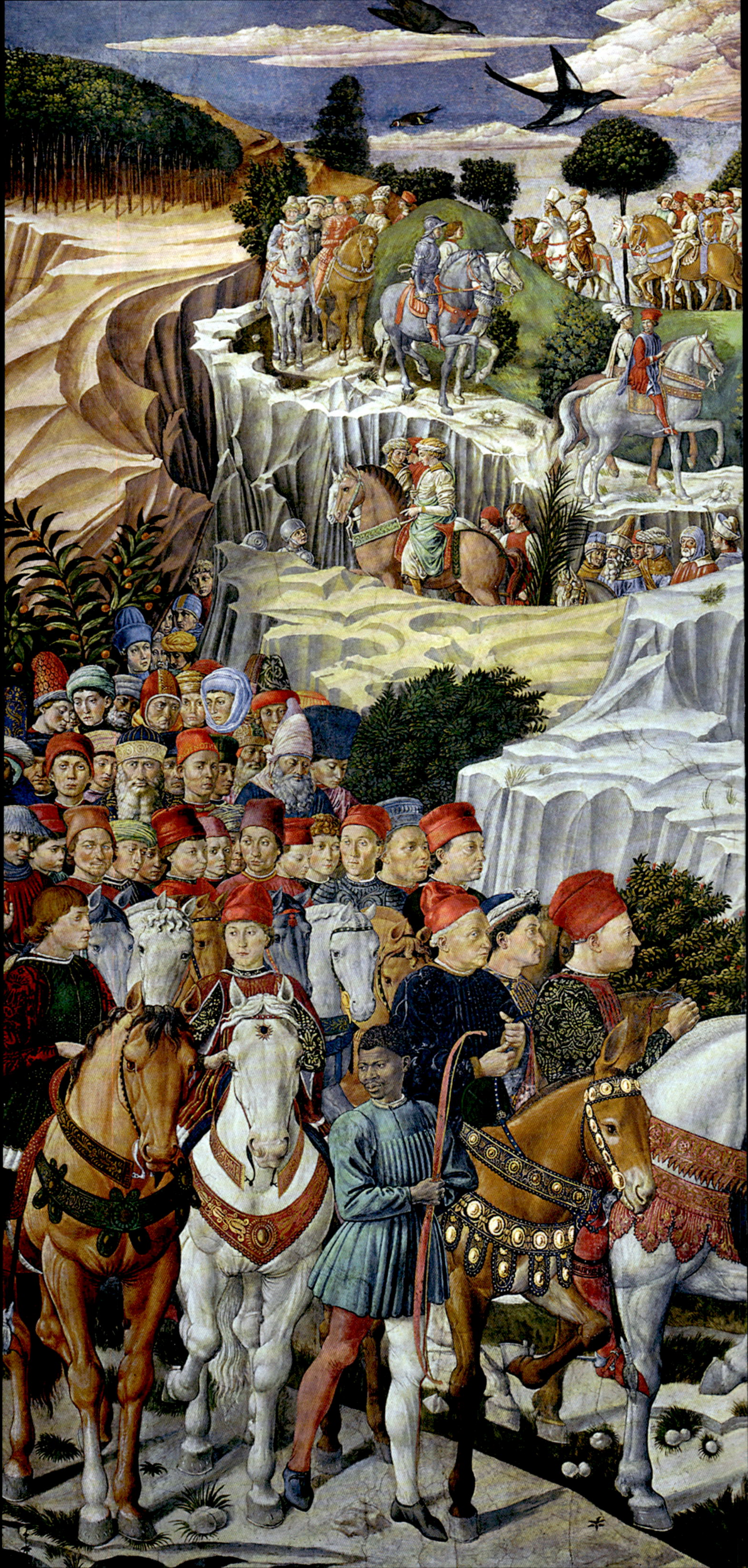

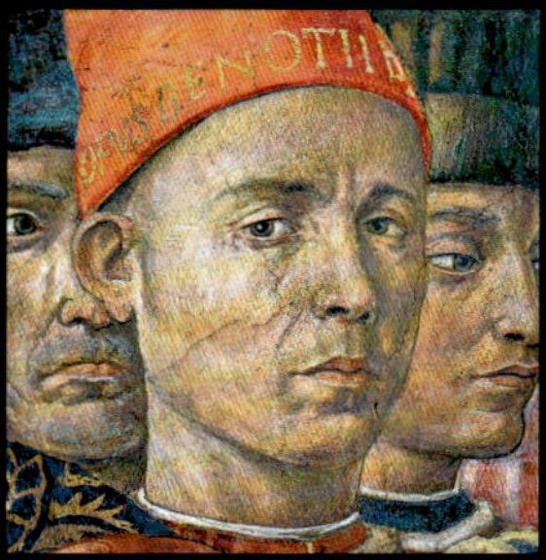

Im Auftrag von Piero de' Medici malt **BENOZZO GOZZOLI** (um 1420–1497) ab 1459 dieses prächtige Fresko und versetzt die Mitglieder des Florentiner Herrscherclans und ihre Gefolgsleute in den biblischen »Zug der Heiligen Drei Könige«. Ein Propagandawerk, das Macht und Tugendhaftigkeit der Medici verklären soll – und Prestige im Konkurrenzkampf der italienischen Staaten bringt

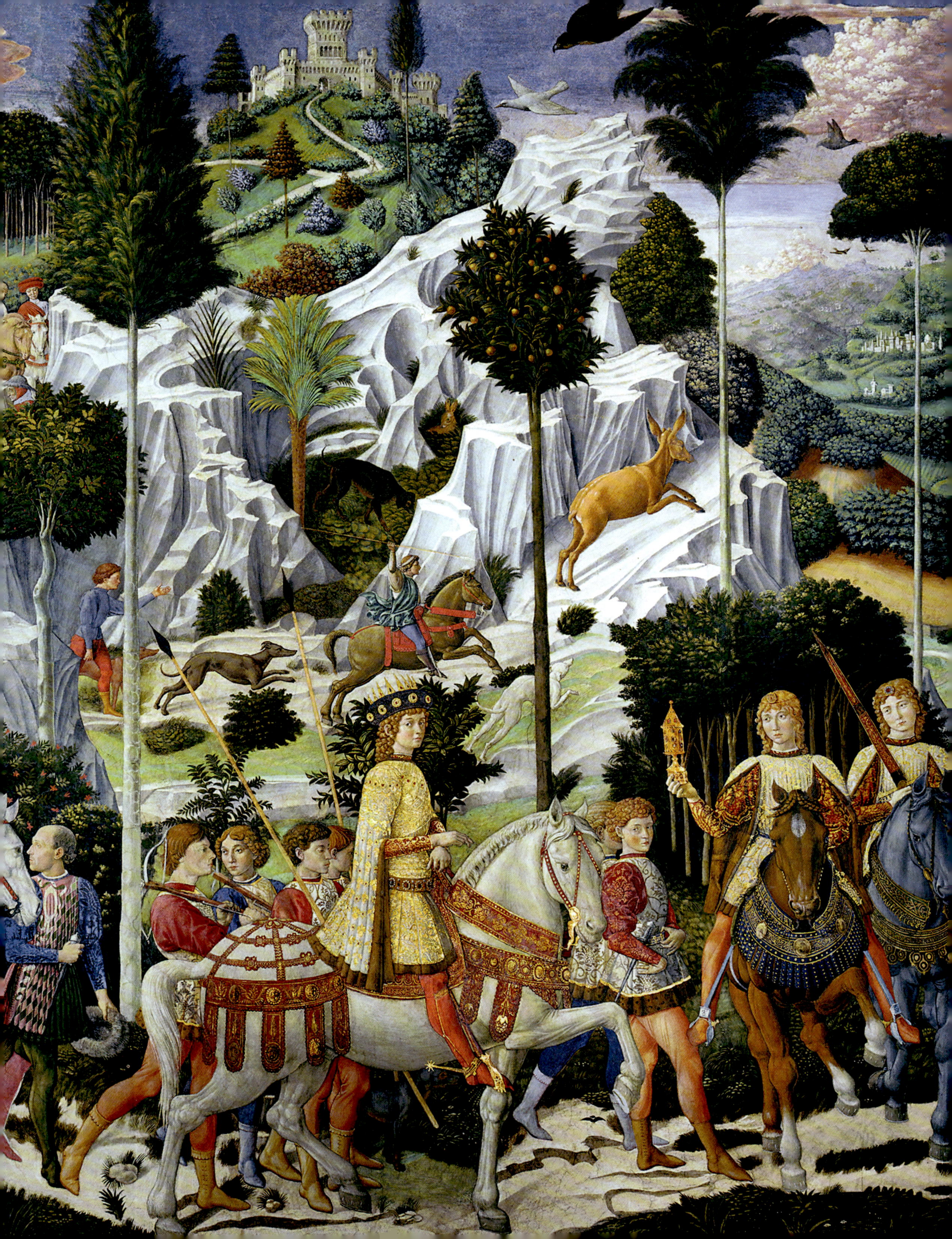

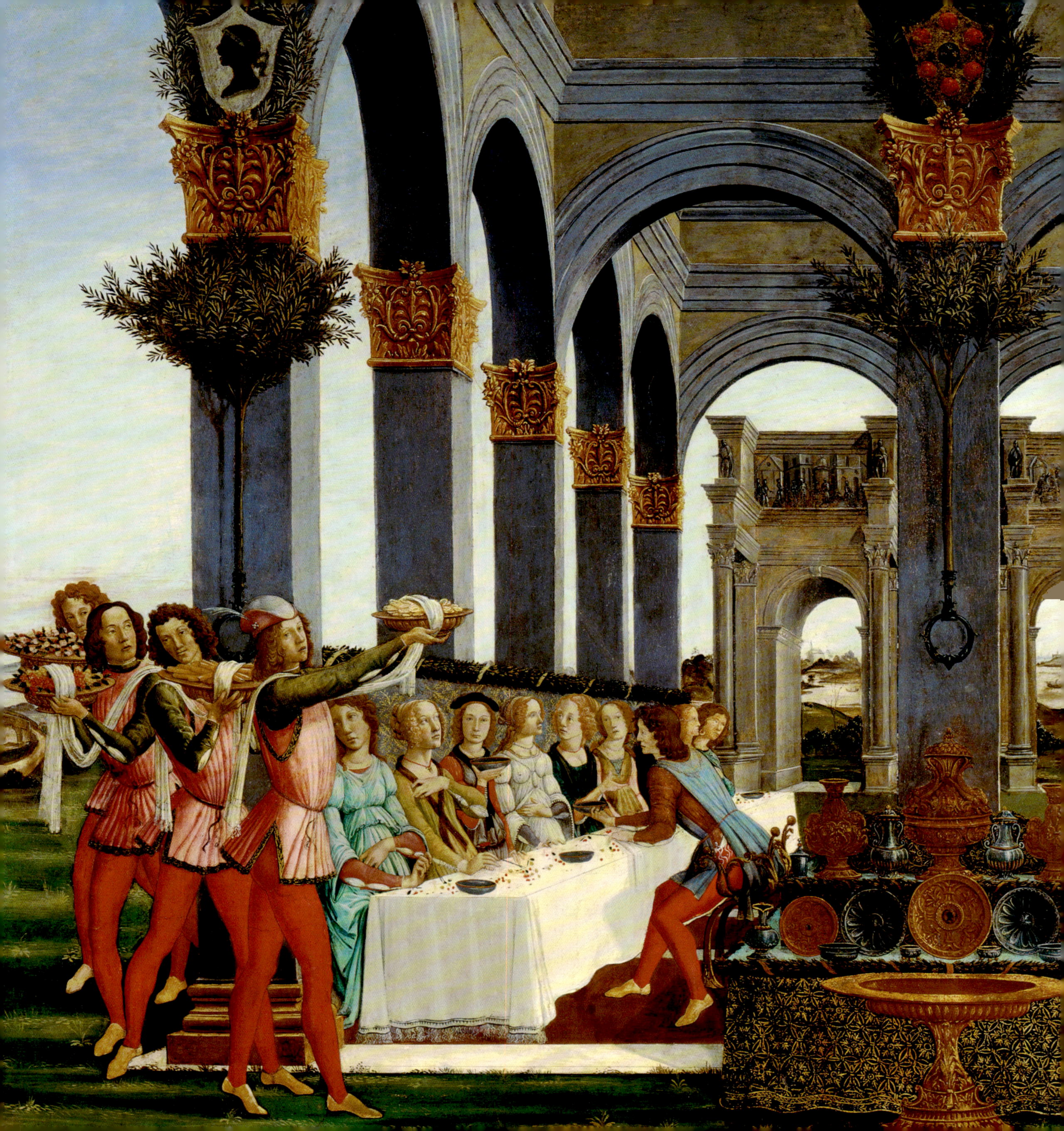

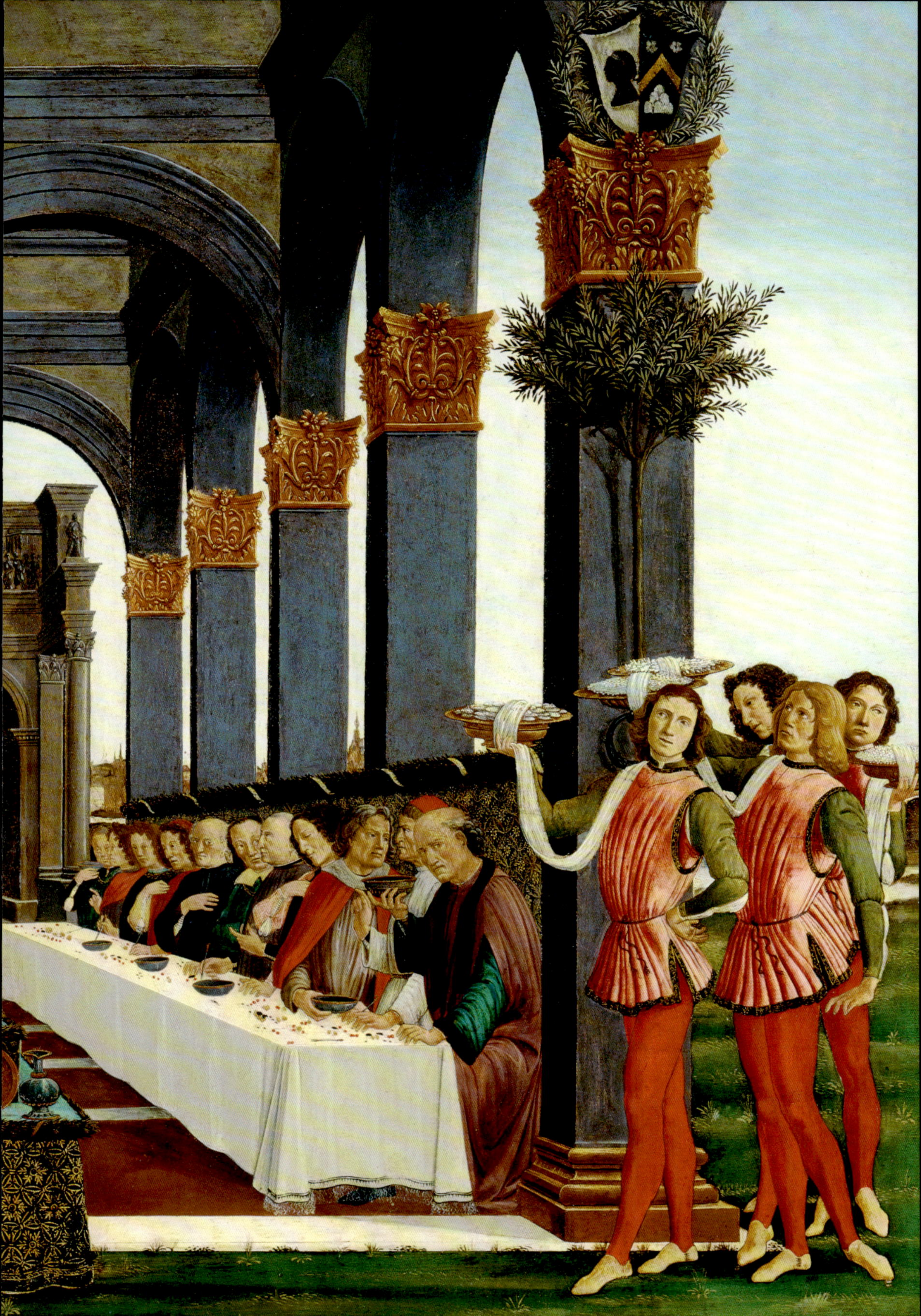

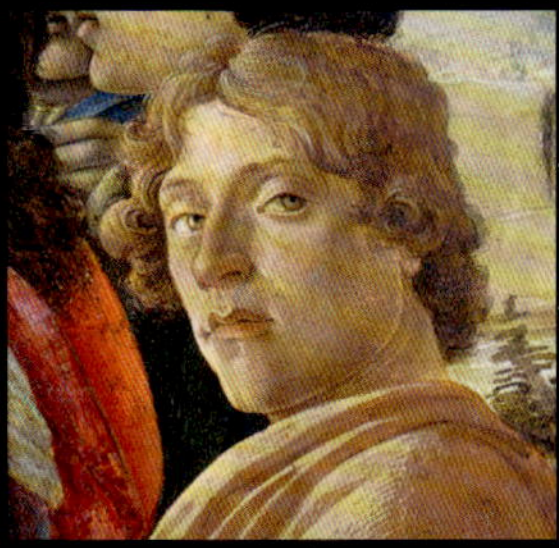

Anlässlich der Verbindung zweier reicher Florentiner Familien malt **SANDRO BOTTICELLI** (1445–1510) um 1482 »Die Hochzeitsfeier des Nastagio degli Onesti«, ein Bankett in prächtiger, von der Antike inspirierter Architektur. Zunächst zum Goldschmied ausgebildet, steigt Botticelli rasch auf zu einem der gefeiertsten Maler von Florenz – und wird zum Rivalen Leonardos um die Gunst der Medici, die die Stadt beherrschen und Künstler und Gelehrte an ihrem Hof versammeln. Die beiden Genies halten wenig vom Können des jeweils anderen

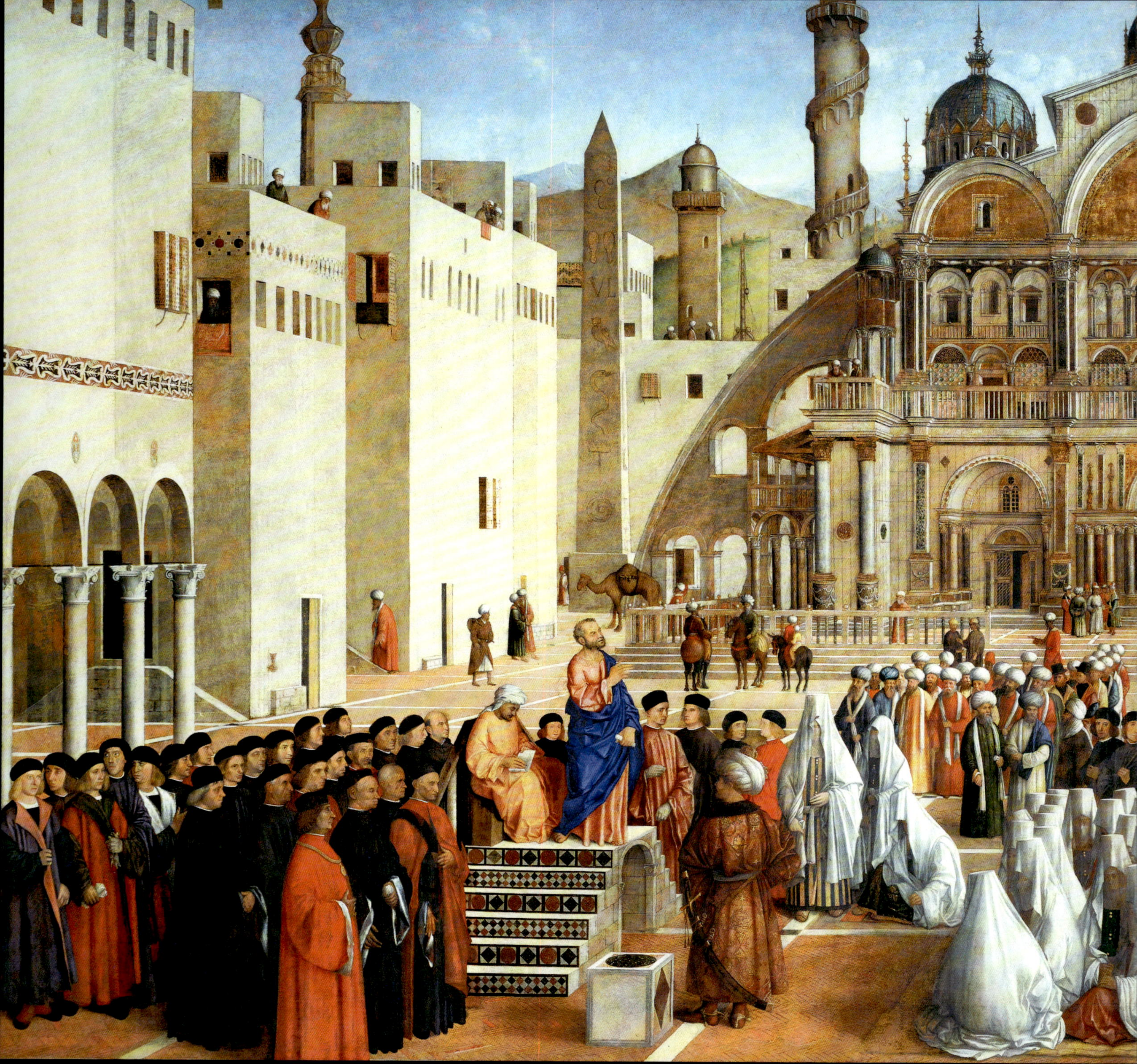

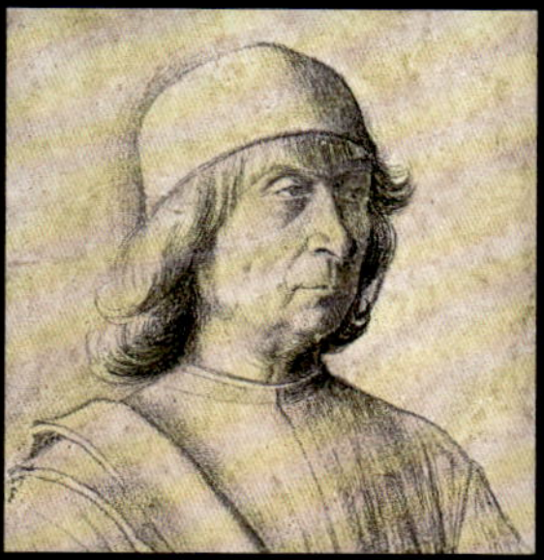

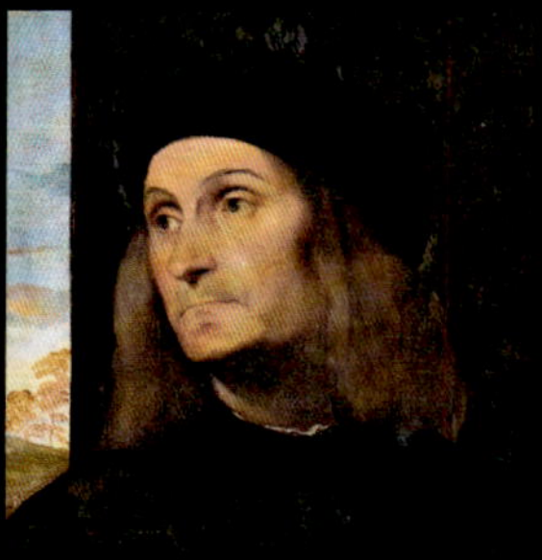

GENTILE BELLINI (um 1429–1507) – einer der bedeutendsten Renaissancekünstler Venedigs, in seiner Heimatstadt hochgeehrt und sogar zum Botschafter am Hof des Sultans in Konstantinopel erhoben – beginnt das Gemälde »Predigt des Hl. Markus in Alexandria« im Jahr 1504. Doch der Maler stirbt, ehe er seine gewaltige, 3,47 mal 7,70 Meter messende Darstellung des Schutzpatrons der Serenissima vollenden kann. Das übernimmt sein Bruder **GIOVANNI** (um 1430–1516)

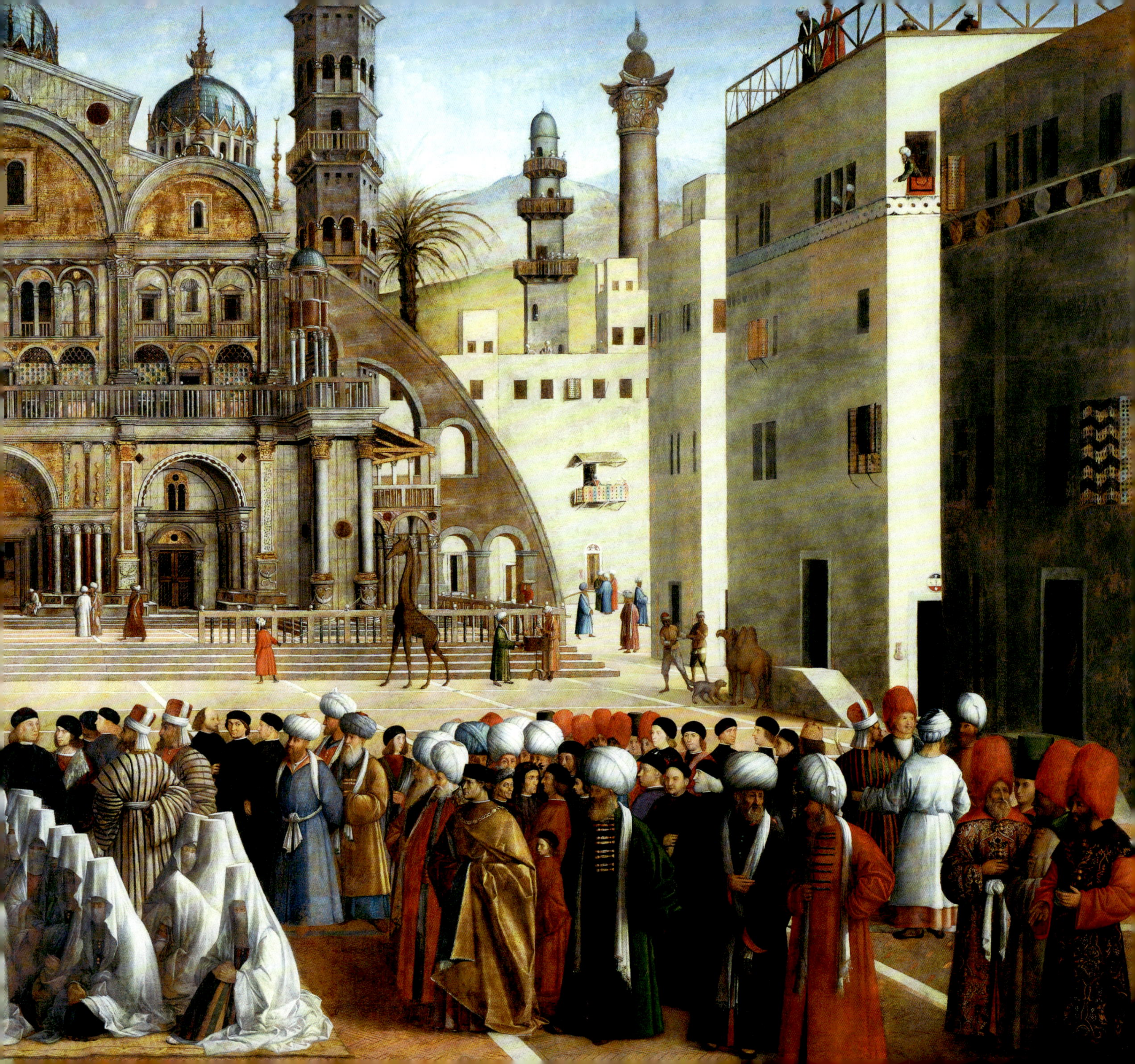

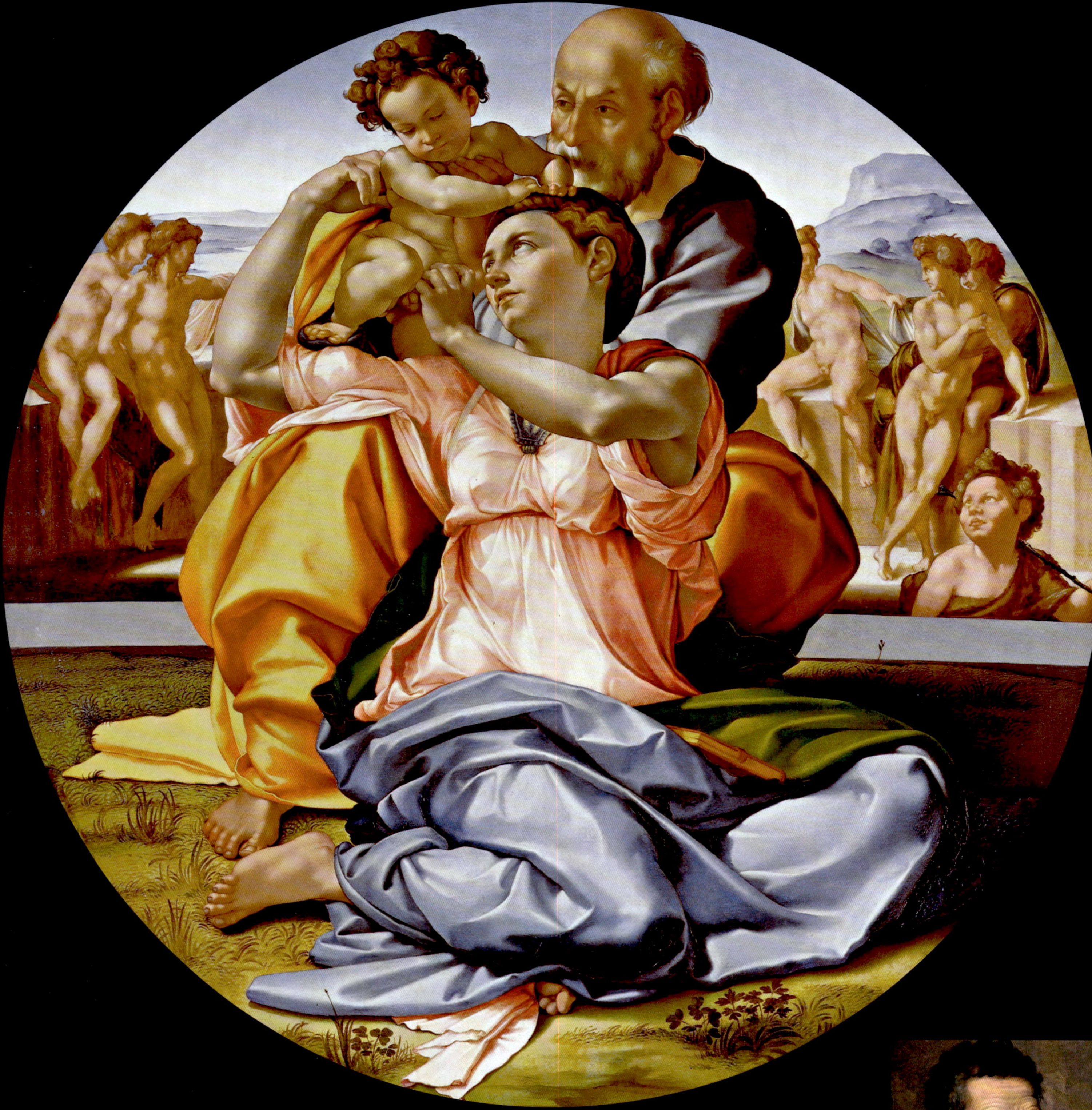

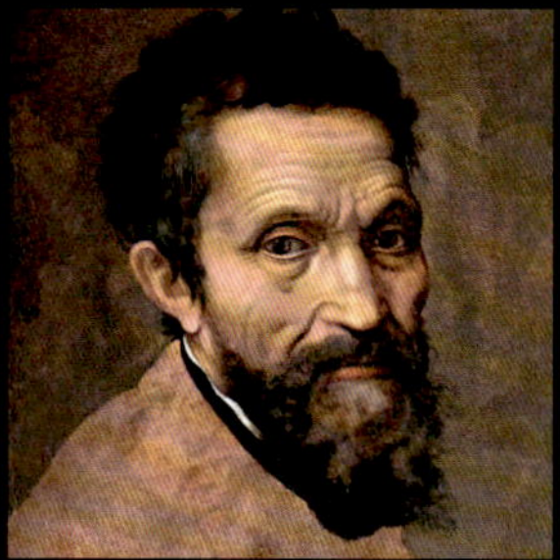

Seine Bewunderer sprechen ihm messianische Schaffenskraft zu, nennen ihn *il divino*, »den Göttlichen«: **MICHELANGELO** (1475–1564) ist Bildhauer, Baumeister, Maler. Zeitweise steht er in scharfer Konkurrenz zu Leonardo, als beide gleichzeitig vom Florentiner Stadtrat beauftragt werden, den Palazzo della Signoria auszuschmücken (»Tondo Doni«, um 1505)

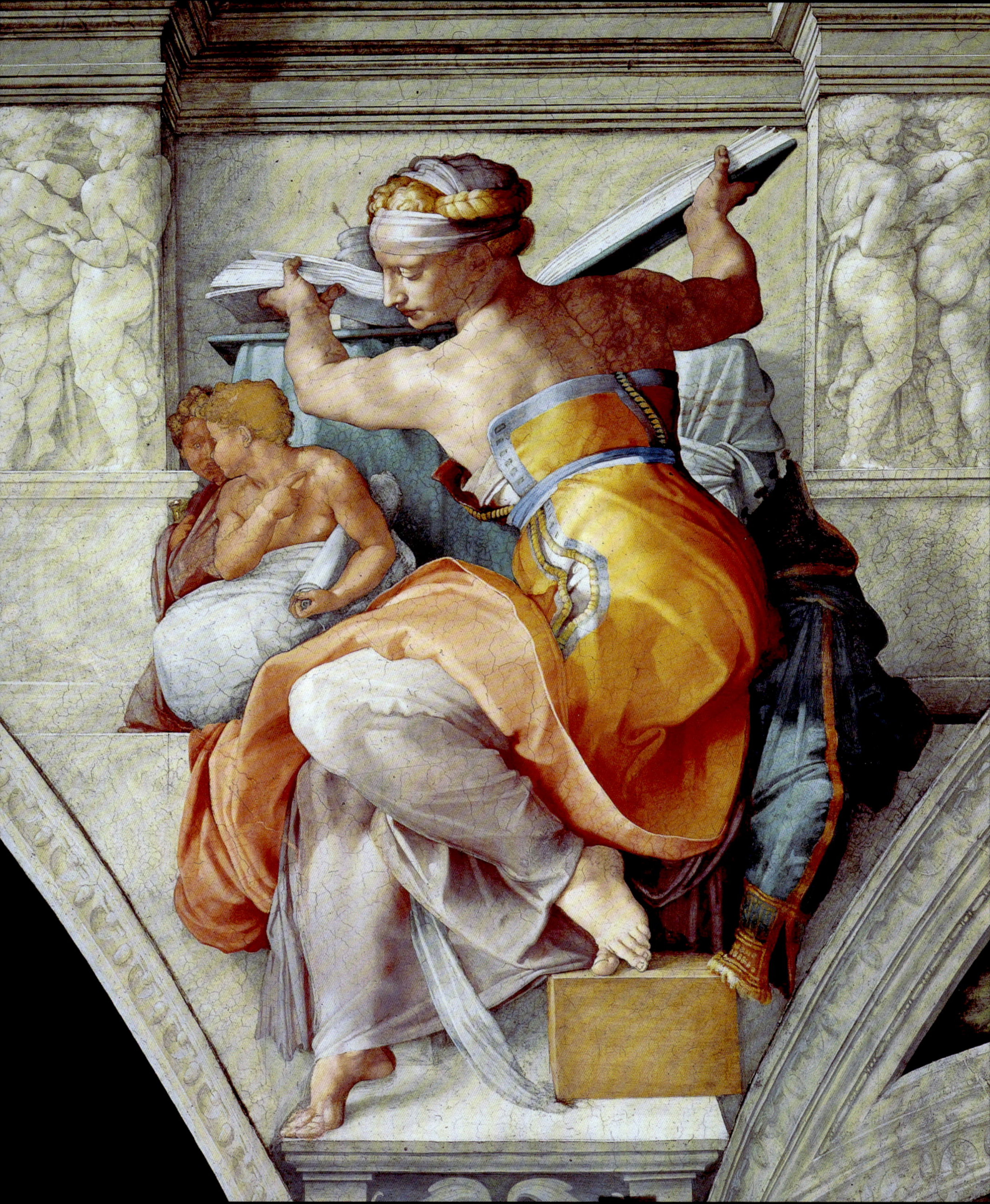

Michelangelos größte Schöpfung ist die Bemalung der Sixtinischen Kapelle. Er bannt ein gewaltiges Drama an Decke und Stirnseite des Gotteshauses: die Geschichte der Welt von ihrer Entstehung bis zu ihrem Untergang. Zu den Hunderten von Figuren des Bildwerks gehört auch die »Libysche Sibylle«, eine antike Seherin

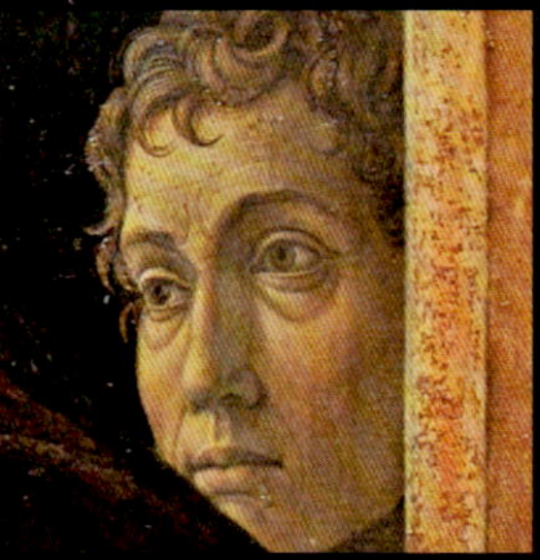

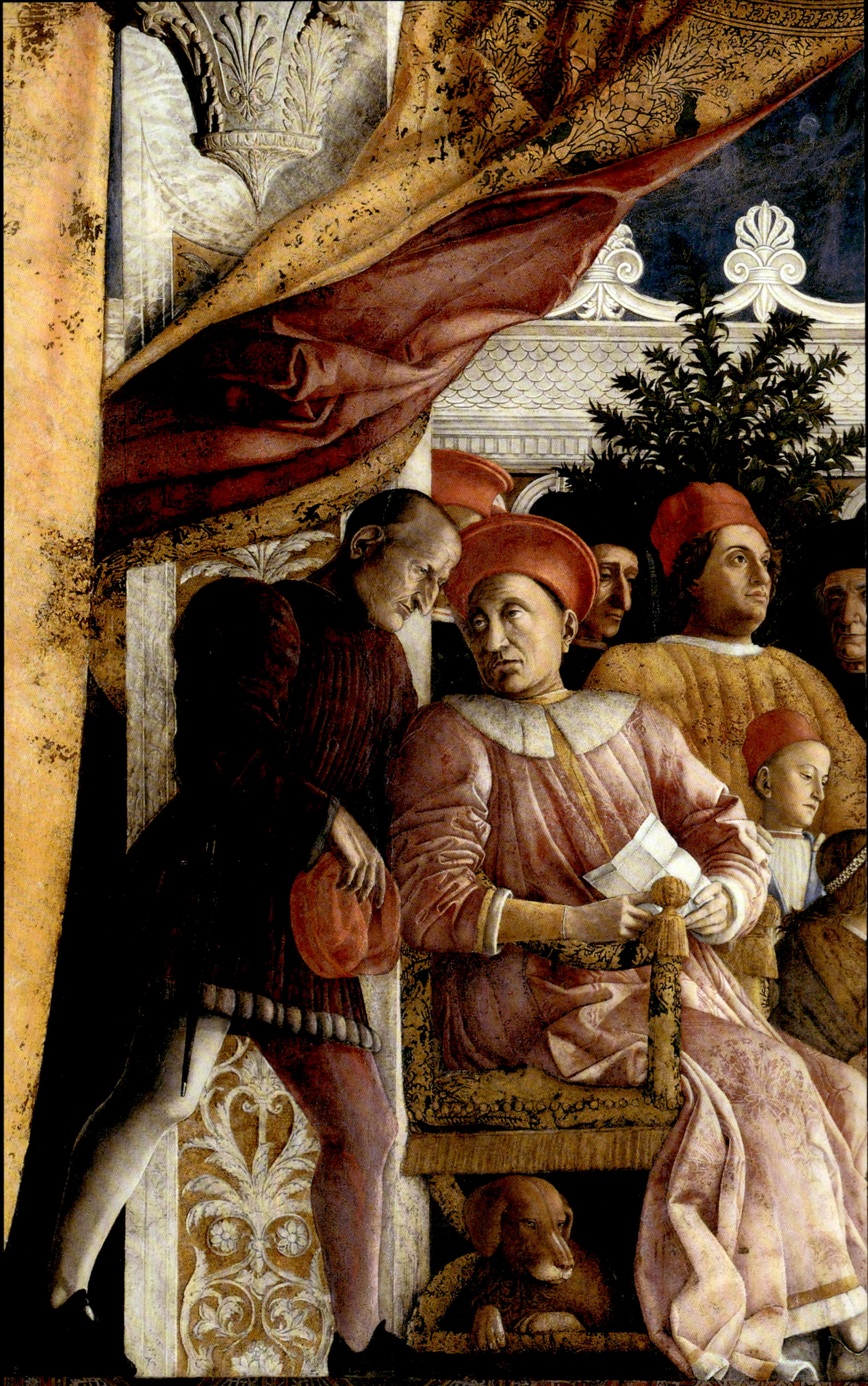

In der Renaissance steigen zum ersten Mal in der abendländischen Geschichte Künstler in hohe gesellschaftliche Positionen auf. Ebenso wie dem unehelich geborenen Leonardo gelingt eine solche Karriere auch **ANDREA MANTEGNA** (1431–1506), dem Sohn eines einfachen Handwerkers, den der Markgraf von Mantua zum Hofmaler beruft. Um 1470 malt er seinen Herrn »Ludovico Gonzaga im Kreis seiner Familie«

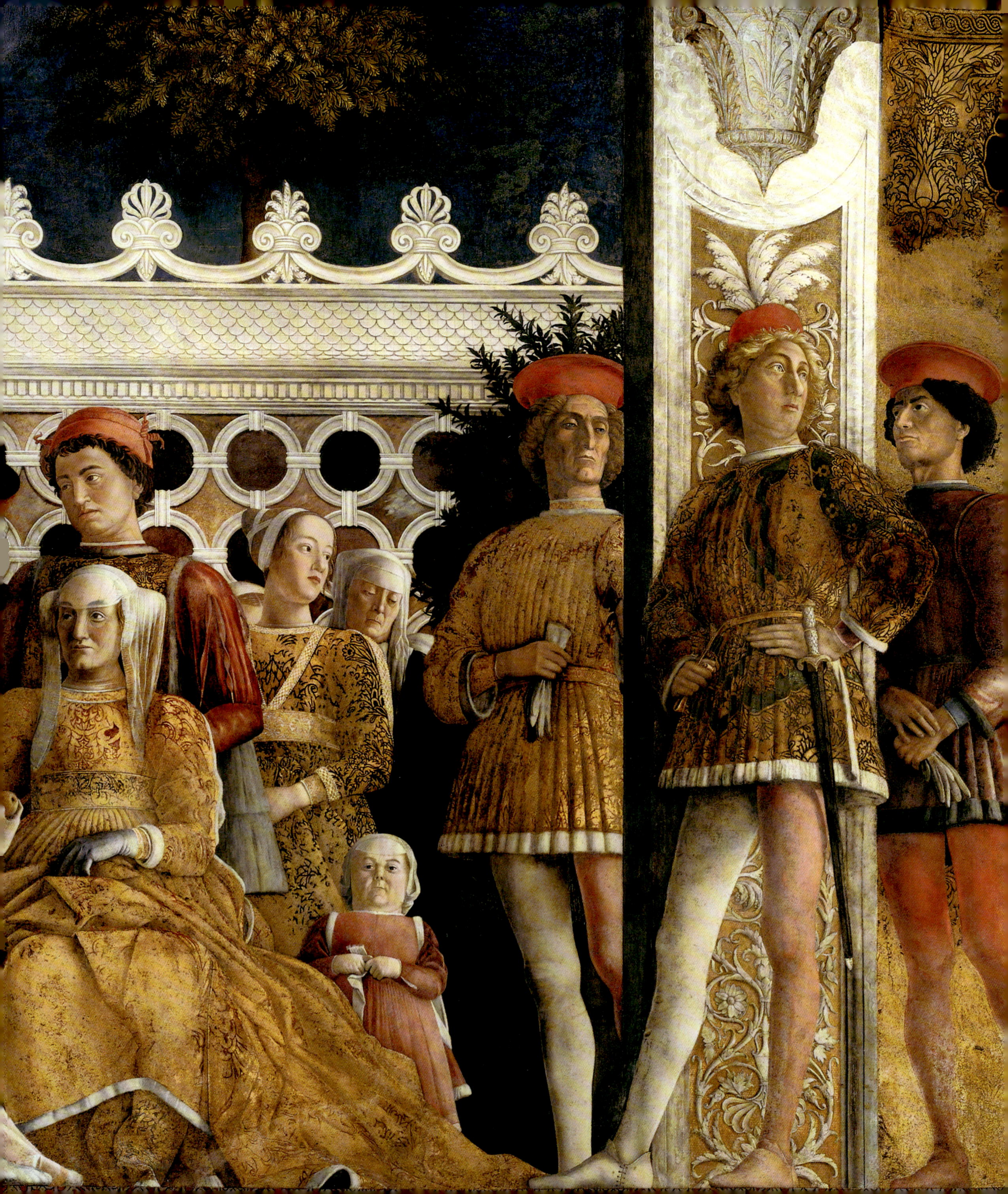

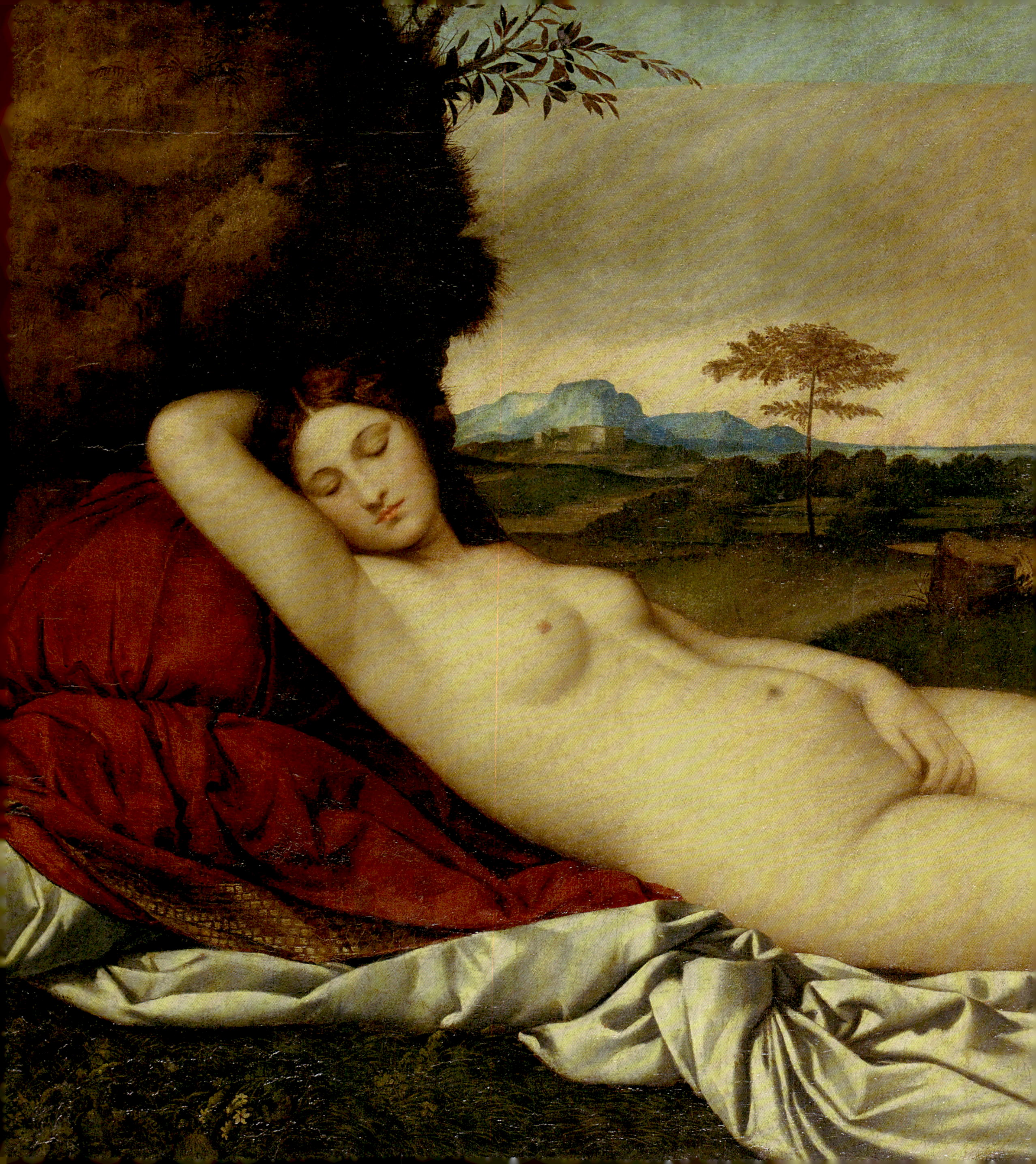

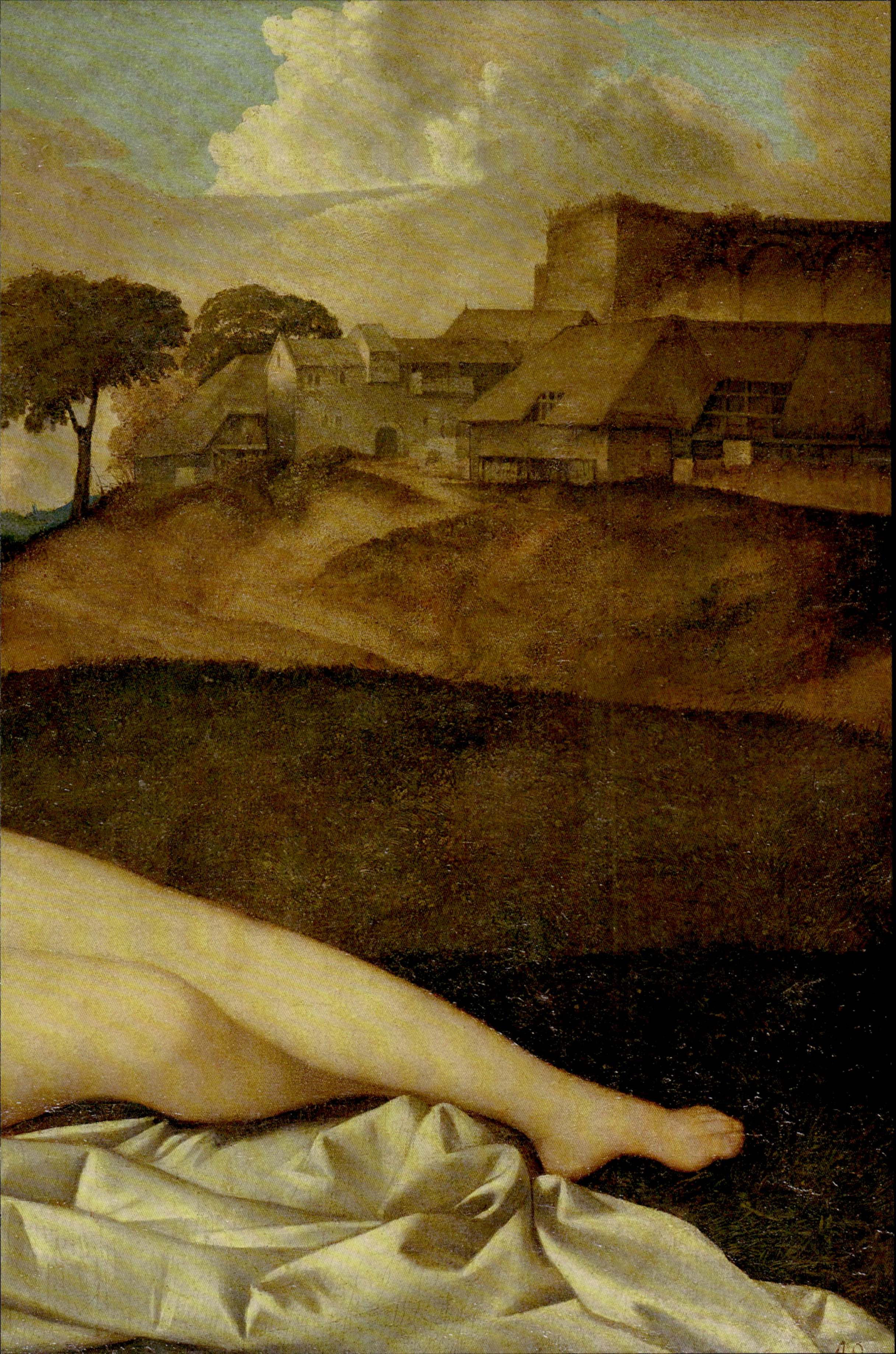

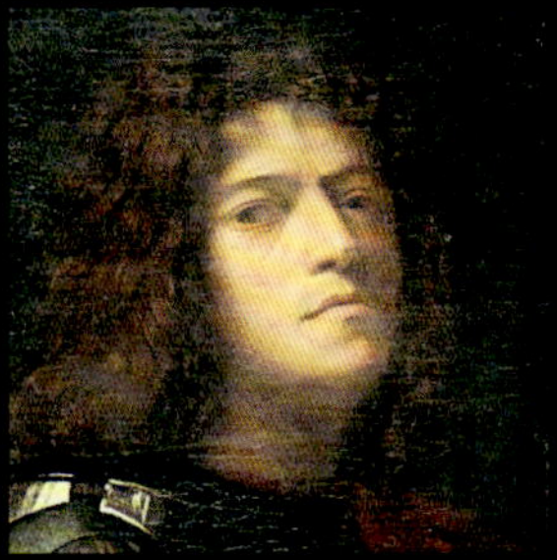

Als würde sie von der Liebe träumen, so zeigt der Venezianer **GIORGIONE** (um 1477–1510) die »Schlummernde Venus«. Die ebenmäßige Silhouette ihres Körpers zeichnet die Linien der Landschaft nach – und lässt die ruhende Göttin so zu einem Inbegriff des harmonischen Schönheitsideals der Renaissance werden. Das Gemälde ist der erste bedeutende Akt einer liegenden Frau in der Kunstgeschichte und wird nach dem frühen Tod des Meisters von seinem Schüler Tizian vollendet

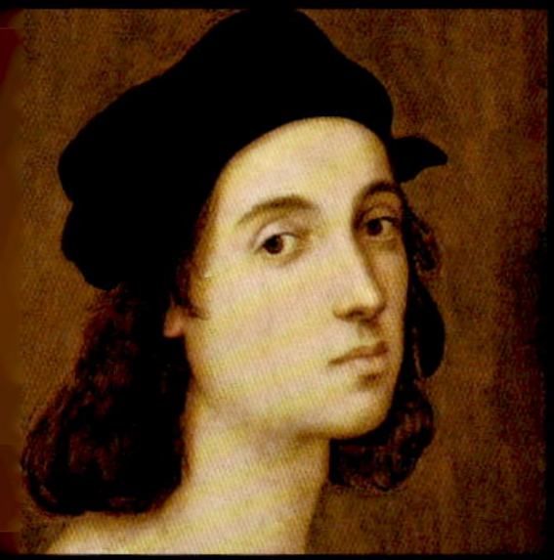

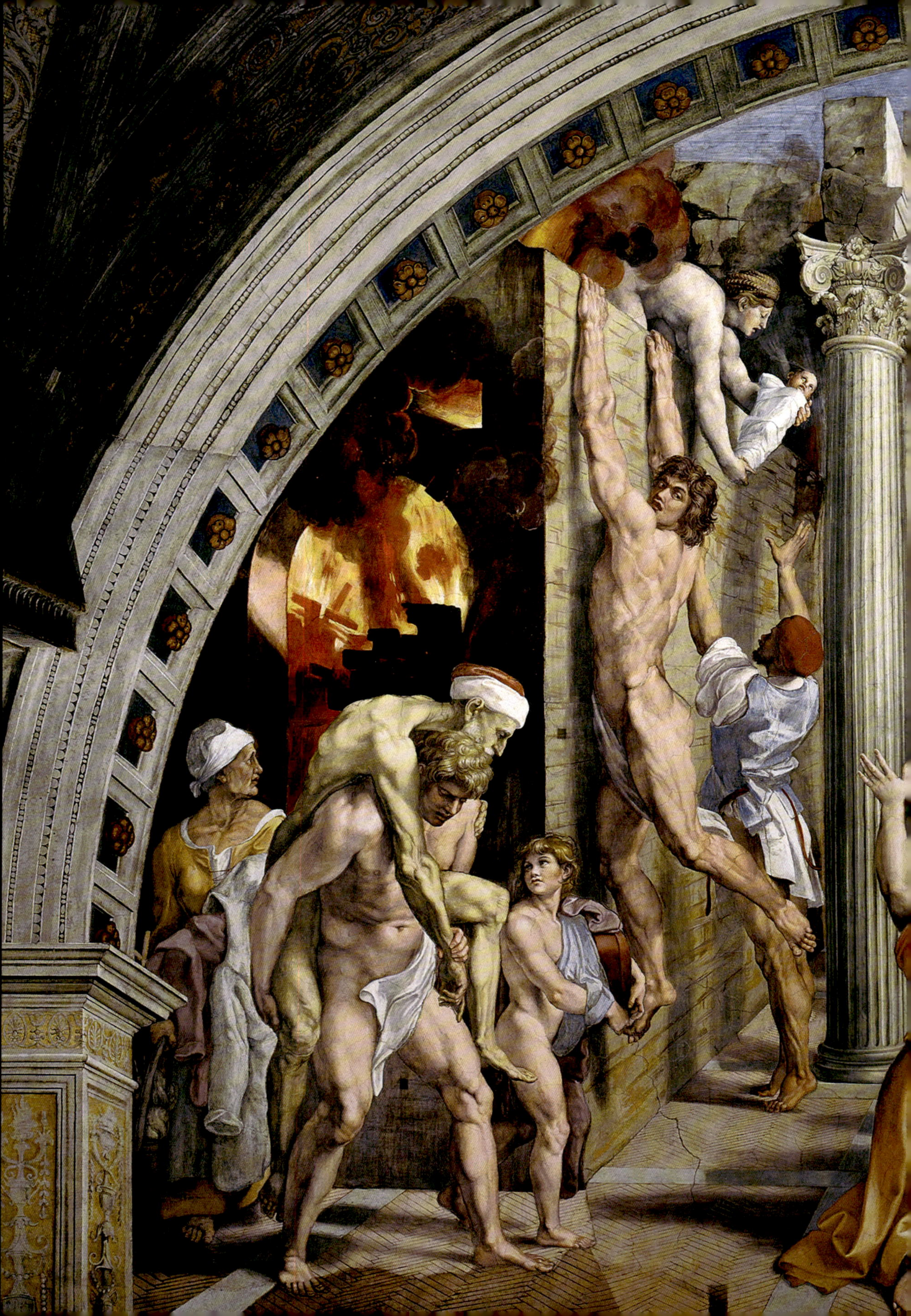

Mit dem 1517 fertiggestellten Fresko »Borgobrand« schafft **RAFFAEL** (1483–1520) die dramatische Darstellung eines Feuers, das Rom im 9. Jahrhundert verheert hat. Doch vor allem ist das Gemälde eine subtile Glorifizierung seines päpstlichen Auftraggebers Leo X. Denn angeblich hat der während des Brandes amtierende Heilige Vater das Feuer mit einem Segenszeichen aufgehalten – und der Name dieses Papstes war ebenfalls Leo

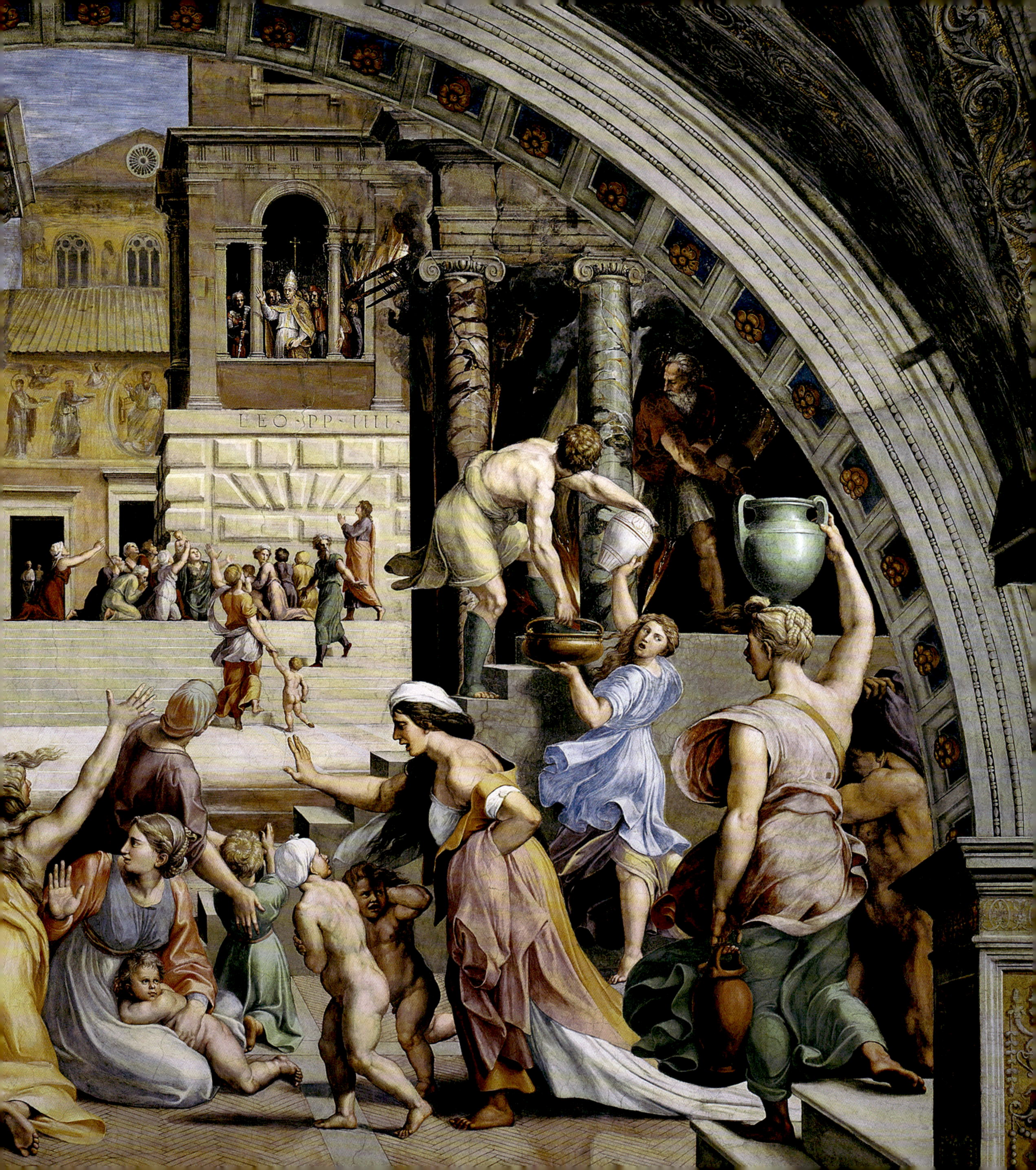
LEO·PP·IIII·

WANDERER zwischen den WELTEN

Alles will Leonardo wissen, alles verstehen, das Wesen der Dinge begreifen. Er studiert Anatomie, Pflanzenkunde, Hydraulik, Mathematik und Geologie, entwirft Kriegsmaschinen, Fluggeräte, Prachtbauten. Der vielfach begabte Künstler hat hochfliegende Ideen, eine blühende Fantasie – doch kaum einer seiner Pläne lässt sich umsetzen

BILDTEXTE: FRANK OTTO

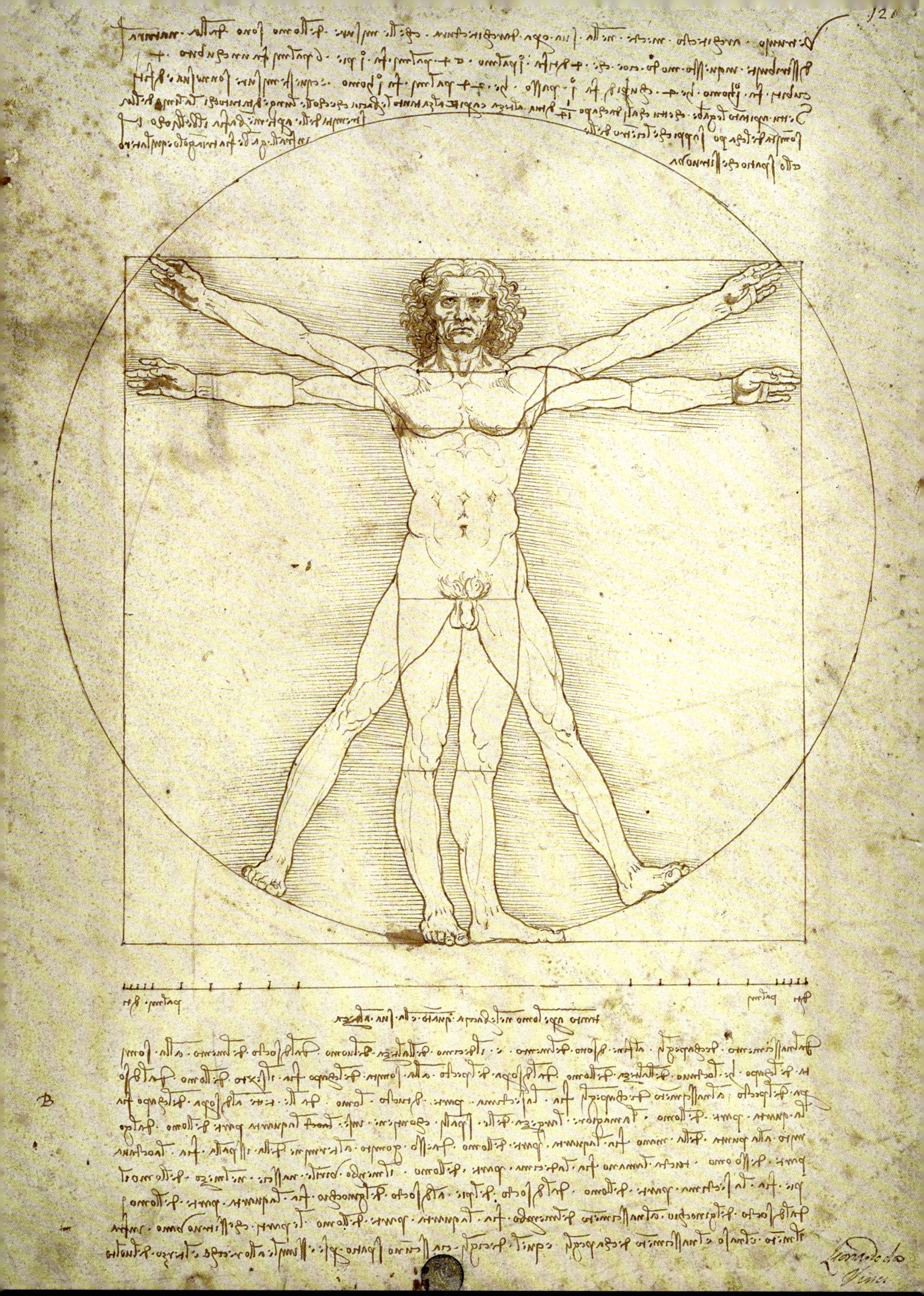

In seiner **»PROPORTIONSZEICHNUNG«** illustriert Leonardo um 1485 die Lehre des antiken Architekturtheoretikers Vitruv, nach der ein wohlproportionierter Mensch sich perfekt in einen Kreis wie in ein Quadrat fügt – und präzisiert sie dabei: Während der Mittelpunkt des Kreises über dem Nabel liegt, befindet sich das Zentrum des Quadrats in der Schamregion.

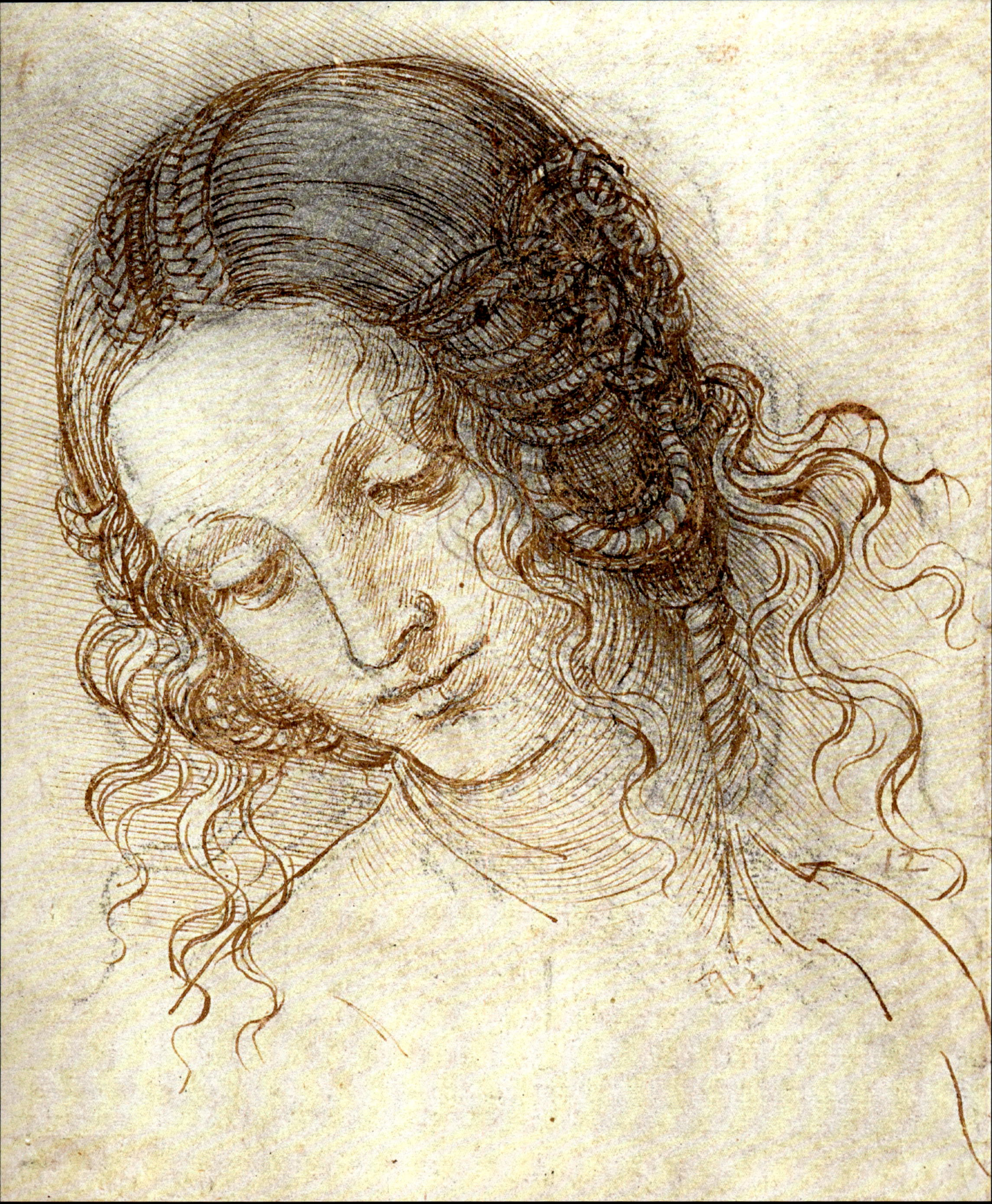

Studie in Schönheit: Besonders schwierige Details wie hier die Haare auf dem **»KOPF DER LEDA«** probiert Leonardo mit mehreren gezeichneten Entwürfen aus, bevor er sie in Öl malt (um 1507)

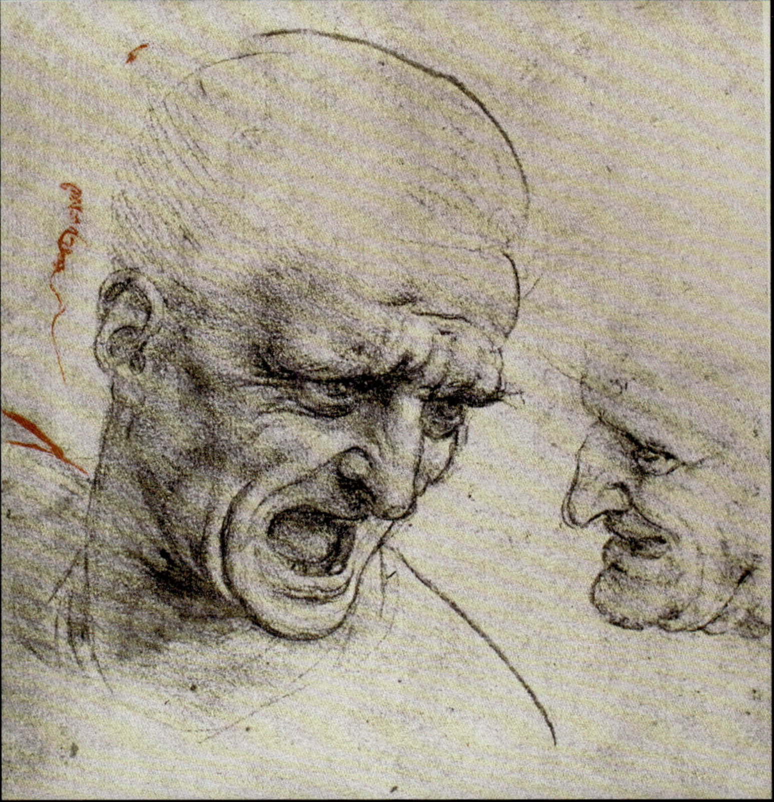

Eine der zahlreichen Skizzen für das nie vollendete vielfigurige Monumentalfresko »Anghiari-Schlacht« zeigt die **»KOPFSTUDIE ZWEIER SOLDATEN«**

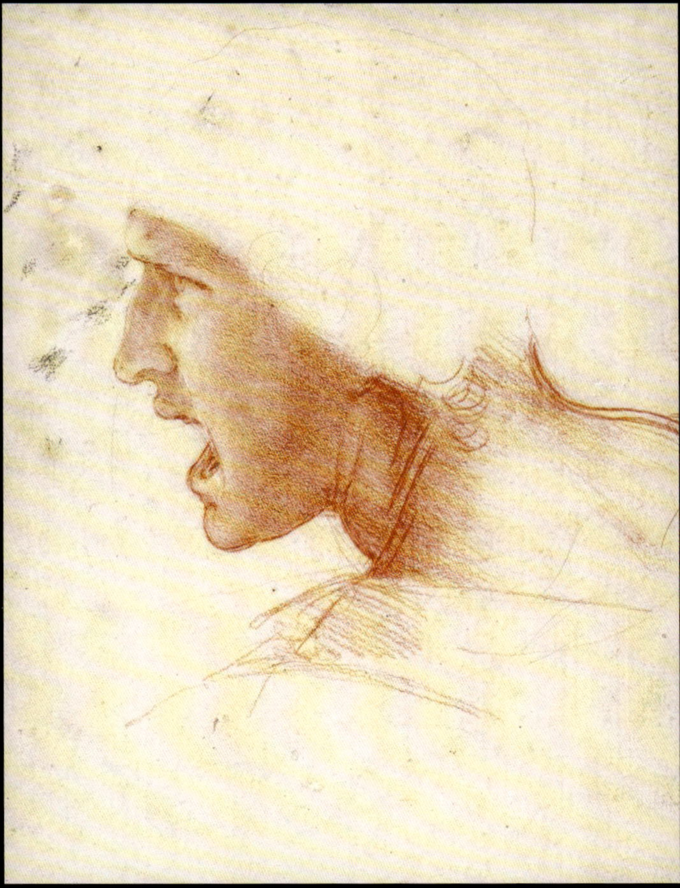

»KOPFSTUDIE EINES SOLDATEN«: Akribisch plant der Toskaner Gesichter und Körperhaltung der Figuren seiner Werke – jede soll einen individuellen Charakter haben

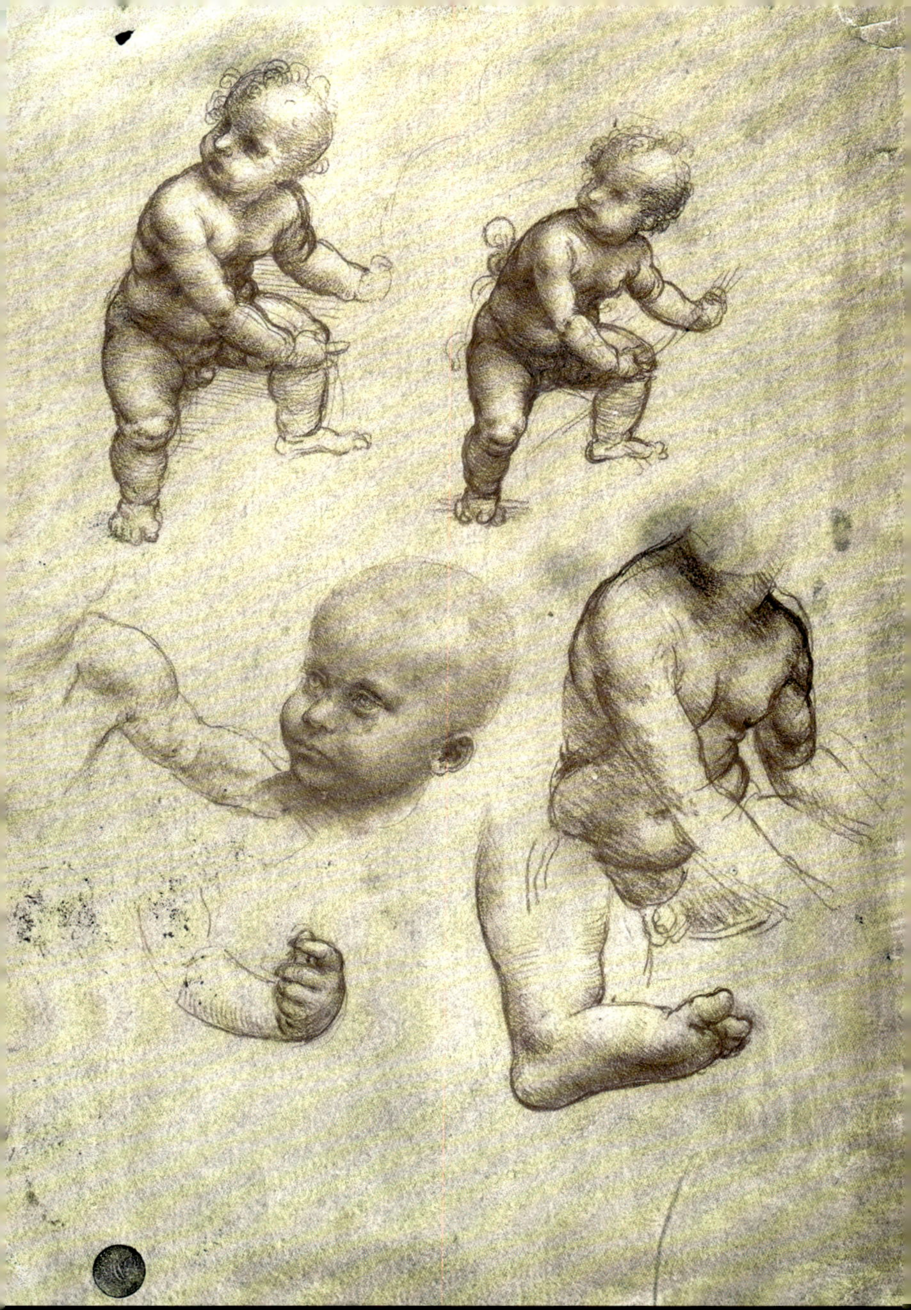

Niemand zeigt Kleinkinder so natürlich wie Leonardo – ein Motiv, das er immer wieder übt. **»STUDIEN FÜR DEN CHRISTUSKNABEN DER ANNA SELBDRITT«**

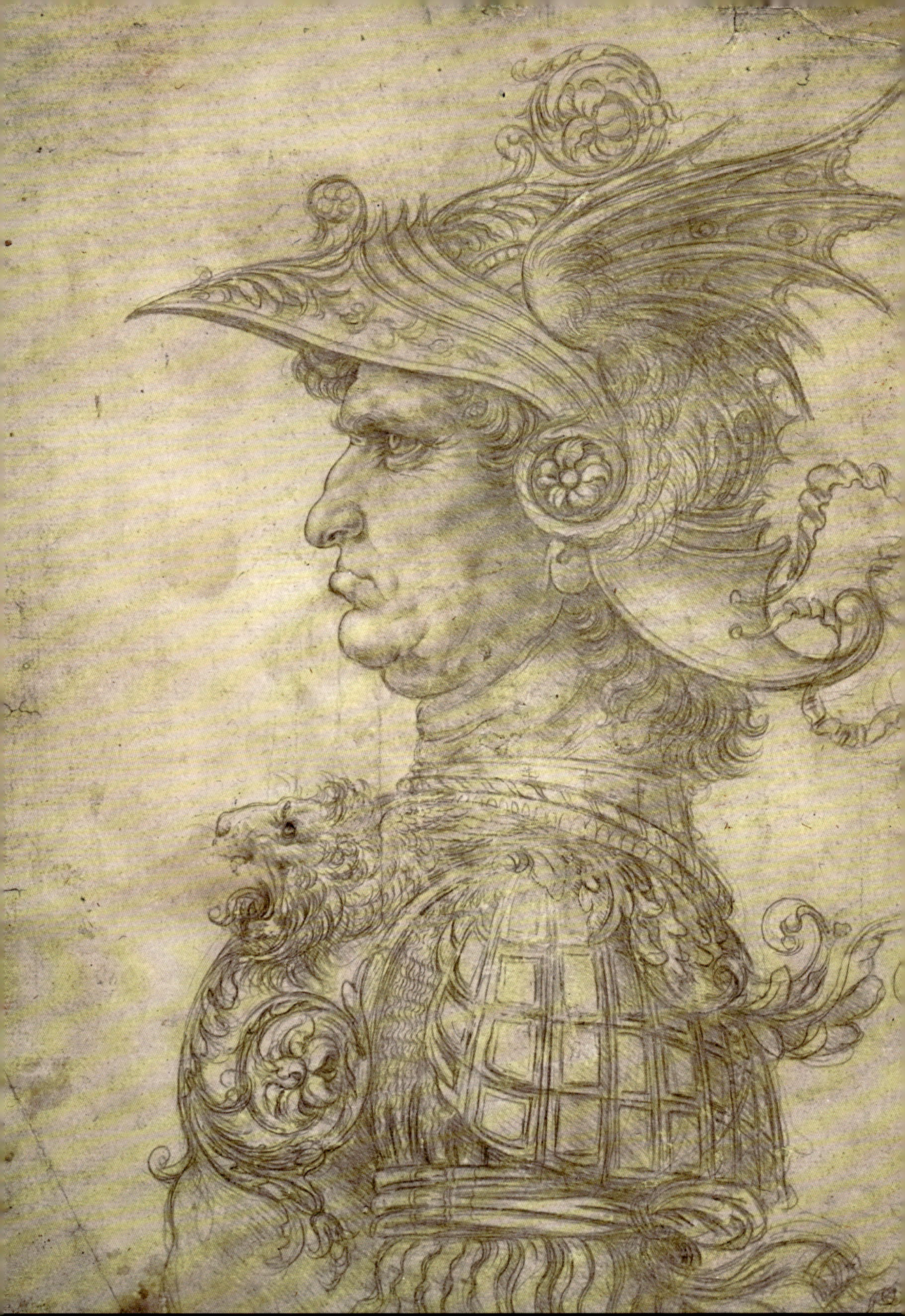

»PROFIL EINES KRIEGERS MIT HELM UND PANZER«, um 1472:
Zeitgenossen sind begeistert vom Einfallsreichtum, mit dem der Toskaner etwa
Details von Rüstungen darstellt – »besser als jeder andere Meister«

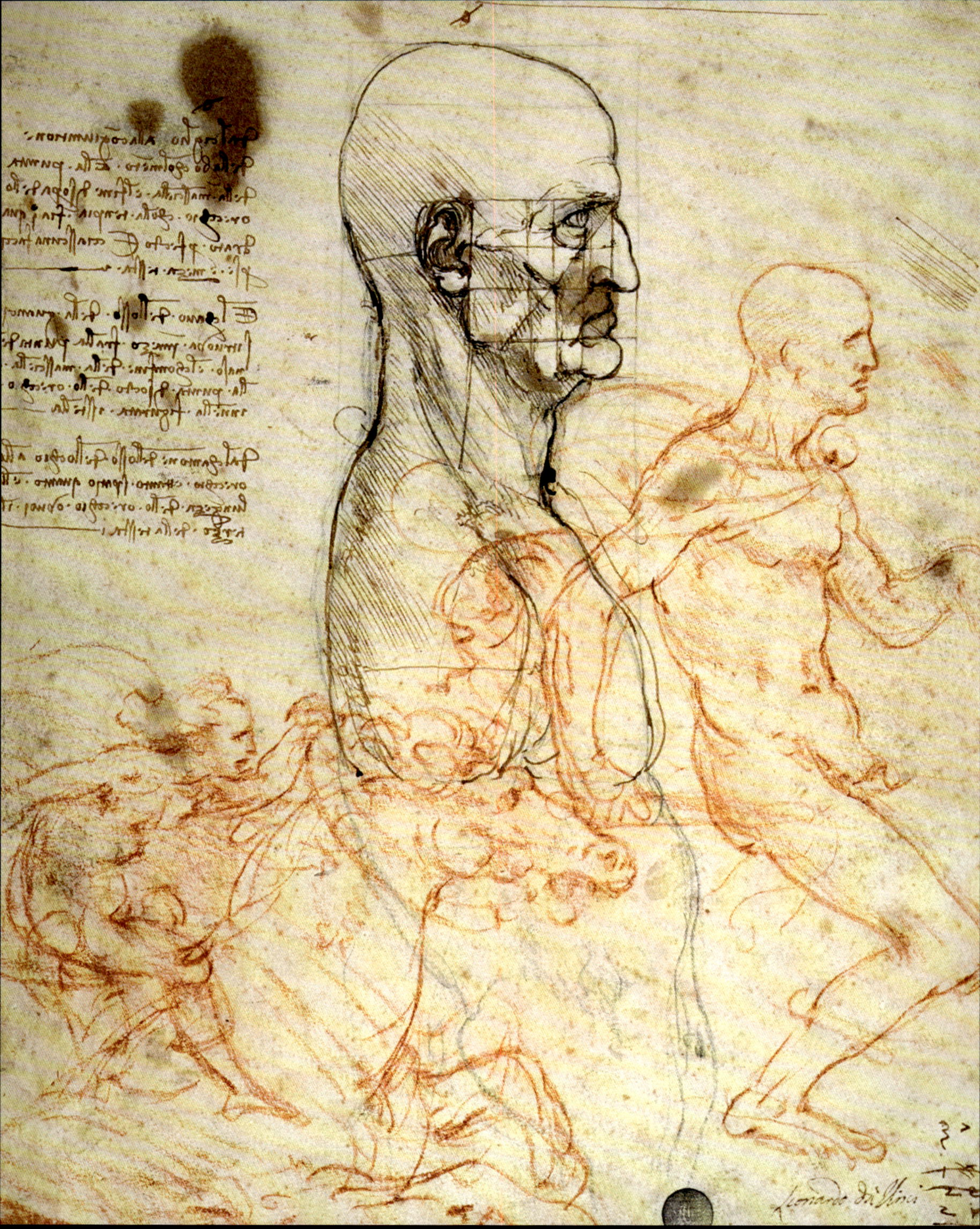

Selten beschäftigt sich da Vinci nur mit einem Thema. Auch die Skizze **»TORSO EINES MANNES IM PROFIL MIT PROPORTIONEN DES KOPFES, SKIZZEN ZWEIER REITER«** vereint gleich mehrere Bildideen

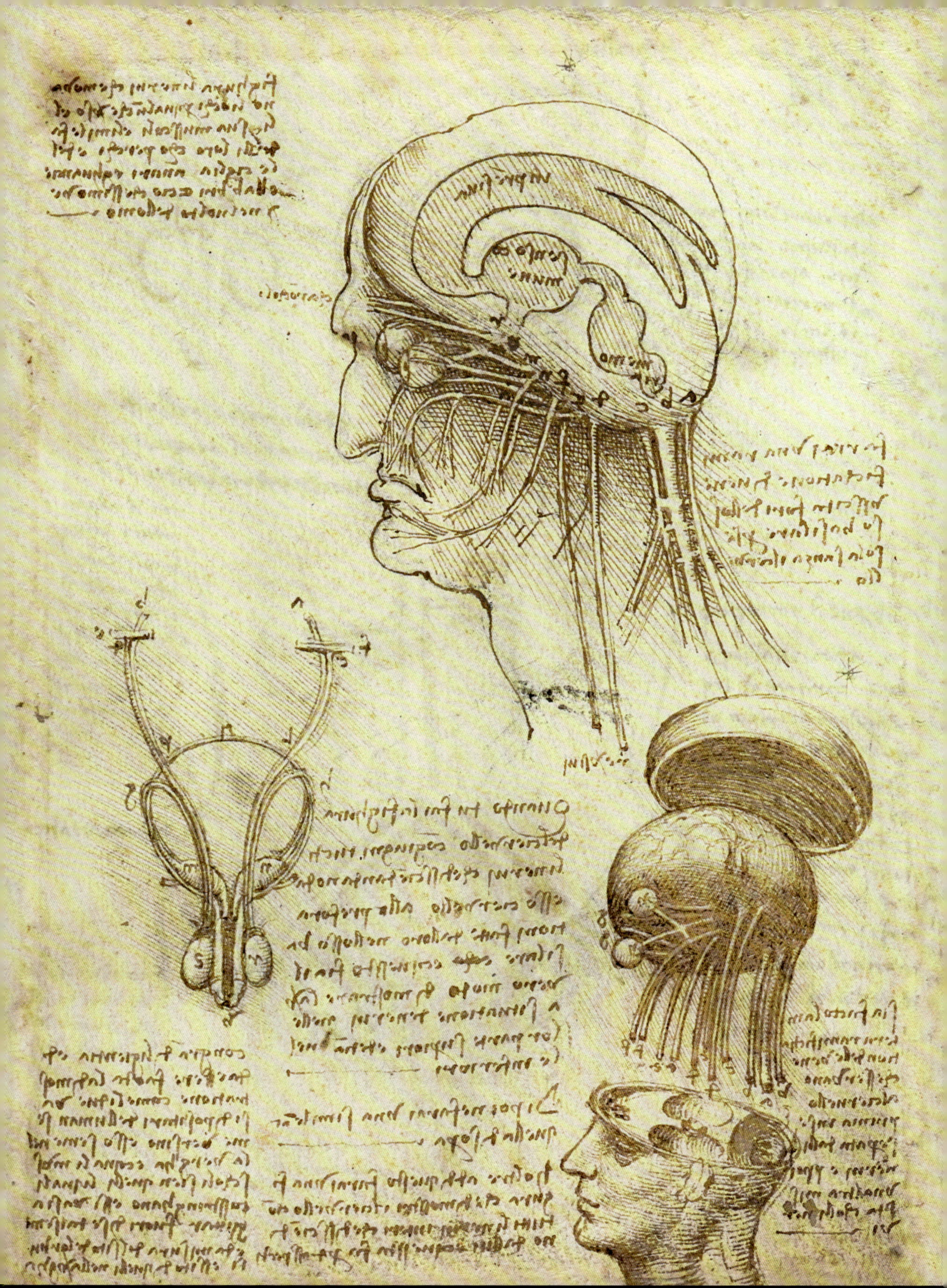

»HIRNPHYSIOLOGISCHE DARSTELLUNG«, um 1508: Als erster Künstler überhaupt hat Leonardo die Idee, den menschlichen Körper transparent darzustellen, um die inneren Organe sichtbar zu machen

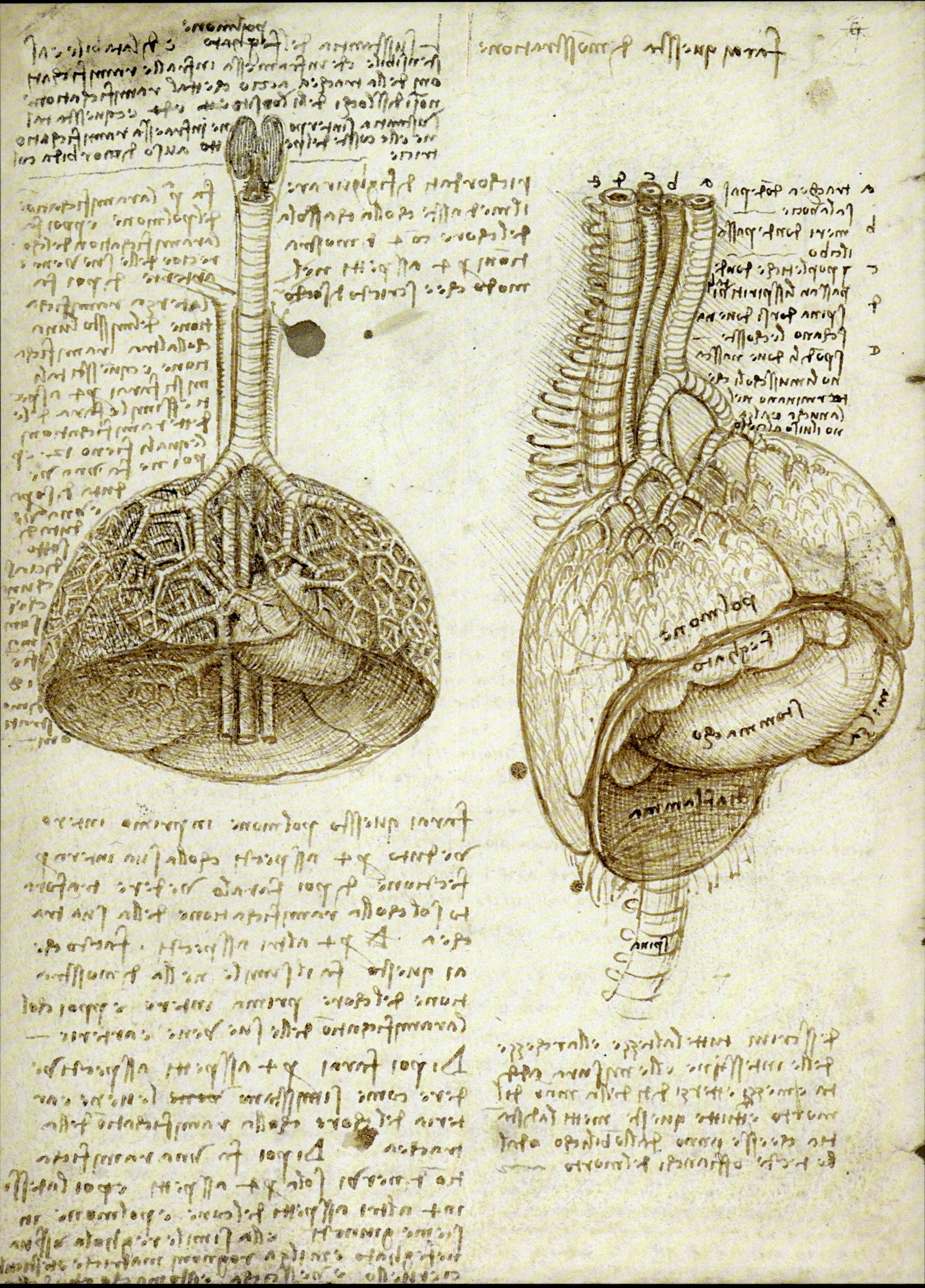

Mit den für Maler üblichen Anatomiestudien gibt Leonardo sich nicht zufrieden: Er beginnt damit, Leichen zu sezieren – von Menschen und Tieren.
»LUNGE, HERZ UND BAUCHORGANE EINES SCHWEINS«, um 1508

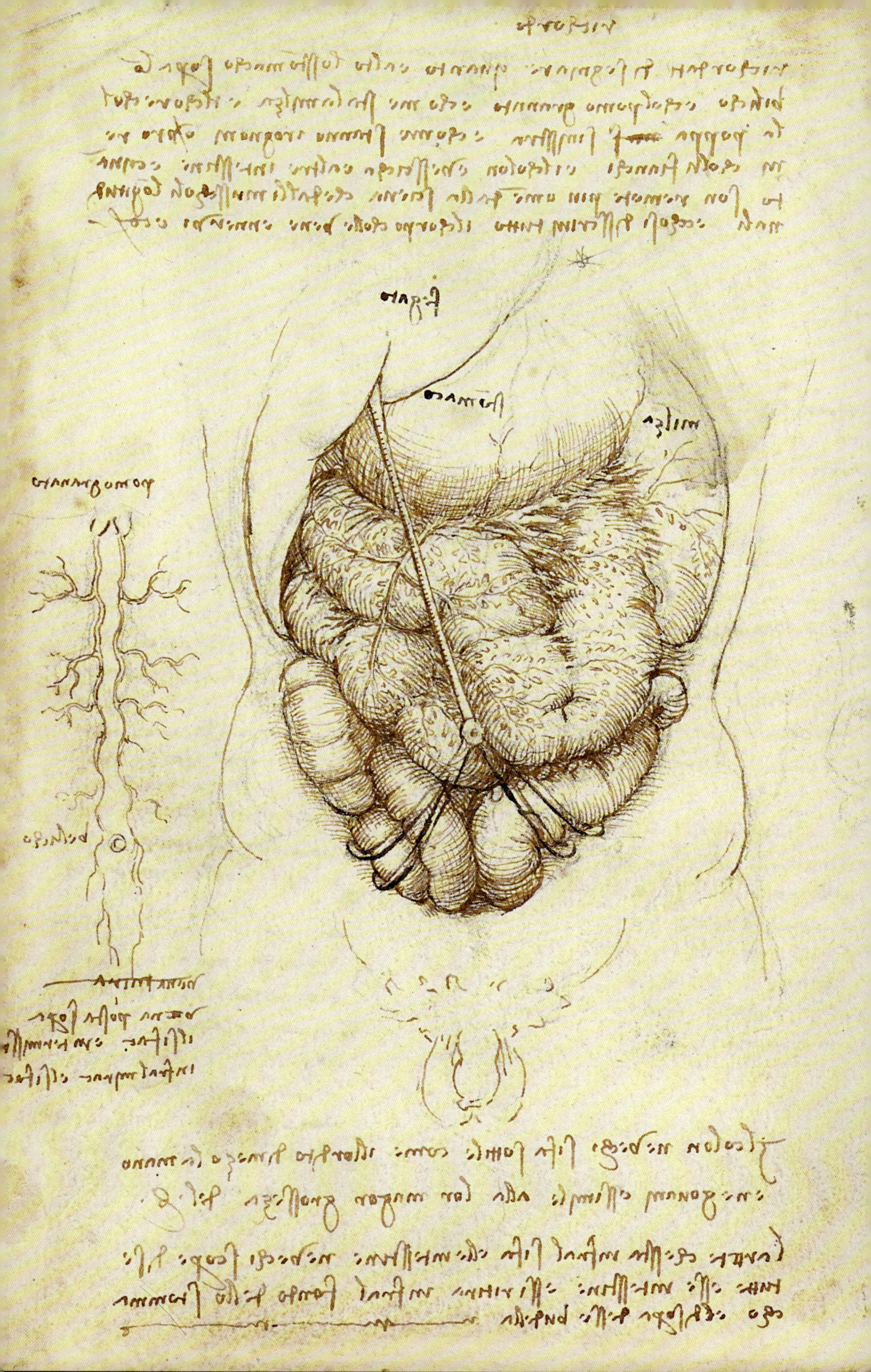

Die Erkenntnisse aus seinen Obduktionen hält der Mann aus Vinci in Hunderten Zeichnungen fest, wie hier um 1506 in der **»ANATOMISCHEN ZEICHNUNG VON LEBER, MAGEN, MILZ UND DICKDARM«**

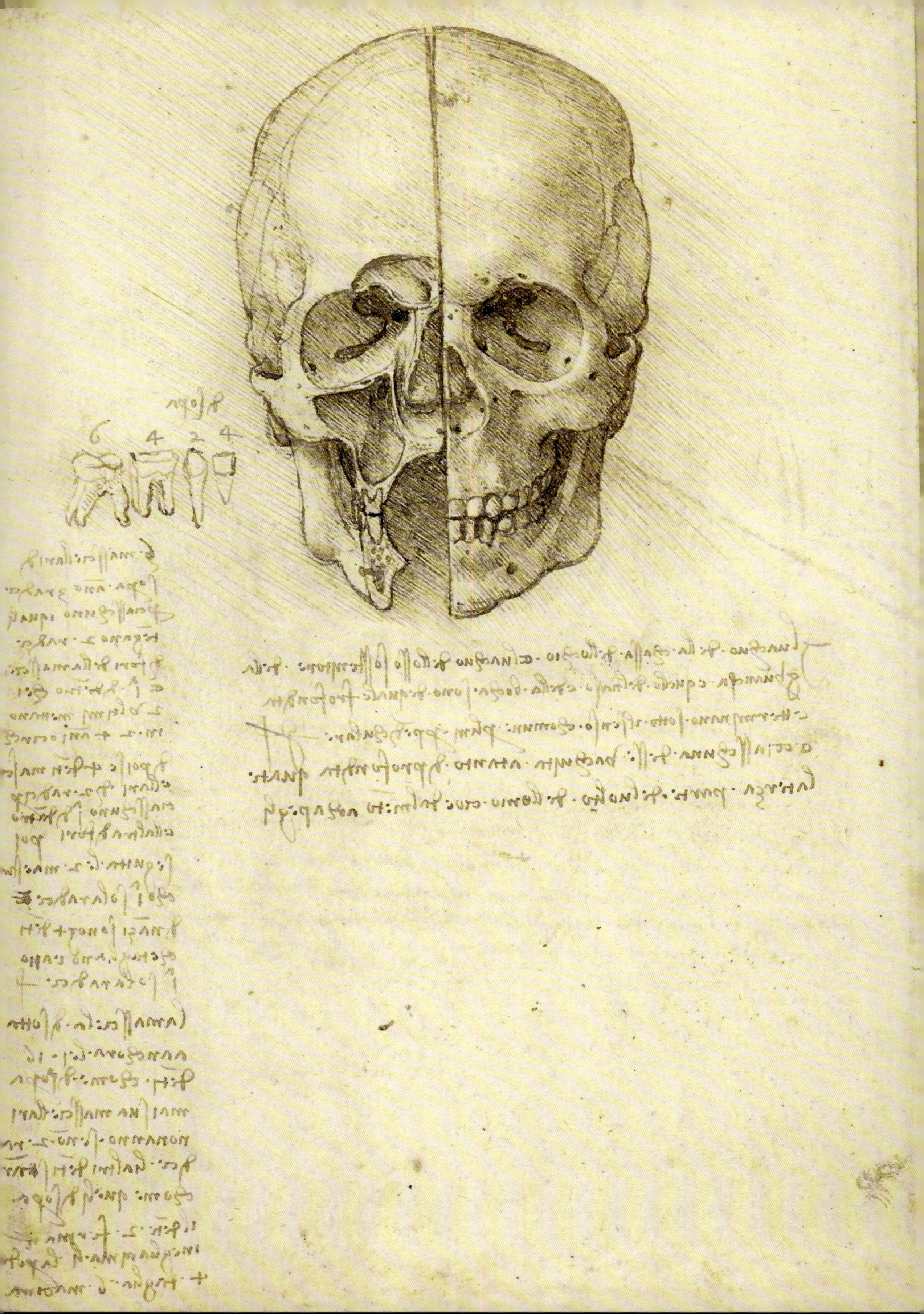

Um die Lage der Gesichtsknochen und Nasennebenhöhlen exakt darstellen zu können, zersägt Leonardo 1489 für die **»ANATOMISCHE STUDIE DES MENSCHLICHEN**

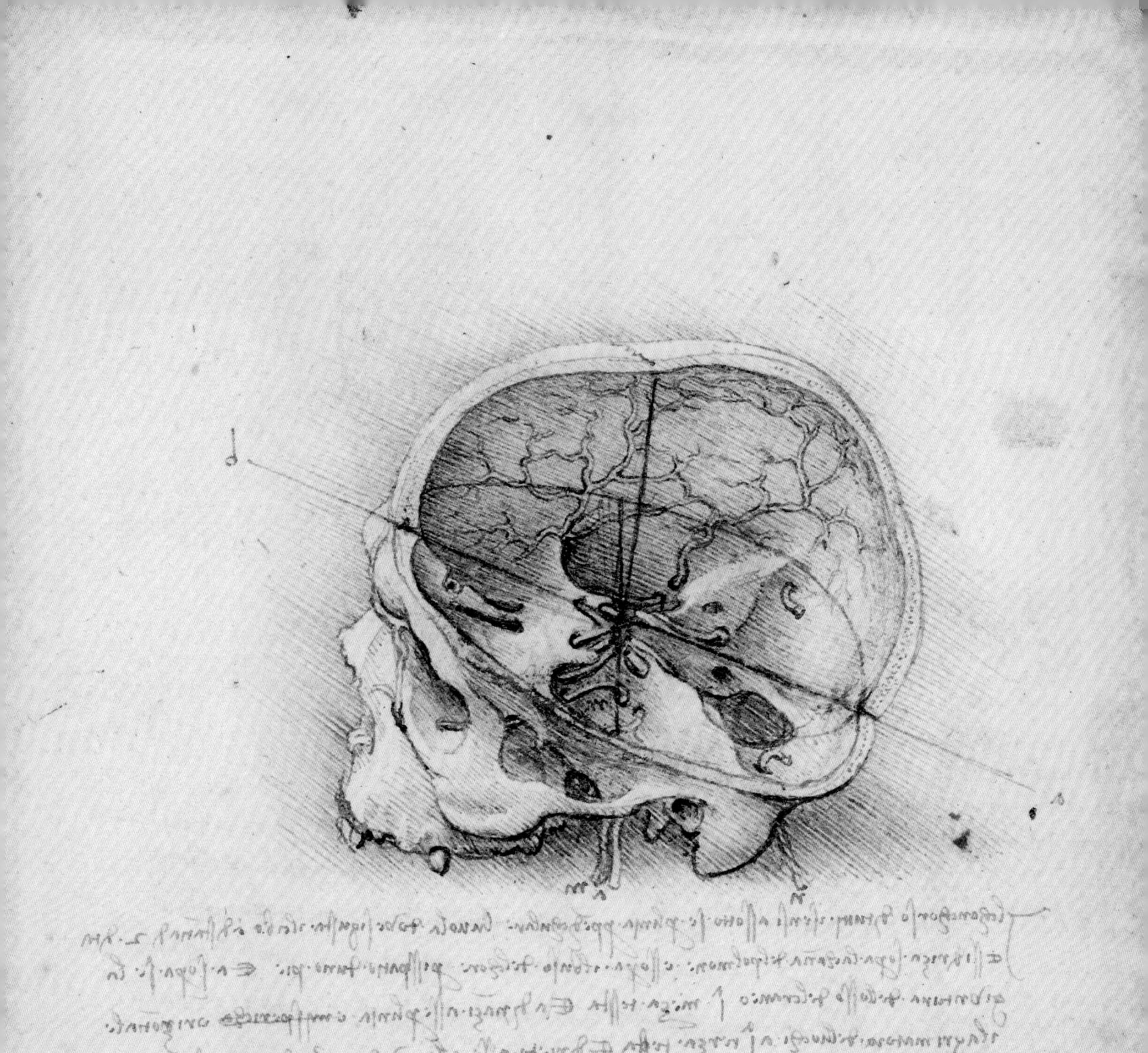

Im Zentrum der Zeichnung »SAGITTALSCHNITT DES SCHÄDELS, IN SEITLICHER ANSICHT MIT SCHÄDELNERVEN« verortet Leonardo den Zusammenfluss der Sinne – für ihn der Sitz der Seele.

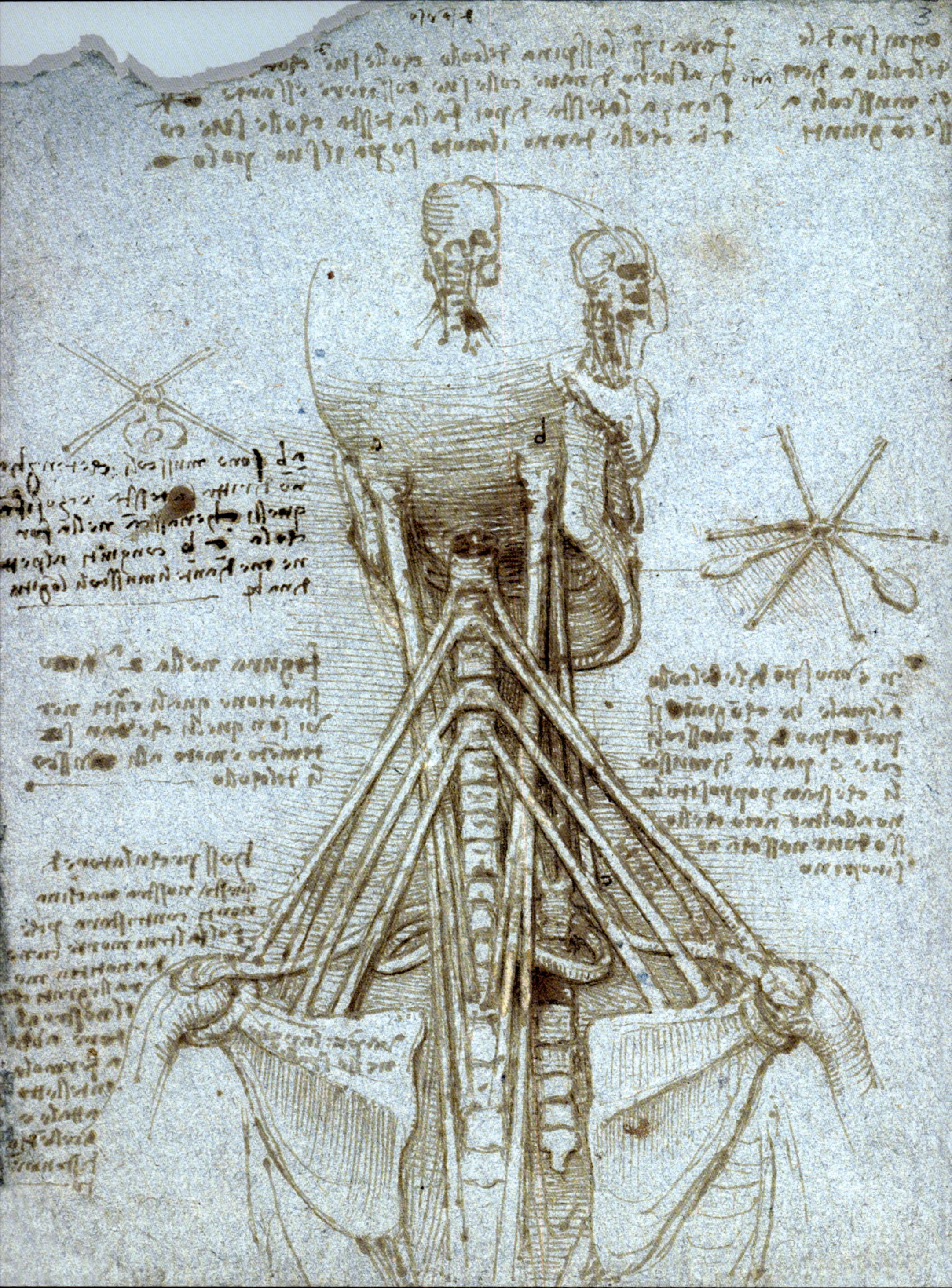

Menschen sind für Leonardo perfekte mechanische Konstruktionen. So halten seiner Ansicht nach die Nackenmuskeln den Kopf aufrecht wie die Takelage den Mast eines Segelschiffs. **»ANATOMISCHE STUDIEN DER HALS- UND SCHULTERMUSKULATUR«**

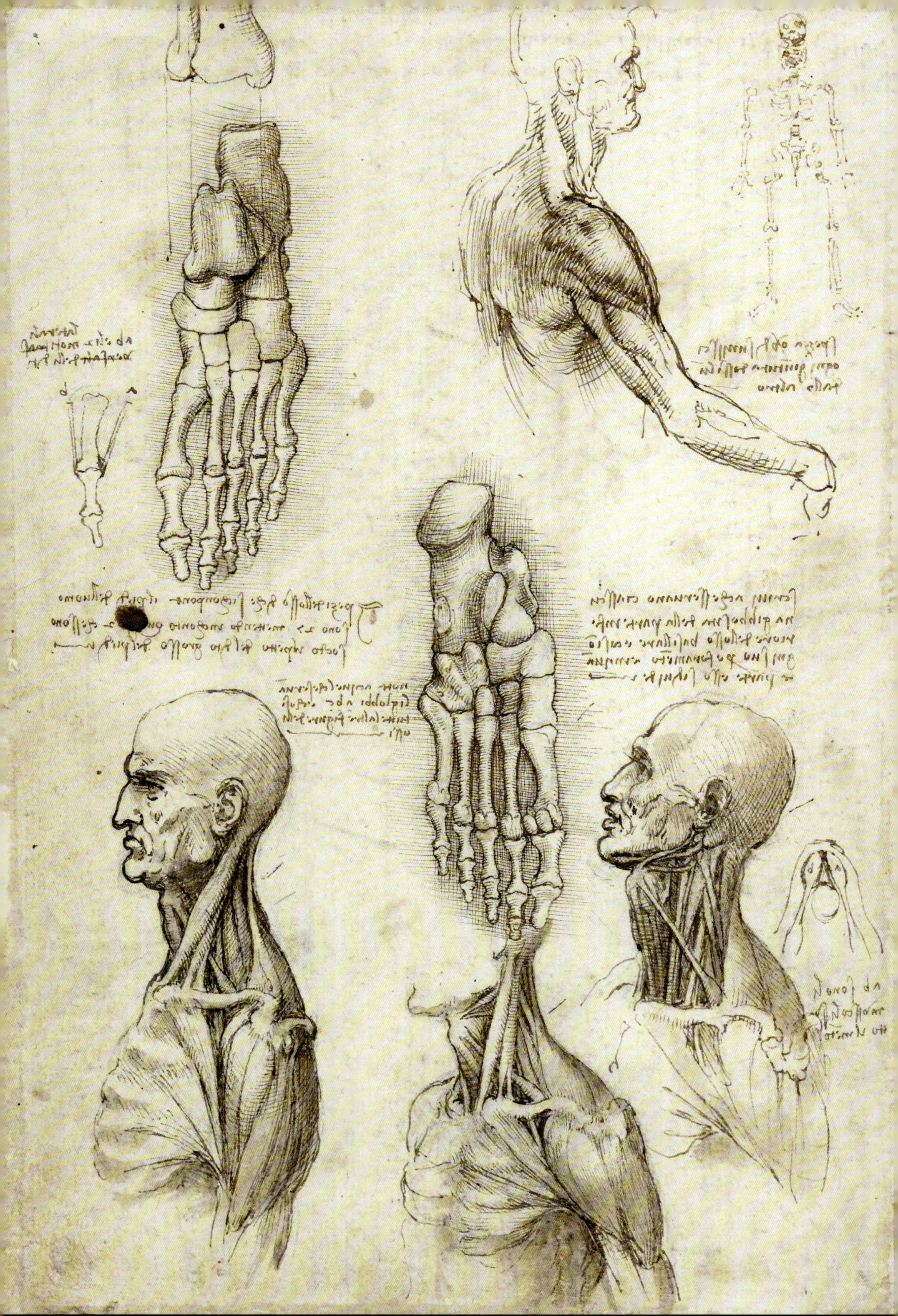

Nicht allein Neugier treibt den Toskaner zu den Leichensektionen: Das Wissen um das Zusammenspiel von Muskeln und Gelenken soll ihm helfen, Körper realistisch zu malen. **»ANATOMISCHE STUDIEN DER SCHULTER- UND HALSMUSKULATUR SOWIE ZUM KNOCHENBAU DES FUSSES«**

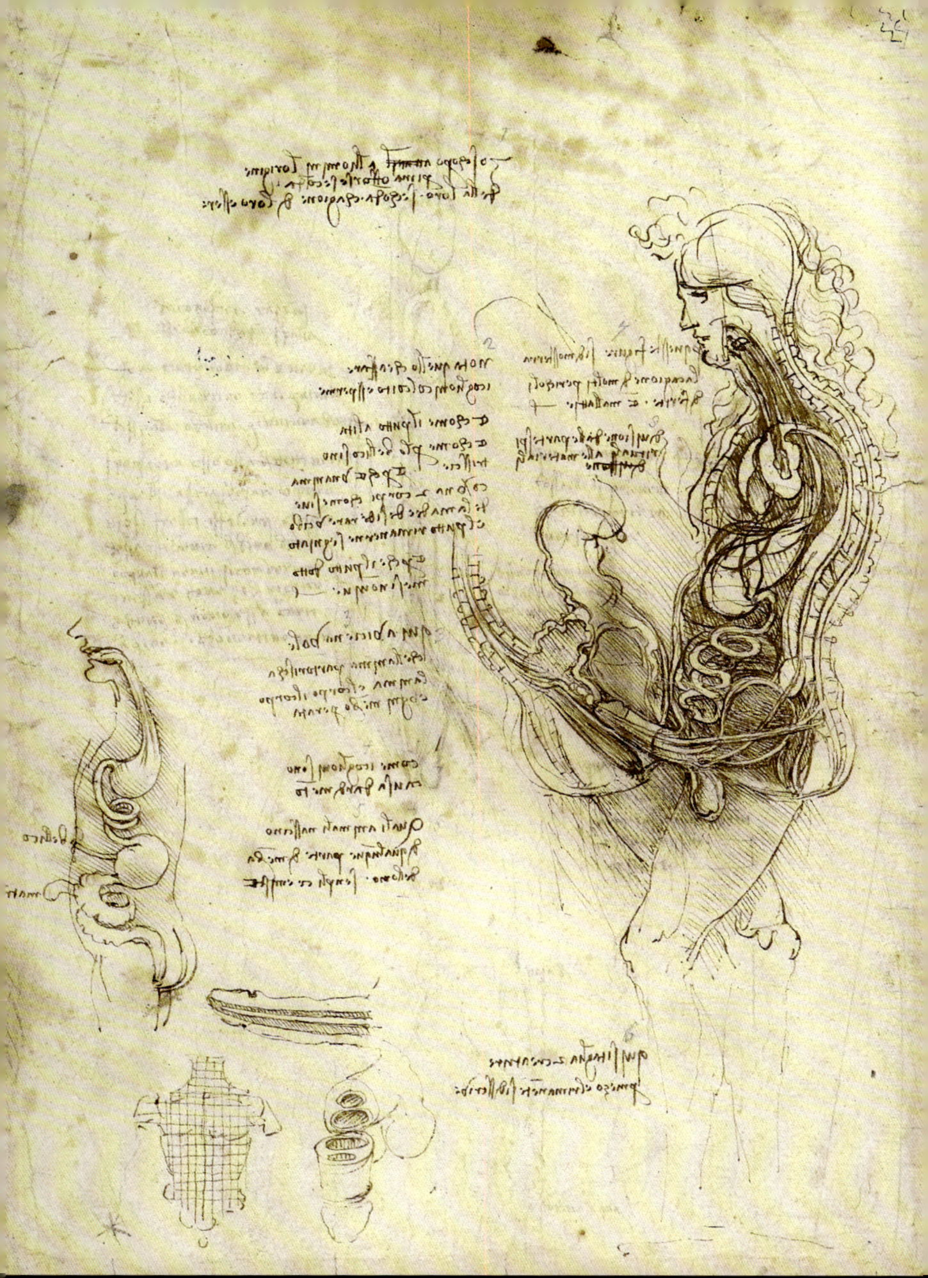

Wie besessen erforscht der Meister den menschlichen Körper. In der Zeichnung **»GESCHLECHTSAKT IM VERTIKALSCHNITT«** bringt er um 1490 seine Vorstellungen über die Sexualorgane zu Papier

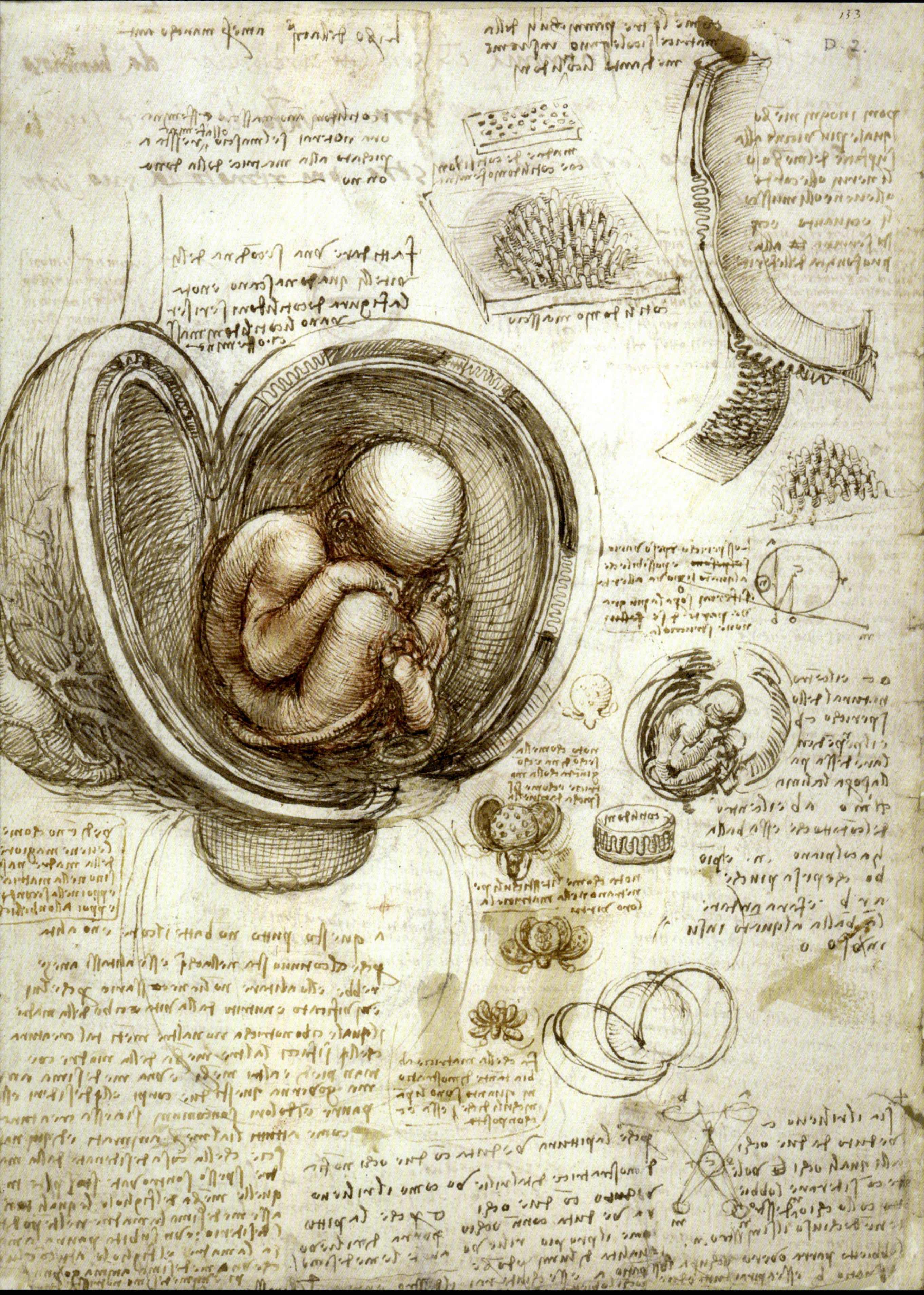

Mit feinen Federstrichen skizziert Leonardo um 1510
einen **»FÖTUS IM UTERUS«**. Auf ein Alter von vier Monaten
schätzt er selbst das heranreifende Kind

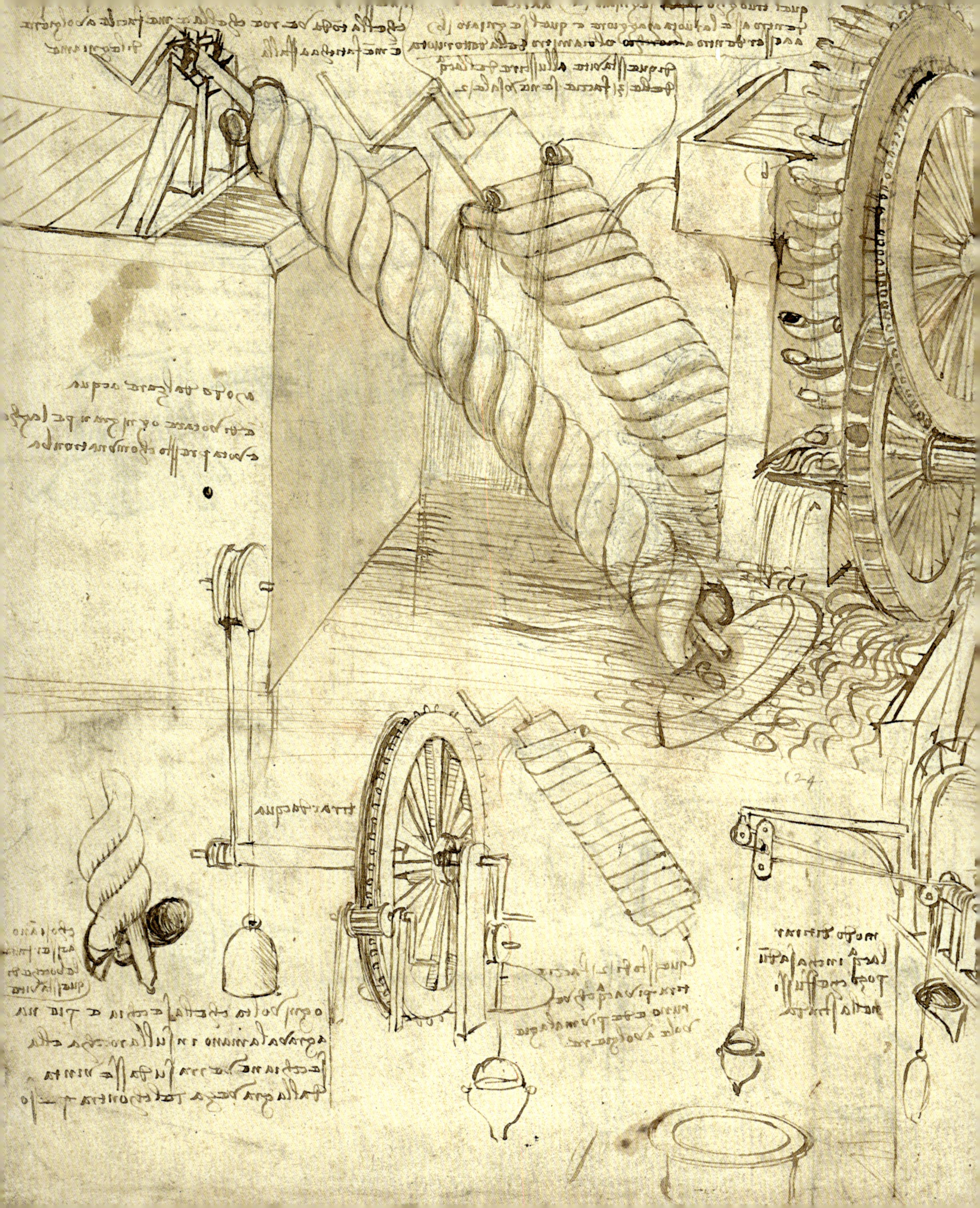

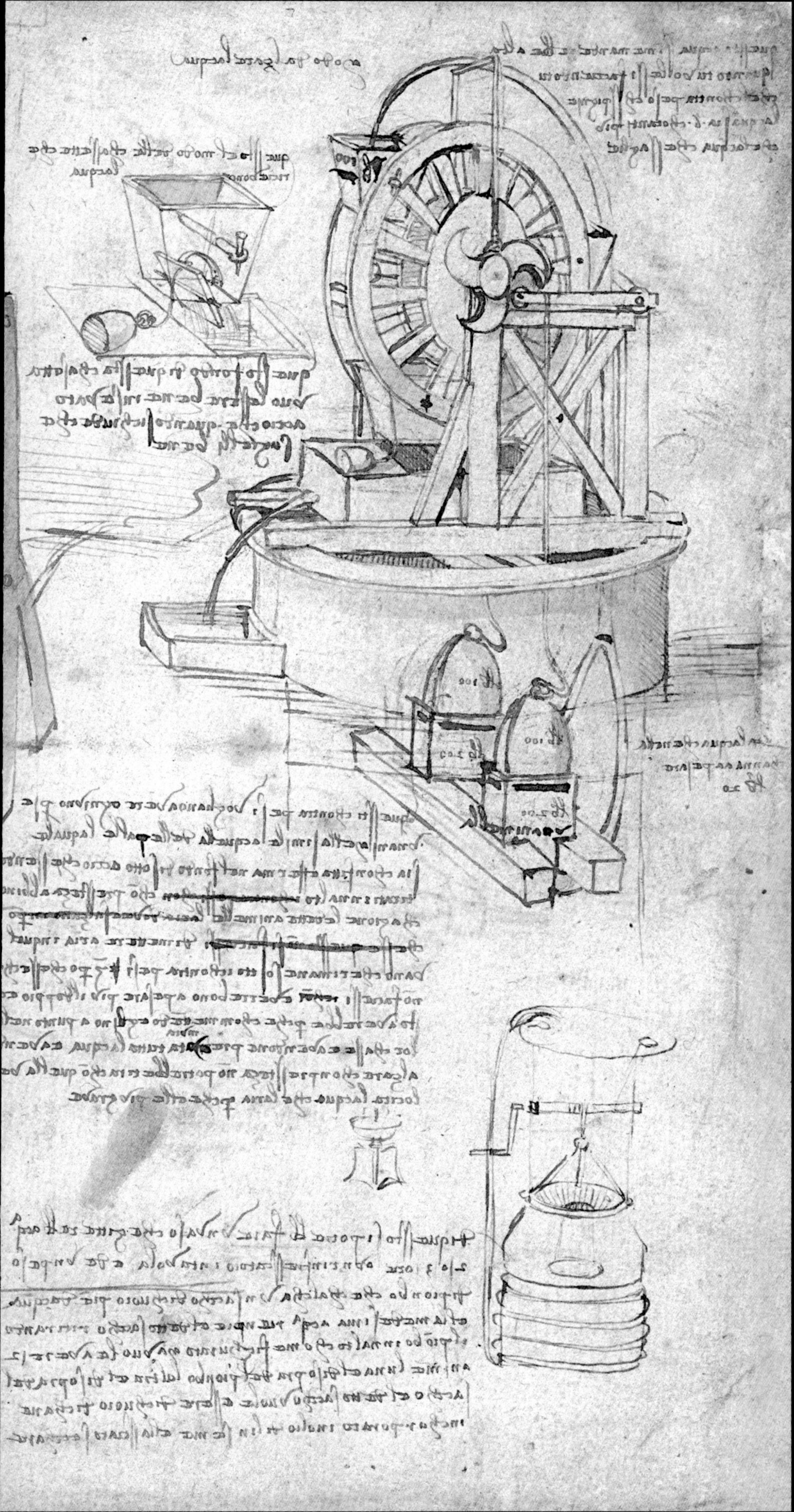

Der Autodidakt traut sich alles zu, er entwirft auch komplexe Geräte wie um 1480 diese **»HYDROTECHNISCHEN VORRICHTUNGEN ZUM TRANSPORT VON WASSER«**

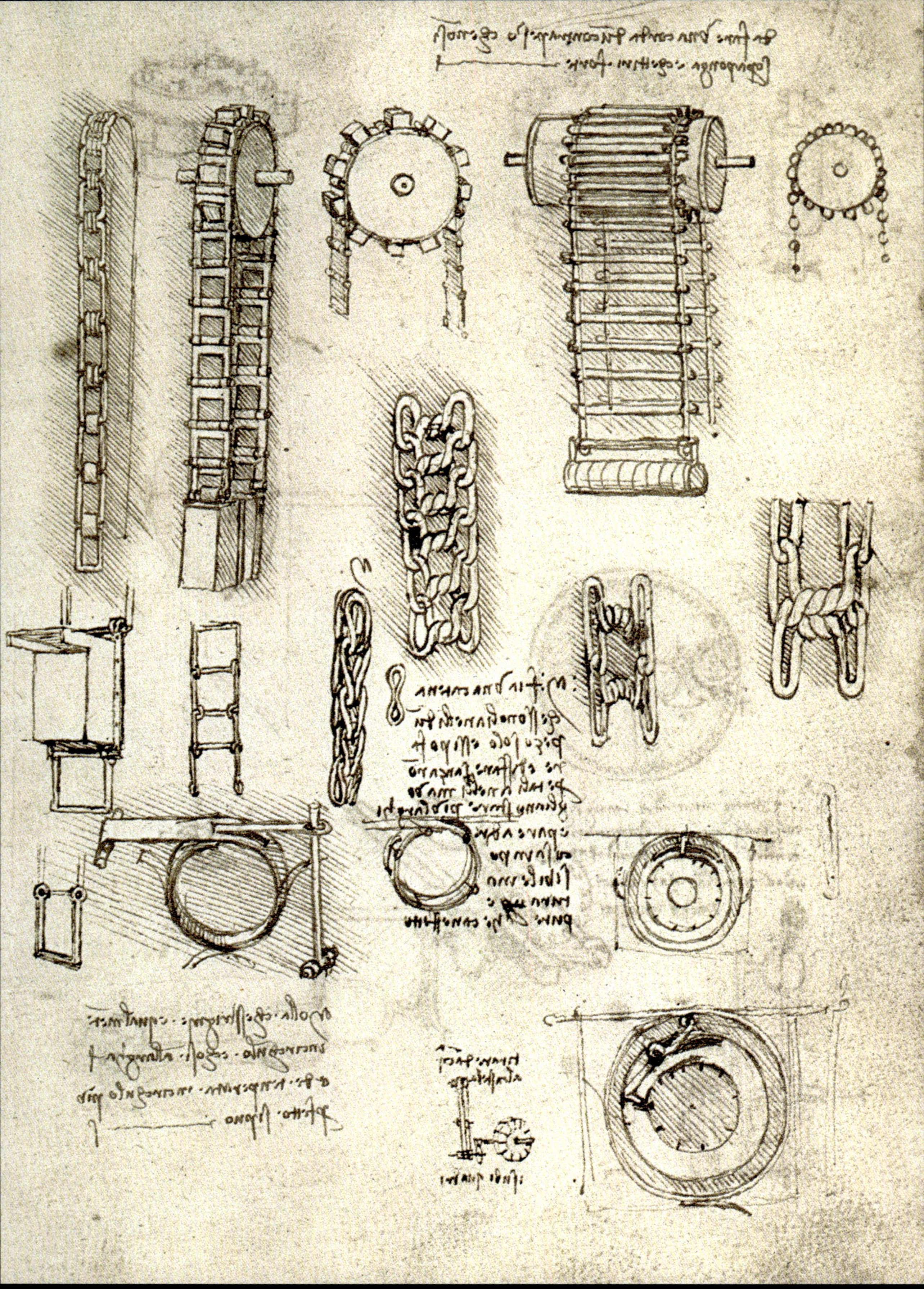

»VERSCHIEDENE TYPEN VON METALLKETTEN«: So wie Leonardo immer wieder einzelne Körperteile zeichnet, um die menschliche Anatomie besser zu verstehen, zerlegt er auch Maschinen minutiös in ihre Einzelteile

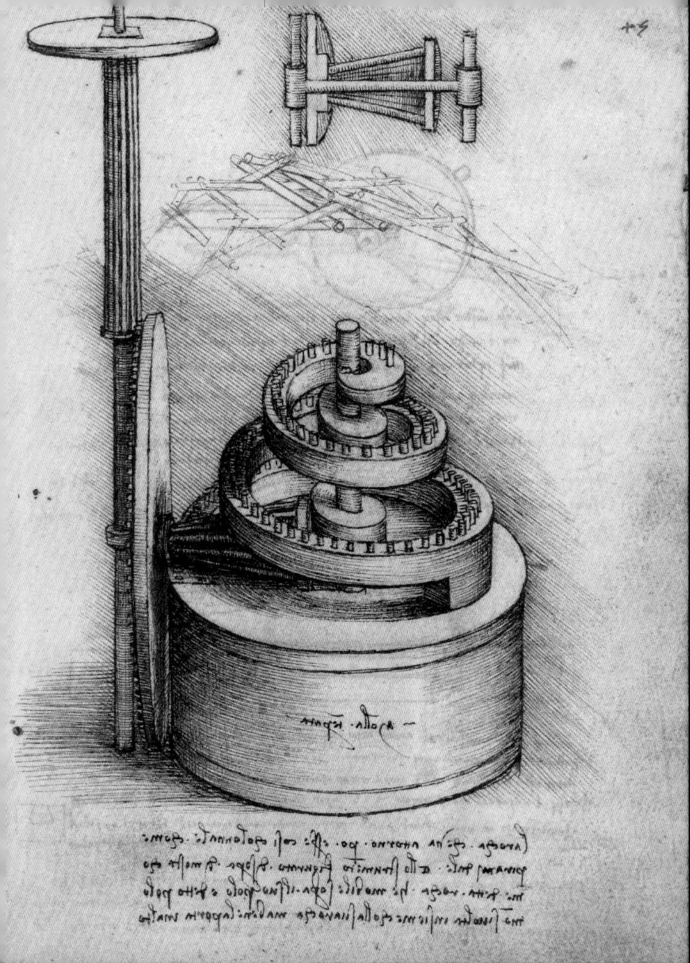

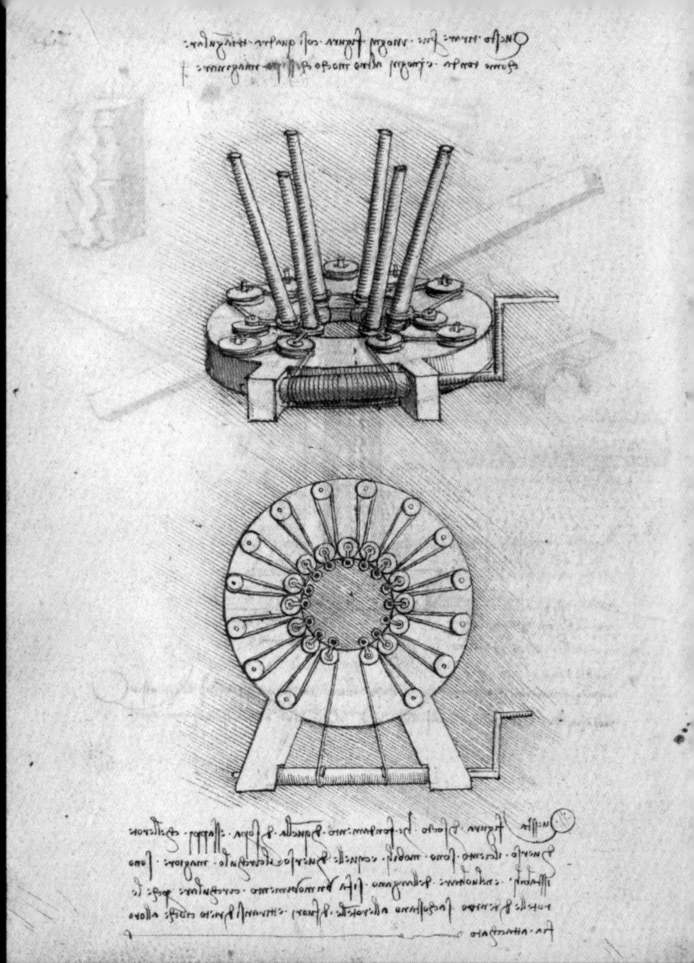

Als einer der Ersten entwirft Leonardo Maschinen, die auf athematisch-physikalischen Überlegungen beruhen und nicht allein auf handwerklicher Erfahrung. So konstruiert er um 1495 für die »TEMPERIERTE FEDER MIT SPROSSENRAD« ein Getriebe, das den

Der Wunsch, die Kraft des Menschen mithilfe der Technik zu vervielfachen, treibt Leonardo zu vielen seiner Utopien als Ingenieur, etwa zur »HEBEVORRICHTUNG MIT BEWEGLICHEN

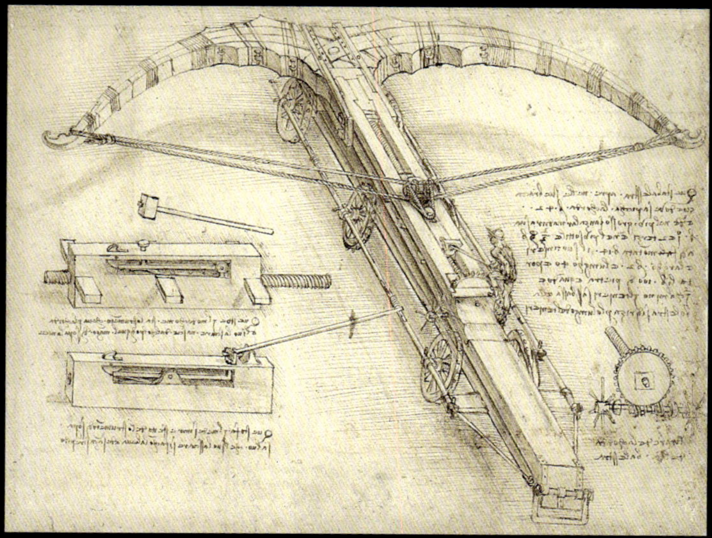

»ENTWURF FÜR EINE RIESENARMBRUST«. Unklar ist, ob Leonardo den Bau einer solchen Waffe, die 30 Meter Bogenspannweite hätte, tatsächlich für möglich hält oder ob es ihn einfach nur reizt, die komplizierte Technik darzustellen

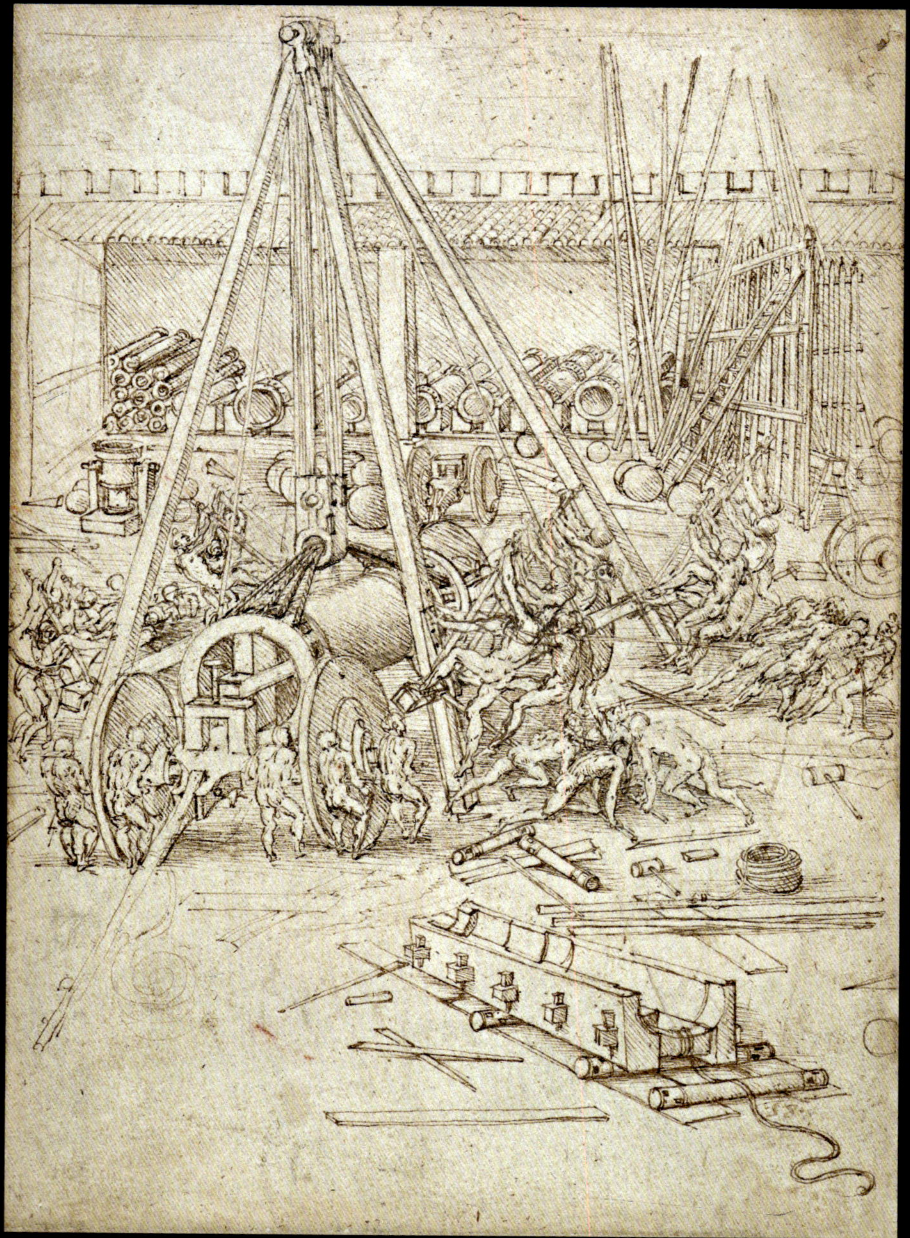

Vielleicht als Skizze für eine illustrierte Abhandlung zur Kriegsführung fertigt da Vinci um 1487 die **»STUDIE MIT HEBEVORRICHTUNG FÜR EINE KANONE IN EINER GESCHÜTZ-GIESSEREI«.** Eine Gruppe von Arbeitern wuchtet eine gewaltige Waffe empor

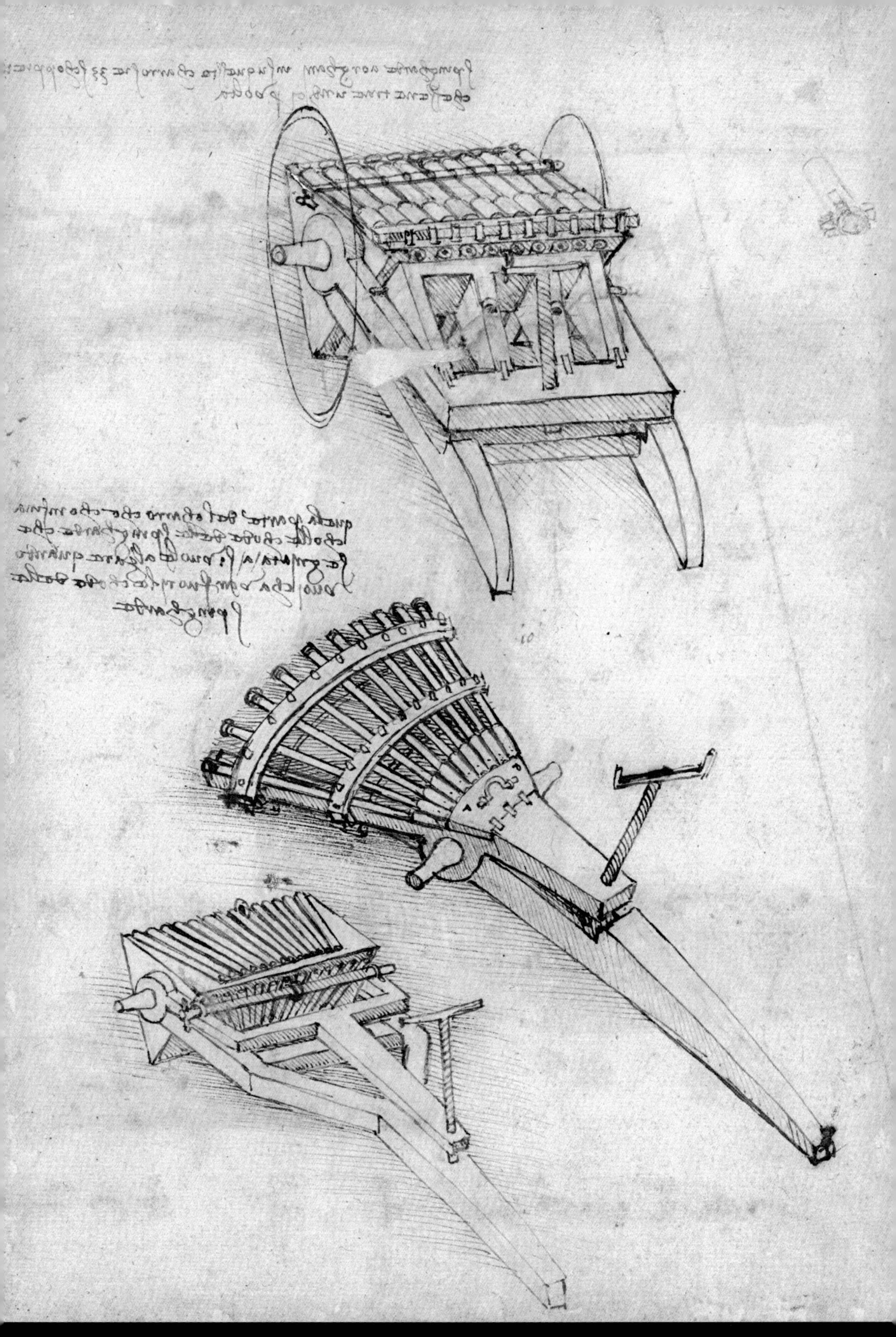

Die von dem Künstler ersonnenen Waffen wie diese mehrläufigen Kanonen sind offenbar wenig praktikabel. Nicht eine Einzige wird je gebaut. »STUDIENBLATT MIT ORGELGESCHÜTZEN«, um 1482

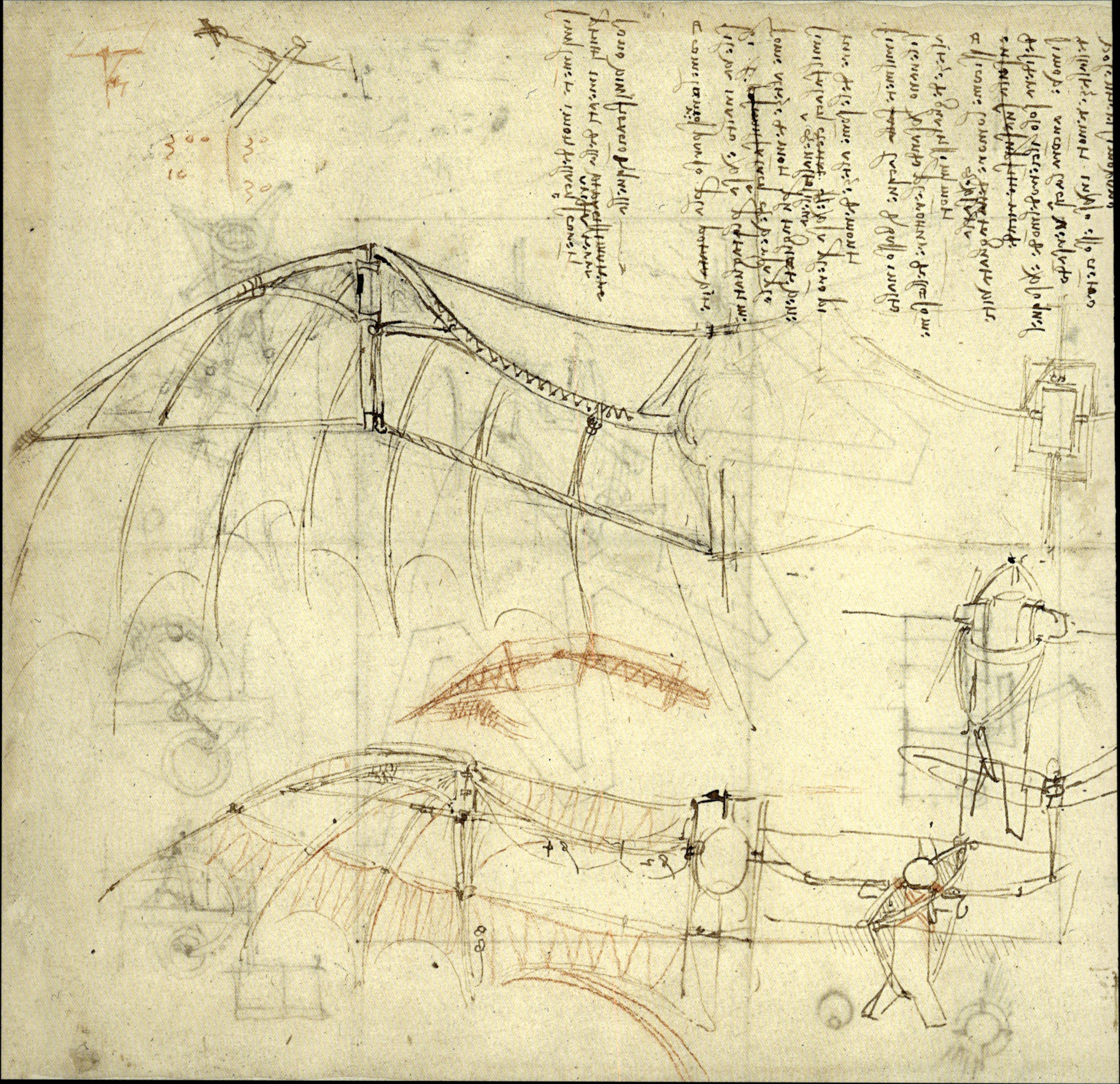

Den Traum vom Fliegen hegt der Meister seit seiner Kindheit. Maschinen sollen dies dem Menschen ermöglichen. Für deren Konstruktion beobachtet er intensiv den Vogelflug. **»VOGELSCHWINGENAPPARAT MIT TEILWEISE STARREM FLÜGEL«**

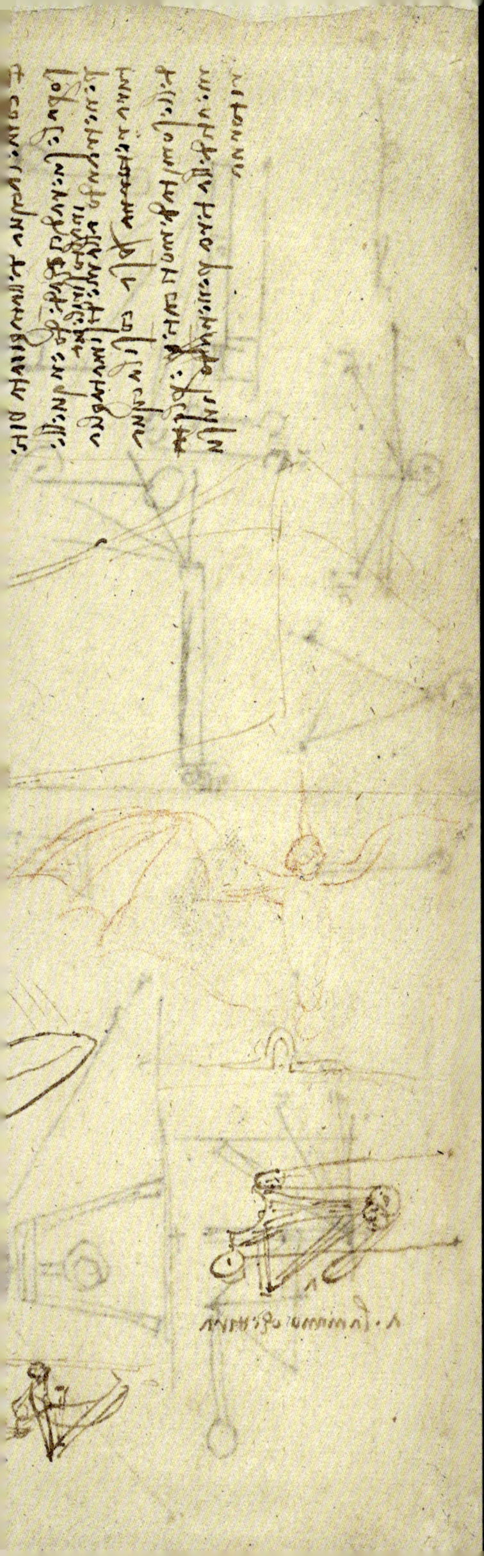

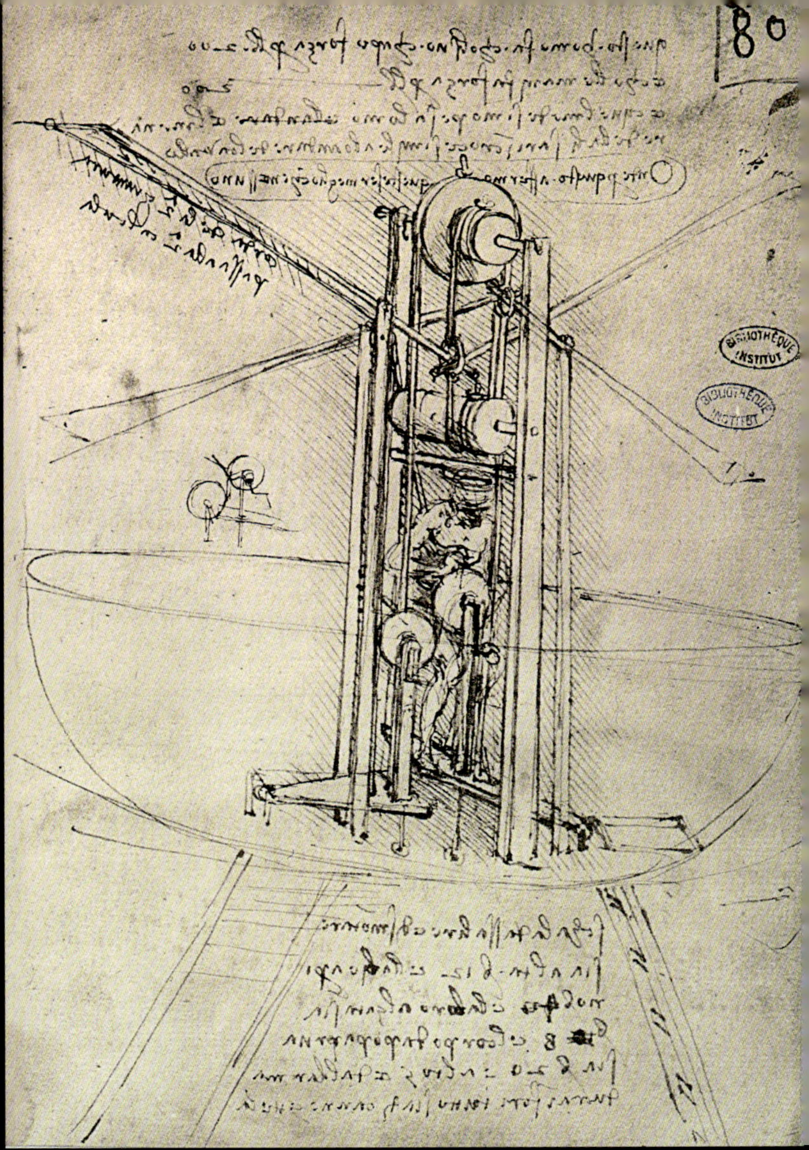

Die schnelle Auf- und Abbewegung der vier Flügel, angetrieben von der Muskelkraft des Piloten, soll den **»AUFRECHT STEHENDEN VOGELSCHWINGENAPPARAT«** in die Luft heben (um 1490)

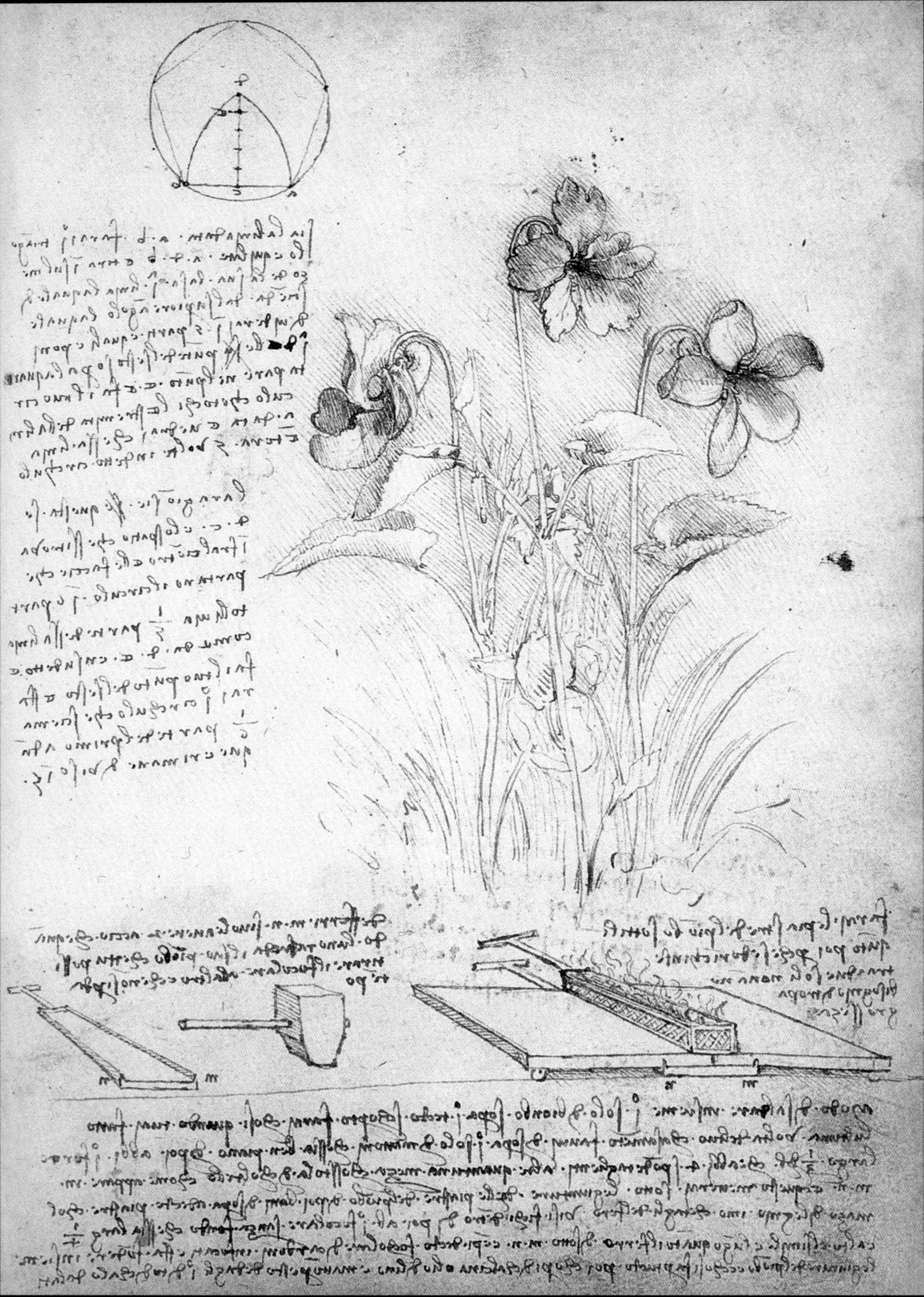

Leonardo sieht ganz genau hin: Selbst winzige Feinheiten etwa der Blätter und Blüten von Blumen gibt er akkurat wieder. »STUDIE MIT VEILCHEN«, um 1490

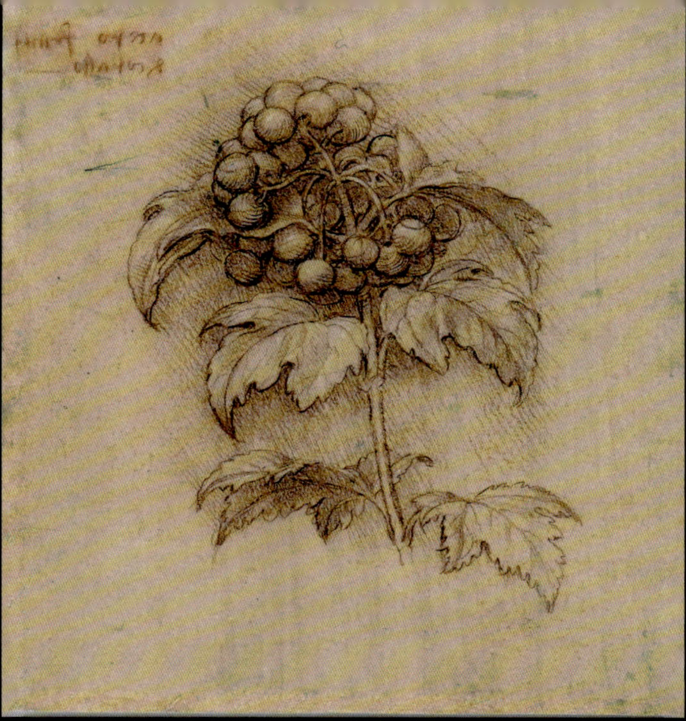

Eine unstillbare Neugier auf die Welt da draußen befeuert den Mann aus Vinci, auf Menschen, Tiere, Pflanzen – um 1507 etwa den **»FRUCHTZWEIG DES GEMEINEN SCHNEEBALLS«**

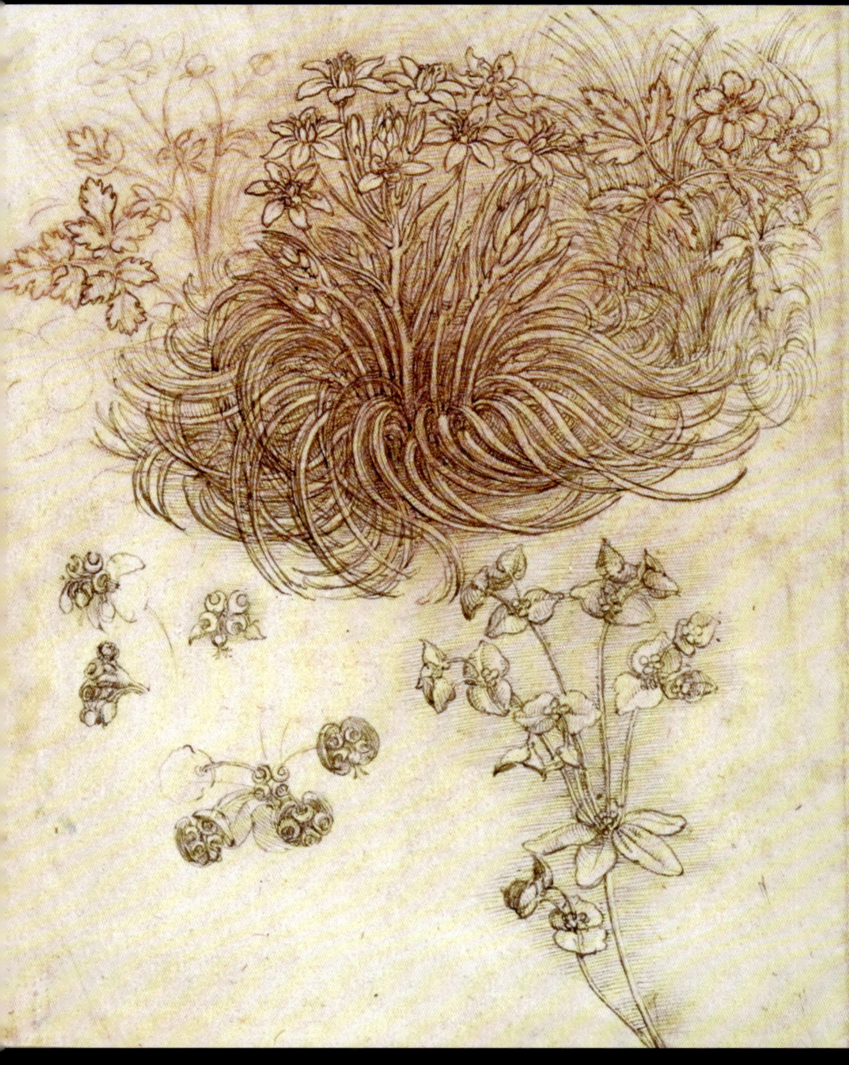

Das Zeichnen nutzt der Künstler zur Analyse der Naturkräfte, die hier aus dem Blätterwirbel neue Stängel sprießen lassen. **»DOLDIGER MILCHSTERN ZWISCHEN KRIECHENDEM HAHNENFUSS UND BUSCHWINDRÖSCHEN«**

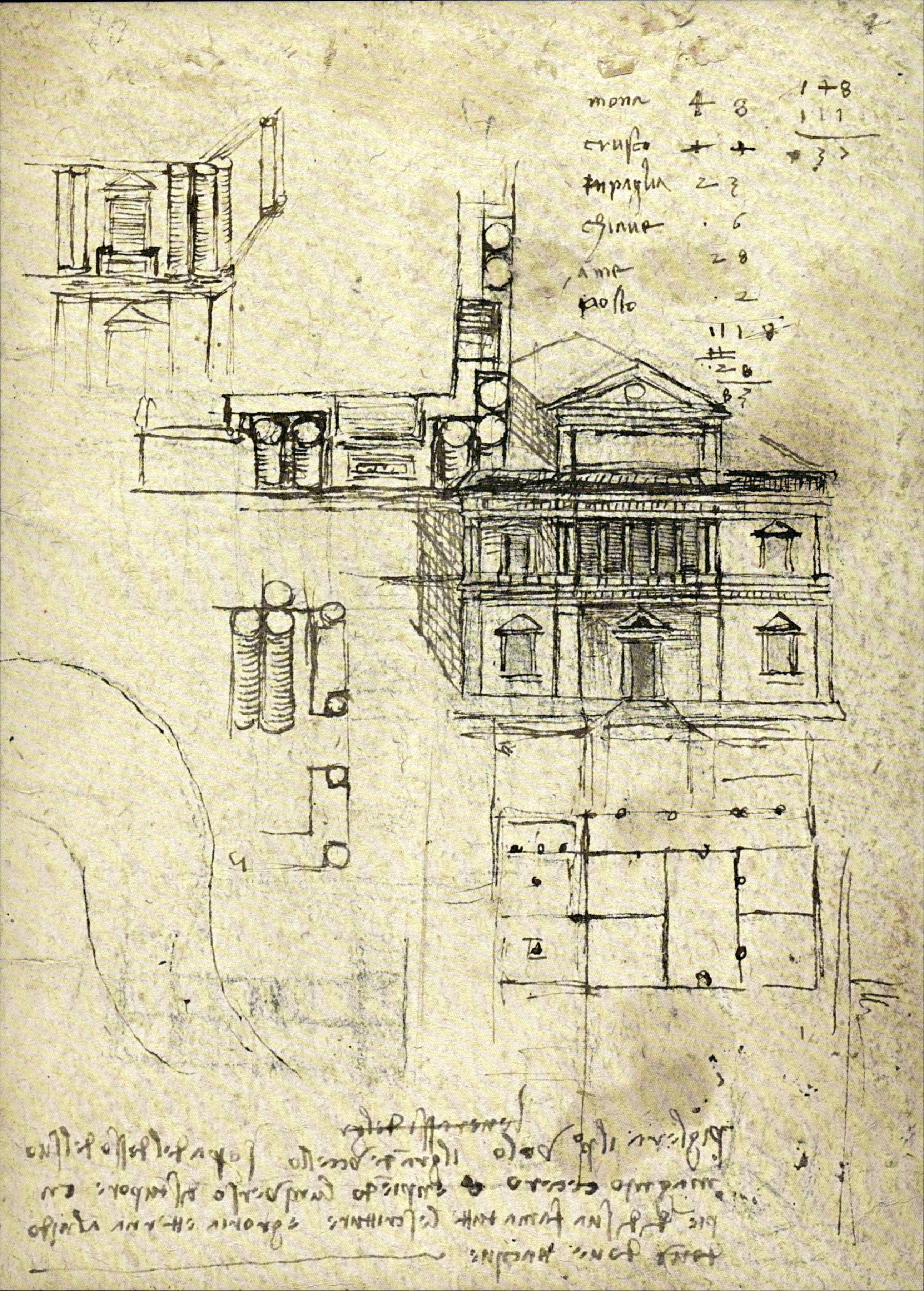

Ebenso wenig wie seine Entwürfe von Maschinen und Waffen werden Leonardos Architekturpläne – hier die **»STUDIE ZUR VILLA CAPRINI«** in Florenz – jemals realisiert

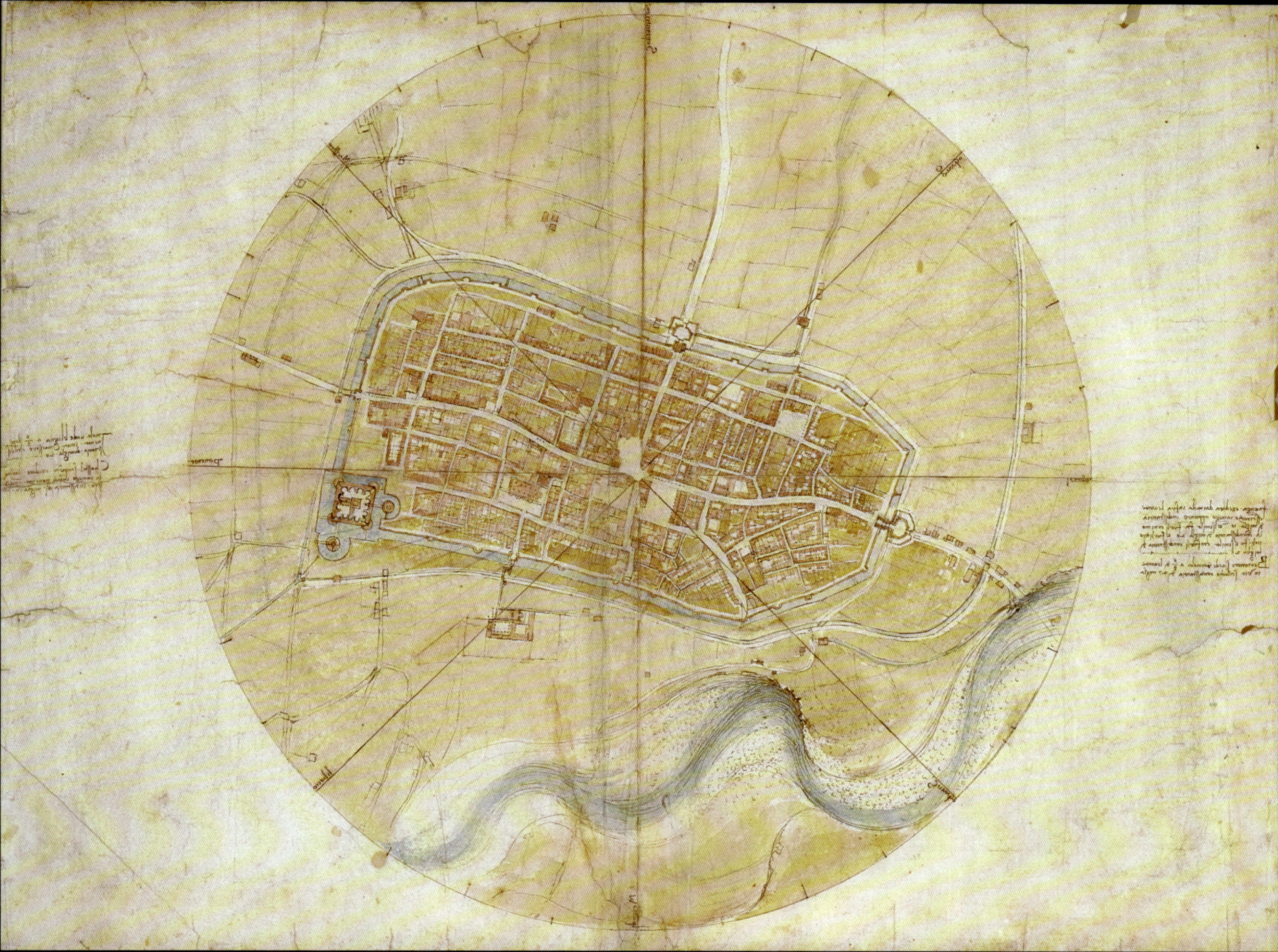

1502 wird Leonardo »General-Architekt und Ingenieur« des Söldnerführers

Zuweilen denkt Leonardo da Vinci im reifen Alter zurück an seine Kindheit in dem kleinen Ort Vinci. Ihm kommt ein Bild in den Sinn, das er für eine Erinnerung hält: Als er noch in der Wiege lag, sei ein Milan herbeigeflogen, habe mit dem Schwanz seinen Mund aufgestoßen und ihm von innen gegen die Lippen geschlagen. Jahrhunderte später wird der Psychoanalytiker Sigmund Freud dies als homosexuelle Fantasie deuten und über die frühkindlichen Prägungen des Meisters spekulieren.

Wahrscheinlicher aber ist, dass Leonardo tatsächlich an Vögel denkt, als er die Geschichte als Erwachsener aufschreibt – und nicht an seine Liebhaber. Die Federtiere bewundert er seit seiner Jugend, denn sie sind frei und sie können fliegen. Er träumt davon, es ihnen gleichzutun.

Und warum auch nicht: Fliegt nicht sogar der doch eigentlich viel zu schwere Adler, scheinbar indem er seine Schwingen gegen die Luft schlägt? Und die Schiffe mit ihrer mächtigen Ladung: Selbst sie kann der Wind über das Meer schieben.

„So kannst du an diesen augenscheinlichen Gründen erkennen", schreibt der allseits Interessierte in seinem Notizbuch einem imaginären Leser, „dass der Mensch mit eigens dafür erdachten großen Flügeln die Luft, indem er ihrem Widerstand Kraft entgegensetzt und ihn so überwindet, unterjochen und sich über sie erheben kann."

Nach dem Vorbild der großen Raubvögel und der Fledermäuse entwirft er biegsame Flügel und empfiehlt als Baumaterial gegerbtes Leder, widerstandsfähige Rohseide und Bambusrohr. Eisen, woran er erst dachte, erscheint ihm nun zu schwer.

Über Jahrzehnte verfeinert er nach und nach seine Pläne. Mal empfiehlt er, der Pilot möge horizontal in der Flugmaschine liegen, dann überlegt er, welche Höhe zum Fliegen die beste wäre – und kommt zu dem Schluss: über den Wolken, damit die Flügel nicht nass und schwer werden.

Besonders reizt ihn, den Künstler, die Vorstellung, wie viel mehr ein fliegender Mensch sehen könnte, welche Gegenden er von oben entdecken würde.

Und irgendwann, warum nicht, könnte man mithilfe der Flugmaschinen im Sommer Schneebrocken aus den Bergen abtransportieren, um sie zum Vergnügen der Leute auf die städtischen Plätze zu bringen.

Denkbar, aber nicht bewiesen, dass Leonardo und seine Freunde auch einmal einen Flugapparat bauen und in der Natur ausprobieren. Das jedenfalls behauptet ein Zeitgenosse, fügt aber hinzu, es habe nicht funktioniert: Leonardo sei eben vor allem „ein hervorragender Maler".

Das Scheitern ist typisch für den Fantasten: Er hat hochfliegende Ideen, doch kaum einer seiner Entwürfe lässt sich umsetzen.

Das merken irgendwann auch die Machthaber jener Zeit, denen sich der Mann aus Vinci unverdrossen als Ingenieur andient. Ludovico Sforza etwa, der raubeinige Herrscher über Mailand, hat kein Interesse, die von Leonardo erdachten Kriegsmaschinen einzusetzen. Dabei sieht sich der Universalkünstler in einem (möglicherweise nie abgeschickten) Bewerbungsschreiben als militärischer Alleskönner.

Unzerstörbare Brücken vermöge er zu bauen, aber auch leicht transportierbare für den Krieg, prahlt Leonardo. Er verstehe sich darauf, belagerten Orten das Wasser abzulassen. Seine Kanonen könnten viele kleine Steine auf einmal in hohem Bogen schleudern; auch andere Wurf- und Schleudermaschinen sowie Katapulte von „wundersamer Wirksamkeit" habe er im Programm.

Schiffe könne er konstruieren, die jedem Bombenhagel widerstünden. Er vermöge auch „unangreifbare" zugedeckte Panzerwagen zu bauen, die „jeden noch so großen Haufen von Bewaffneten zersprengen".

Eine weitere seiner Spezialitäten bestehe im Bauen von Geheimgängen, um den Feind zu überrumpeln. Rezepte für Pulver und Rauch kenne er ebenfalls.

Ach ja – im Übrigen verstehe er sich auch noch darauf, Gemälde und Skulpturen herzustellen. Und nur darauf kommt es Ludovico an, der als Abkömmling einer Söldnerfamilie vom Krieg ohnehin mehr versteht als der Zeichner mit seinen Skizzenblättern. Er beschäftigt Leonardo spätestens ab 1488 regelmäßig, setzt seinen Hofkünstler aber nicht im Feld ein, sondern als Festdekorateur, Porträtist und Denkmalbauer.

Als der Universaldenker nach 17 Jahren Mailand verlässt, macht er auf dem Gebiet der Republik Venedig Halt am Fluss Isonzo, den feindliche türkische Einheiten bereits einmal überschritten haben. Lassen sich dort Wehrwälle errichten? Leonardo beobachtet den Flusslauf und befragt Anwohner nach ihren Erfahrungen mit dem Gewässer. Es stellt sich heraus, dass eine Uferbefes-

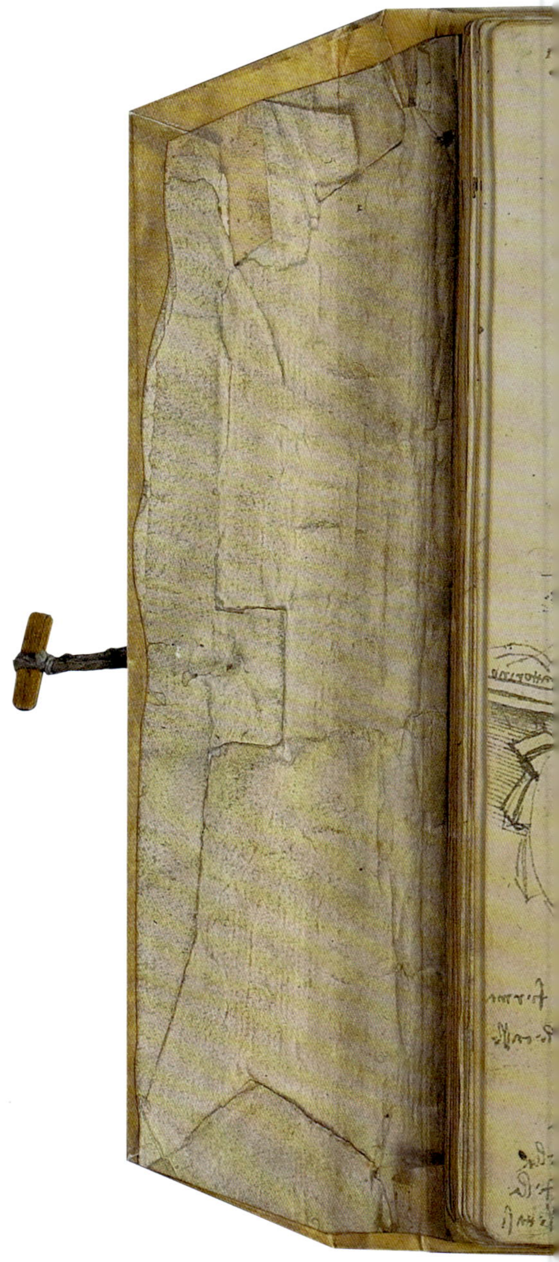

tigung dem Hochwasser nicht standhalten würde. Der Meister denkt über Schleusen nach und plant schon den Transport von Kanonen zum Schutz der Dörfer. In seinen Unterlagen findet sich später die Skizze zu einem Bericht über seine Erkundungen, der an den Senat von Venedig adressiert ist. Sollte das Gremium Leonardos Initiative überhaupt diskutiert haben, so verwirft es offenbar eine Zusammenarbeit.

Um sich endlich doch noch als Meisterkonstrukteur beweisen zu können, wechselt Leonardo wenig später politisch die Seiten: Um 1503 schreibt er dem osmanischen Sultan Bayezid II. einen Brief, den er ins Türkische übersetzen und nach Konstantinopel senden lässt. 230 Meter lang soll eine von ihm vorgeschlagene Brücke über den Bosporus werden und noch einmal 115 Meter über die Erde führen, „wodurch sie sich auf sich selbst stützt".

Der Sultan lässt sich auf das Abenteuer aber nicht ein. Offenbar bleibt Leonardos Bewerbungsschreiben unbeantwortet.

Anders reagiert die Regierung von Florenz: Die Räte dort glauben dem selbst ernannten Ingenieur, als er erklärt, er könne den Arno in ein Sumpfgebiet umleiten, um so dem verfeindeten Pisa das Wasser abzugraben – und so erhält er den Auftrag. Doch am Ende überschwemmt das Wasser unkontrolliert das Hinterland, Bauernhöfe gehen in den Fluten unter, viele Menschen ertrinken. Die Stadtherren sehen ihren Fehler ein und verzichten nun lieber darauf, Leonardo auch noch einen gigantischen Kanal zwischen Florenz und dem Mittelmeer bauen zu lassen.

Der Mann aus Vinci traut sich alles zu – und weiß doch, dass er am Ende an seiner Kunst gemessen werden wird. Also studiert er eifrig, was ihm auf den Gemälden noch einmal nützlich sein kann: Anatomie, Pflanzenkunde, Hydraulik, Mathematik und

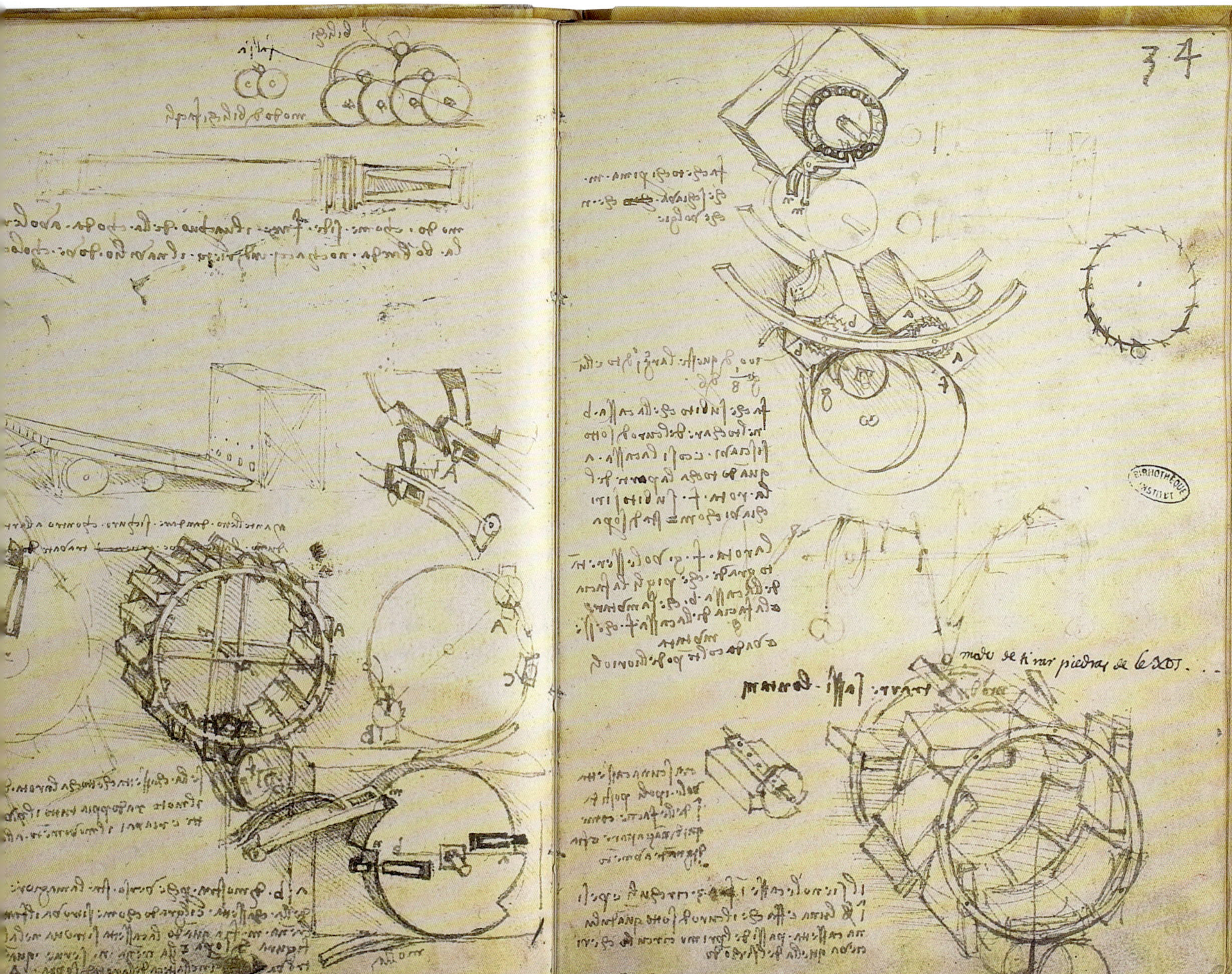

Die Zeichnung **»Geschütz, aktiviert durch einen Wassermechanismus«** ist Bestandteil des ältesten bekannten Notizbuches Leonardos. Darin hält er zwischen 1487 und 1490 seine Ideen fest, wie hier von Waffen, aber auch von Flugmaschinen – und den Plan einer idealen Stadt. Das Holzstückchen links dient zum Verschließen des ledergebundenen Bandes

Geologie. Alles will er verstehen, alles wissen. Latein hat er in der Schule nicht gelernt, später kauft er sich eine lateinische Grammatik zum Nachschlagen. Italienische Bücher aber zieht er vor. Leonardos Bibliothek wächst immer weiter an.

Sein Verhältnis zur Bildung bleibt jedoch ambivalent. Häufig kokettiert er damit, ein *omo sanza lettere* zu sein, ein Mann ohne akademische Kenntnisse. „Aufgeblasen und schwülstig" erscheinen ihm die Bücherkenner, er fühlt sich von ihnen verlacht. Und er verachtet seinerseits diejenigen, die immer nur lesen. Seine Lehrerin, so schreibt er, sei dagegen die „einfache Erfahrung". Als „Erfinder" sieht er sich, der die Welt genau beobachtet und seine eigenen Fragen stellt.

Also geht er hinaus ins Leben – und macht Bekanntschaft mit dem Tod.

In den Anatomieschulen der Ärzte und in Hospitälern schneidet er nachts die noch warmen Leichen von Verbrechern und anderen Verstorbenen auf. Mit Stolz erfüllt es ihn, alle Übelkeit und Panik, die einen dabei überfallen kann, zu überwinden.

Eigentlich passt diese Arbeit nicht zu einem Mann wie Leonardo, der nichts isst, was Blut in sich hat, und seine Kleidung penibel sauber hält. Doch seine Neugier besiegt den Ekel.

Erst arbeitet er nur mit Schädelknochen und sucht in ihnen nach dem Sitz der Seele. Dann zerschneidet er Muskeln, wühlt in Eingeweiden, will Organ um Organ das System Mensch verstehen. Auch Gebärmütter trächtiger Kühe interessieren ihn, aus ihrer Untersuchung zieht er Rückschlüsse auf den menschlichen Fötus.

Nicht immer liegt er richtig, oft mischen sich in seinen Anatomiezeichnungen Halbwissen und Fantasie. Zuweilen hilft ihm der gesunde Menschenverstand weiter – etwa bei der Frage, wer recht hat: jene Forscher, die meinen, allein der männliche Samen forme einen Embryo, oder diejenigen, die von einer Vereinigung männlicher und weiblicher Anteile sprechen. Wahrscheinlich überzeugt ihn schließlich die Beobachtung von Paaren mit unterschiedlicher Hautfarbe und ihrer Kinder, dass Mütter ihren eigenen Anteil am Nachwuchs haben.

In anderen Fällen sitzt er Irrtümern seiner Zeit auf. So fehlen ihm die Beweise dafür, dass Regenwasser und Gletscher Flüsse speisen – und er glaubt, das Wasser werde durch unterirdische Kanäle in der Erde nach oben gepresst.

Das Wasser ist für ihn eine große Urkraft, und die Berichte von der biblischen Sintflut erscheinen ihm so realistisch, dass er fürchtet, sie könne sich wiederholen. In etlichen Sturm- und Hochwasserzeichnungen gibt er diesen Sorgen Ausdruck, ohne sie bannen zu können.

Leonardo da Vinci geht nicht davon aus, dass der Mensch der Natur im Katastrophenfall tatsächlich etwas entgegenzusetzen hätte. Nicht bezwingen will er sie, sondern verstehen.

> Leonardo ist kein TÜFTLER, sondern ein Künstler-Philosoph

Der Mensch ist Teil der Natur, und er ist ein Ebenbild Gottes. Das feiert der Künstler auch in seinen wissenschaftlichen Zeichnungen. Und in der Darstellung von Körpern macht ihm ohnehin so schnell keiner etwas vor – nicht einmal Vitruv.

Der legendäre altrömische Architekturtheoretiker war der Meinung, ein ideal proportionierter Mann passe gleichermaßen in ein Quadrat und einen Kreis. Das mag Leonardo nicht einfach hinnehmen. Lieber vertraut er seinem Auge und seinem Zeichenstift, schließlich hat er für seine Studien schon etliche Männer vermessen und noch mehr betrachtet.

Um 1490, als Leonardo in Mailand lebt, skizziert er einen gut gebauten, nackten Mann. Den Zirkel hat Leonardo, wie von Vitruv vorgegeben, im Bauchnabel seiner Aktfigur angesetzt und einen Kreis gezogen, dessen Rand sie von innen mit Füßen und gereckten Fingerspitzen berührt. Auch ein Quadrat zeichnet der Künstler, wie von Vitruv vorgeschlagen. Doch dessen Mittelpunkt liegt nicht über dem Nabel, sondern knapp über der Scham. Denn nur so, erkennt Leonardo, kann der Mann die Seiten des Quadrats mit im rechten Winkel ausgestreckten Armen ertasten.

Vitruv hat sich geirrt: Die Schönheit des Menschen erschöpft sich nicht in Geometrie. Seine Proportionen sind von Natur aus harmonisch, und er selbst ist das Maß der Dinge – nicht etwa ein Zirkel oder Lineal oder eine andere von außen angelegte Norm.

Am Mailänder Hof hat Leonardo viel Muße, zu lesen und zu zeichnen. Ihn faszinieren Bücher wie das Werk „De machinis" des Ingenieurs Mariano di Jacopo, der um 1453 gestorben ist. Der Mann aus Siena hat Kräne, Zahnradschaltungen und andere Konstruktionen skizziert. Leonardo kopiert sie und verfeinert dabei die Darstellung: Weitaus besser als der Ältere versteht er sich darauf, Objekte so wiederzugeben, dass sie dreidimensional wirken.

Auf dem Papier lässt der Erfinder seiner Fantasie freien Lauf. Er imaginiert eine Art Fallschirm, der ein Strichmännchen aus der Luft sicher nach unten geleitet.

Fliegen soll auch seine riesige, mit Leinwand bespannte Luftschraube aus Holz und Draht, die groß genug für mehrere Passagiere wäre; offenbar glaubt der Freigeist, die sich um sich selbst drehende Schraube könne tatsächlich abheben.

Imposant wirkt auch sein Schaufelradboot mit Pedalen – zumindest auf den ersten Blick. Ein Riemen bringt eine Walze in Bewegung, die mehrere Zahnräder in Gang setzt, bevor schließlich die Schöpfräder das Wasser erfassen.

Wie genau die einzelnen Teile ineinandergreifen und die Kraft übertragen werden kann, das überlegt sich Leonardo allerdings nicht. Stattdessen notiert er an den Rand der Zeichnung die lateinischen Vokabeln, die er nebenher gerade paukt.

Er ist eben kein minutiöser Tüftler, sondern ein Künstler-Philosoph mit dem Blick für das große Ganze. Ihn interessiert, was ein Gerät für die Menschen leisten könnte –

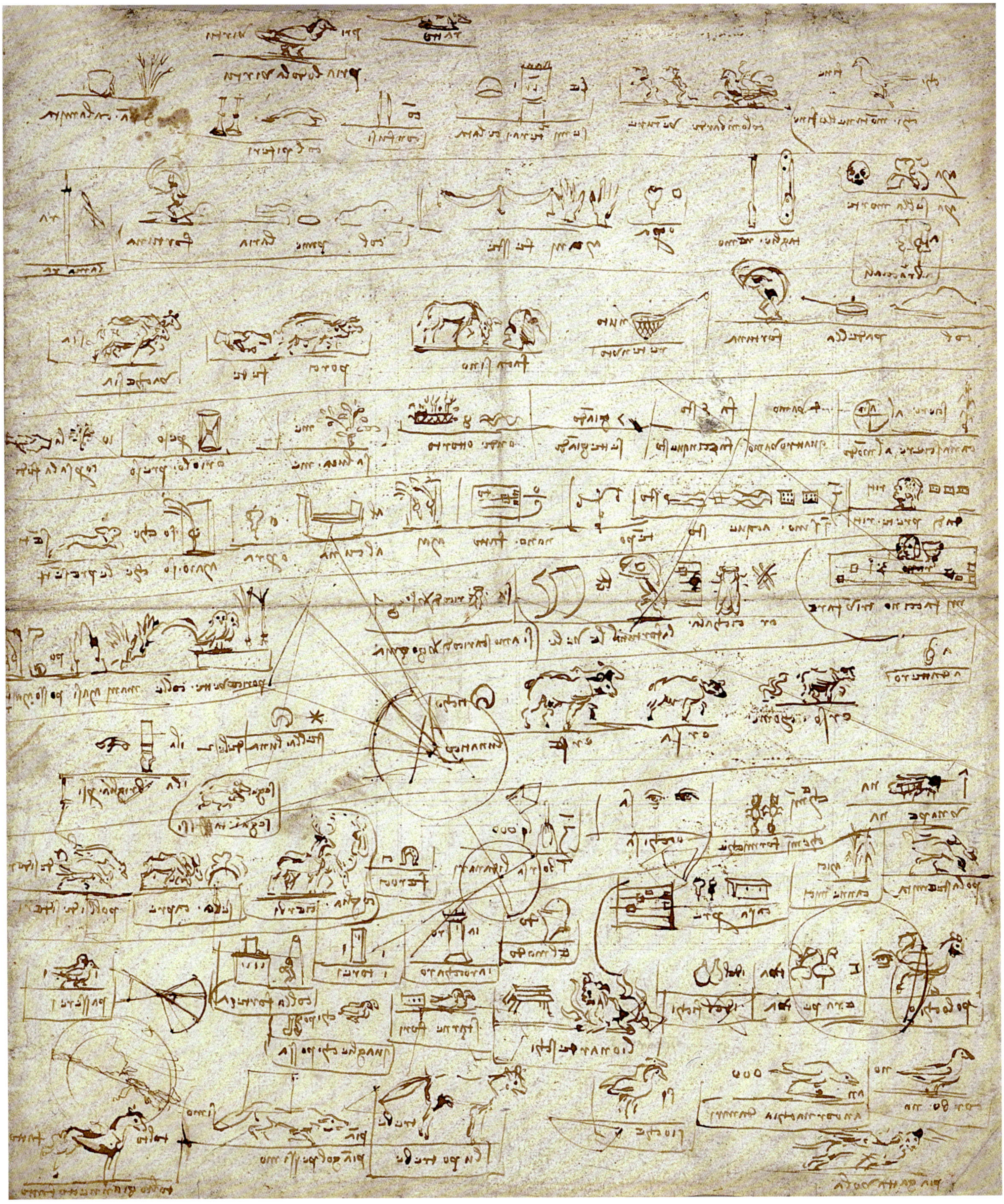

»BILDERRÄTSEL« sind ein beliebter Zeitvertreib in der Renaissance. Hier versucht Leonardo um 1487, Sätze mittels gezeichneter Objekte und Symbole darzustellen. Manchmal verschlüsselt der Künstler, der am Mailänder Hof als höchst amüsanter Unterhalter gilt, auf diese Weise Phrasen aus der populären Liebesdichtung

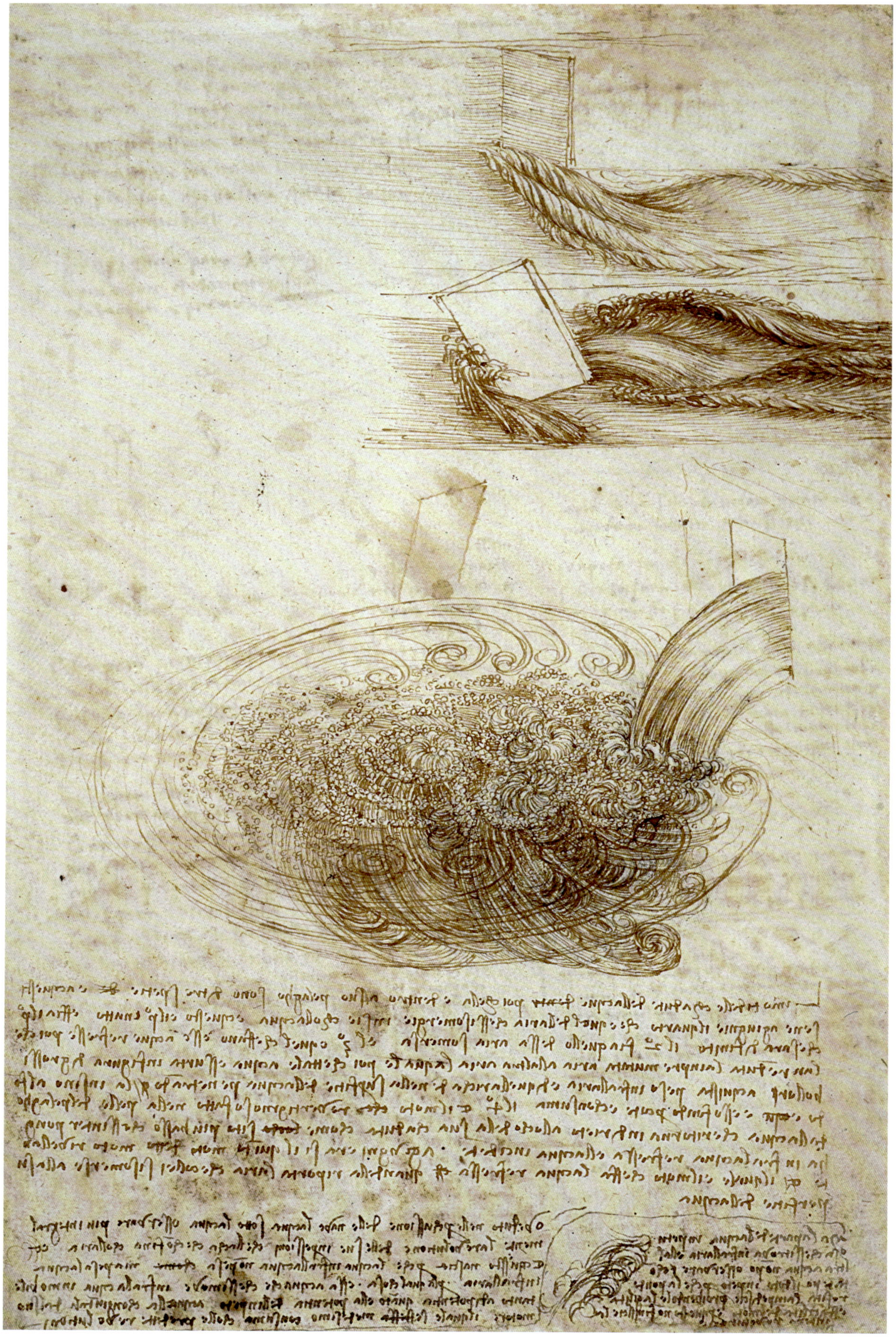

Vom Wasser ist Leonardo höchst fasziniert. Wieder und wieder stellt er dessen Bewegungen dar – sein ganzes Leben lang: Bereits die erste datierbare Zeichnung des jungen Künstlers von 1473 zeigt den Fluss Arno. Und sein **»BLATT MIT STUDIEN VON WASSER«** illustriert rund 40 Jahre später einen von herabströmender Flüssigkeit erzeugten Strudel

weniger, wie es sich im Detail bauen ließe. So wünscht er sich einen Apparat, der spinnen kann, sowie Maschinen für die Herstellung von Seilen und Feilen. Er entwirft eine Bohrmaschine. Und seine Hebevorrichtung soll schwere Glocken emporhieven, eine andere einen Mastbaum aufrichten.

Auch im Kleinen erfreut er sich an Errungenschaften, die das Leben schöner und unbeschwerter machen. Er bewundert jene Schlittschuhe, mit denen die Menschen in Flandern über das Eis gleiten. Tauchgeräte begeistern ihn, Rettungsgürtel für Schiffbrüchige sowie die Druckerpresse, die Johannes Gutenberg einige Jahrzehnte zuvor erfunden hat.

Irgendwann entwirft Leonardo auf dem Papier auch noch einen Bratenwender, bei dem allein die Gluthitze den Bratspieß zum Rotieren bringen soll.

An die Umsetzung all seiner schönen Ideen macht er sich freilich kaum einmal. Denn auf jeden Einfall folgt sogleich der nächste. Da Vincis Kreativität, sein Spieltrieb und seine Neugier sind größer als sein Wunsch, alles selbst zu realisieren.

In praktischen Fragen berät er sich mit seinem Mitarbeiter Tommaso di Giovanni Masini da Peretola. Der gut zehn Jahre jüngere Schmied hilft ihm beim Mahlen der Pigmente und bei der Vorbereitung des Bronzegusses für das (nie vollendete Denkmal) von Ludovico Sforzas Vater zu Pferde.

Und möglicherweise zeigt der Handwerker dem Künstler in seiner Versuchsküche auch jene abenteuerlichen Mischungen, mit denen er experimentiert.

Später beschreibt ein Augenzeuge Tommasos Laboratorium. Dort stehe mitten im Raum „ein großer Tisch voller Töpfe und Flaschen, mit Pasten und Erden und Pech und Zinnober und den Zähnen von Gehenkten und Wurzeln“. Jedes Material verarbeitet der Schmied, alles probiert er aus.

Vermutlich empfiehlt er seinem Chef die Mixtur für „tödlichen Rauch“, das dieser einmal notiert: Schwefel und Arsenik brauche man dafür, schreibt Leonardo, und er kennt das Gegenmittel: Rosenwasser.

Auch für giftige Wurfgeschosse verfasst der Künstler ein Rezept: Man müsse eine Landkröte kochen, ihren Sud mit dem Geifer eines tollwütigen Hundes und einer Tarantel mischen, dann eine Prise Grünspanpulver oder vergifteten Kalk untermischen.

Alchemie und Magie verachtet Leonardo, aber gegen waghalsige Experimente hat er nichts einzuwenden – schließlich liebt er es ja auch in seiner Malerei, immer neue Farb- und Ölmischungen auszuprobieren.

So schichtet er beispielsweise mehrere hauchdünne Lasuren auf seinen Gemälden übereinander und erzielt so den *Sfumato*-Effekt, bei dem die Farben leicht zu verschwimmen scheinen.

Sein Biograf Giorgio Vasari berichtet später, Leonardo habe in Rom einmal für Papst Leo X. arbeiten sollen und als Erstes begonnen, Pflanzen und Öle für den abschließenden Firnis zu destillieren – ehe er überhaupt das Gemälde konzipierte.

Der Heilige Vater sei darüber verärgert gewesen und habe gerufen: „Weh mir! Dieser Mann wird nichts zustande bringen, weil er zuerst an das Ende der Arbeit denkt, bevor er sie überhaupt begonnen hat.“

Vasari behauptet, in dieser Zeit, als Leonardo ab 1513 in einer Villa in Rom lebt, habe der Toskaner mit einem Blasebalg Hammeldärme aufgeblasen, bis die einen Raum komplett ausfüllten und alle Eintretenden nur noch in einer Ecke Platz fanden. Das muss nicht stimmen, es zeigt aber, wie sehr Leonardos Forscherdrang die Zeitgenossen befremdete.

Er ist nun ein Mann von über 60 Jahren, und sein Körper beginnt ihn zu quälen. Ärzten misstraut er. Um gesund zu bleiben, solle man sich von ihnen fernhalten, hat er einmal gesagt. Nun aber muss er sie wohl konsultieren.

Um so wenig wie möglich auf den Rat der Mediziner angewiesen zu sein, überlegt er sich strikte Regeln: Einfache, leichte Mahlzeiten empfiehlt er sich selbst. Wichtig sei es, gut zu kauen. Ärger und schlechte Luft seien schädlich, den Mittagsschlaf gelte es zu meiden. Wein solle man nur mit Wasser trinken und nicht auf leeren Magen. Auch sich nachts gut zuzudecken sei wichtig.

1517 lädt König Franz I. ihn nach Frankreich ein. Neben dem fürstlichen Gehalt reizt wohl Leonardo noch etwas: die Aussicht, für einen finanzstarken Mäzen Großprojekte zu entwickeln.

So macht er sich in Frankreich sogleich an die Planung einer königlichen Residenz. Als Hydrauliker aus Leidenschaft entwirft er zudem auch noch ein komplexes Kanalsystem für den nahe gelegenen Ort.

Das Wasser soll Mühlen antreiben und, sobald die von Leonardo miterdachten Schleusen geöffnet werden, die Straßen fluten, um sie von Kot und Unrat zu reinigen. Realisiert wird davon wie immer: nichts.

Stattdessen setzt Franz I. seinen Hofkünstler als Dekorateur für Feste ein. An einem Abend im Juni 1518 darf Leonardo, wie früher schon einmal in Mailand für Ludovico Sforza, ein „Paradies“ errichten: Auf einer Bühne erhebt sich ein glänzendes Firmament mit Sternen aus Gold. 400 Fackeln erleuchten Sonne und Mond, die Planeten und die Tierkreiszeichen. Leonardo, der Bilderzauberer, hat die Nacht zum Tag gemacht und den Himmel auf Erden geholt.

Bald aber geht es ihm immer schlechter. Selbst seine gesunde Lebensart, das gute Essen und die warmen Decken in der Nacht helfen ihm nicht mehr. Er muss spüren, dass es dem Ende zugeht, denn im Frühjahr 1519 verfasst er sein Testament.

Als er am 2. Mai 1519 im Sterben liegt, da muss er sich wohl eingestehen, dass er den Kosmos nicht mehr erkunden wird, die letzten Geheimnisse der Anatomie und Erdgeschichte nicht lüften, weder das Flugzeug noch das Automobil erfinden wird.

Den Wunsch aber, alles zu wissen und zu erfahren, auch wenn es den eigenen Annahmen widerspricht, den hinterlässt er seinen Nachgeborenen. Und auch der Welt.

Auf dem Papier lässt er seiner FANTASIE freien Lauf

Leonardo SUPERSTAR

500 Jahre nach seinem Tod ist der Mann aus Vinci berühmter als jeder andere Künstler der Geschichte. Doch vieles an ihm ist weiterhin rätselhaft, der Verbleib von etlichen seiner Werke mysteriös. Umso größer ist die Aufregung auf dem Kunstmarkt, wenn ein angebliches Original auftaucht

TEXT: KIA VAHLAND

Der große K ist da. Sir Kenneth Clark. Der Mann, der Leonardo so gut kennt wie kein anderer seiner Zeit. Schon um 1930 ordnete er die Zeichnungen Leonardos im Besitz der britischen Königsfamilie. So überzeugend war sein Katalog, dass der Kunsthistoriker zum Direktor der National Gallery in London befördert wurde. Es genügt in der Kunstszene seither, von K zu sprechen, und jeder weiß, wer gemeint ist.

Man könne, so heißt es, ihm irgendeine Zeichnung, irgendein ein Gemälde der Leonardo-Zeit vor Augen halten, und er wisse sofort, um was es sich handelt. Seine Intuition und seine Expertise sind weit bekannt.

Nun, am 25. Juni 1958, erkennen ihn die Mitarbeiter des Auktionshauses Sotheby's wohl sofort, als er das Haus in London betritt. Der Kunsthistoriker will die Versteigerung einer privaten Sammlung verfolgen und vielleicht etwas erwerben.

Irgendwann wird Los 40 aufgerufen. Auf der Staffelei steht ein schlecht erhaltenes Gemälde mit einem Christus in Nahansicht. Es soll von dem Leonardo-Schüler Giovanni Antonio Boltraffio stammen oder, wie manche sagen, von einem von dessen Nachfolgern. Für so etwas hebt ein Sir Kenneth Clark seine Hand nicht. Auch die auf Renaissancekunst spezialisierten Händler im Saal sitzen reglos auf ihren Stühlen. So erhält der Möbelhändler Warren E. Kuntz den Zuschlag. Für nun 45 Pfund erwirbt er den „Salvator Mundi", den „Christus als Weltenretter". Religion ist Kuntz wichtig, er will das Bild für seine persönliche Andacht.

Dieser Christus ist ein gepflegter, lang gelockter Mann, wie es etliche gibt in der Leonardo-Schule. Er schaut den Betrachter an und segnet ihn mit seiner Rechten. In der anderen Hand trägt er eine schimmernde Glaskugel als Symbol der Welt.

Weder Clark noch Kuntz noch irgendjemand sonst ahnt, das sich die kleine Holztafel zu einer der größten Sensationen in der Geschichte des Kunstmarkts entwickeln wird. Fast 60 Jahre später, am 15. November 2017, fällt im New Yorker Saal von Sotheby's Erzrivalen Christie's der Hammer bei 400 Millionen Dollar. Solch einen Preis hat noch kein Bild auf einer Auktion erzielt.

Der „Salvator Mundi" ist nun das teuerste Gemälde der Welt.

Denn das Bild, so glaubt man jetzt, stammt von Leonardo persönlich.

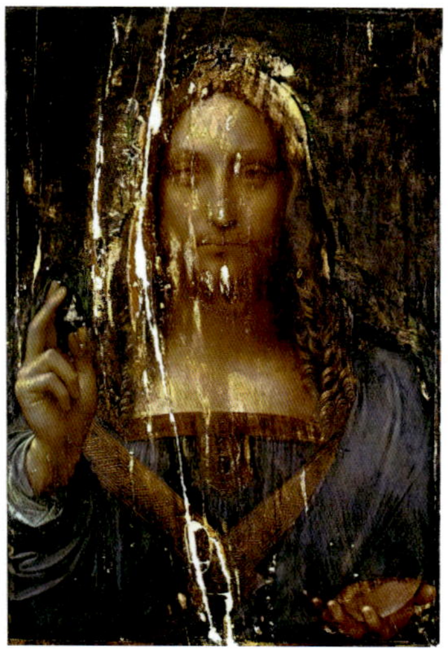

Im Jahr 2017 ist der »Salvator Mundi« (»Retter der Welt«) für insgesamt 450 Millionen Dollar versteigert worden. Doch das vermeintliche Leonardo-Original hatte vor seiner Restaurierung massive Schäden (oben)

500 Jahre nach seinem Tod ist der Mann aus Vinci der Inbegriff des Genies. Kein Maler ist so bekannt wie er, kein Kunstwerk so berühmt wie seine „Mona Lisa".

Der Mann, von dem höchstens 15 Gemälde überliefert sind, steht für Erfindergeist, für einen unerschöpflichen Ideenreichtum, für eine so eindringliche Kunst, wie sie kaum je wieder geschaffen wurde.

Und weil seine Werke derart rar sind, steht er nun auch für das große Geld.

Ob Leonardo sich je vorgestellt hat, eines Tages zur Trophäe der Superreichen zu werden? Wohl kaum. An seinem Nachruhm aber war er höchst interessiert. Die Personen, die ein Maler zeigt, würden alle sterben, sagt er einmal, seine Bilder aber blieben in der Welt. Die Menschen noch Jahrhunderte später zu beeindrucken: Das ist eine Aussicht, die ihn lockt.

Sein Liebhaber Salaì mag aus Eigennutz handeln, als er Leonardos Gemälde kurz vor oder nach dem Tod des Meisters am 2. Mai 1519 dem französischen König Franz I. zuschanzt. Doch er sorgt so dafür, dass bedeutende Gemälde, darunter die „Mona Lisa", die „Anna selbdritt" und „Johannes der Täufer", in gute Hände kommen. Sie werden nie verloren gehen und schließlich im französischen Staatsbesitz landen.

Und Leonardos Sekretär Francesco Melzi sortiert alle Schriften des Meisters zur Kunsttheorie. Abschriften der Texte zirkulieren schon bald unter Künstlern; 1651 wird sein „Traktat von der Malerei" auf Französisch und Italienisch gedruckt und erscheint bald in zahlreichen Auflagen.

Nach der Französischen Revolution, im Zeitalter der Naturwissenschaften, beginnen Gelehrte, sich auch für Leonardos andere Forschungen zu interessieren. Und im späten 19. Jahrhundert wird Leonardo als technischer Erfinder wiederentdeckt.

Zu diesem Zeitpunkt verehren Besucher seine Gemälde bereits. Johann Wolfgang von Goethe hat 1818 in einem euphorischen Essay das Mailänder „Abendmahl" nördlich der Alpen bekannt gemacht.

Andere Publizisten bekommen es vor Leonardos Kunst mit der Angst zu tun. „Wie ein Schuljunge vor einer Herzogin" fühlt sich der Autor Théophile Gautier 1858 vor der „Mona Lisa" im Louvre. Sein Kollege Walter Pater nennt die Porträtierte einen „Vampir", der um die „Geheimnisse des Grabes" wisse.

Leonardo wollte auch seinen femininen Gestalten eine Seele und einen eigenen Willen geben – im Zeitalter der anbrechenden Frauenemanzipation wirkt das auf manche männliche Betrachter offenbar eher erschreckend als einladend.

In jedem Fall weckt die „Mona Lisa" starke Gefühle, und das macht sie bald zum Bild der Bilder. 1911 ist sie so berühmt, dass es sich lohnen könnte, sie zu rauben. Der italienische Anstreicher Vincenzo Perugia versteckt sich am 20. August in einem Wandschrank des Louvre und lässt sich über Nacht einsperren. Der nächste Tag ist ein Montag, da ist das Museum geschlossen.

Perugia wartet, bis der Putztrupp seine Arbeit getan hat, klettert aus dem Schrank und hängt die „Mona Lisa" ab. Ein Klempner hilft ihm, das Gebäude zu verlassen.

Die Öffentlichkeit ist schockiert, der Raub macht monatelang Schlagzeilen. Von dem Gemälde fehlt jede Spur, die Ermittlungen laufen ins Leere. Selbst Pablo Picasso wird vorübergehend als Hintermann verdächtigt. Ein Betrüger kontaktiert heimlich reiche Sammler, behauptet, er besitze das Original – und verkauft ihnen Kopien.

Nach zwei Jahren bietet Perugia den Uffizien in Florenz das Gemälde zum Kauf an. Er wird gefasst und versucht es nun mit einem Appell an den italienischen Nationalstolz: Er habe das Bild der Lisa del Giocondo in ihre Heimat zurückgebracht. Ins Gefängnis muss er trotzdem. „Mona Lisa" aber darf durch italienische Museen reisen, bevor sie in den Louvre zurückkehrt.

Jetzt kennen auch Menschen, die noch nie ein Museum betreten haben, das Gemälde und seinen Schöpfer.

So viel Erfolg reizt zum Widerspruch. Im Jahr 1919 nimmt der Künstler Marcel Duchamp eine Postkarte des Bildes, zeichnet der Frau mit einem Bleistift einen Bart an und versieht das Stück mit einer Buchstabenfolge, deren französische Aussprache den Satz „Ihr ist es warm am Arsch" ergibt.

Der Spott verschwindet im Laufe des 20. Jahrhunderts, übrig bleibt nur Hochachtung, ja Verehrung. Andy Warhol erzählt von der Wirkmacht Mona Lisas, als er die Figur 1963 auf seinen Siebdrucken in Serie abbildet. Und als in den 1990er Jahren die Computertechnik das Leben von immer mehr Menschen im Westen zu verändern beginnt, erscheint Leonardo manchem als technischer Visionär.

1994 erwirbt der Software-Pionier Bill Gates eine wichtige Handschrift des Meisters, den „Codex Leicester"; dass Leonardo mit den meisten seiner Erfindungen gescheitert ist, interessiert nun nicht mehr.

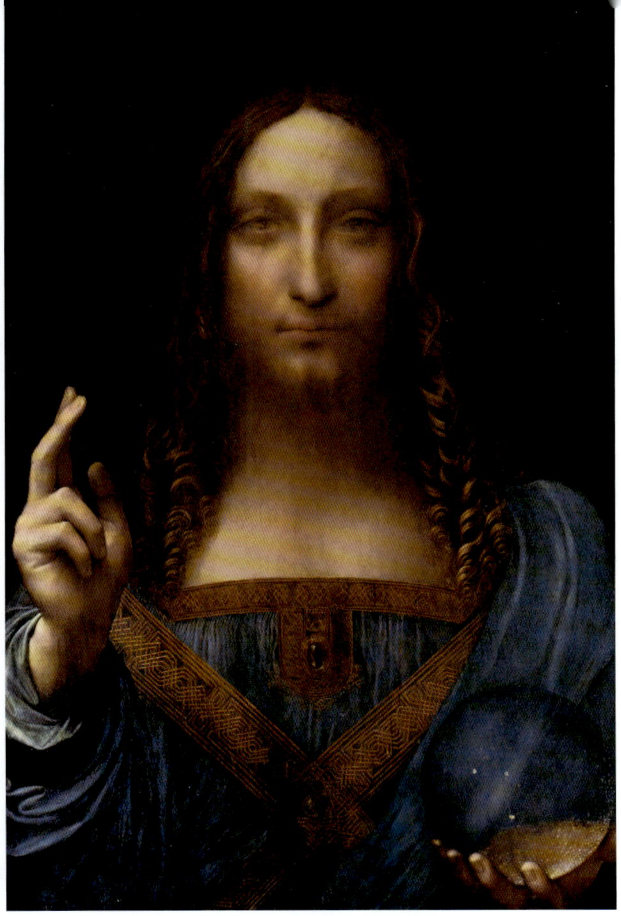

Der »Salvator Mundi« nach der mehrjährigen Restaurierung: Vieles deutet darauf hin, dass das Gemälde kein Leonardo-Original ist, sondern von einem Schüler des Meisters stammt

Der November 2011 ist so dunkel, feucht und unwirtlich wie so ziemlich jeder November in London. Trotzdem stehen Tag um Tag Menschen auf dem Trafalgar Square und warten stundenlang; manche übernachten in Schlafsäcken auf dem Platz: Die National Gallery hat gerade eine der seltenen Ausstellungen mit Kunstwerken Leonardo da Vincis eröffnet.

Zu bewundern sind unter anderem beide Versionen seiner „Felsgrottenmadonna", die „Belle Ferronière" und der „Heilige Hieronymus". Wer schließlich ein Ticket für die Schau ergattert hat, sieht auf einen Schlag mehr Gemälde und Zeichnungen Leonardos, als der Meister selbst je gleichzeitig in seiner Werkstatt versammelt hat.

Bei einem Bild aber ist fraglich, ob Leonardo es überhaupt kannte: Zwischen den Originalen des Meisters wendet sich der „Salvator Mundi" dem Publikum zu, segnet mit der Rechten die Betrachter, zeigt ihnen seine Glaskugel mit der Linken. Apart fallen die Ringellocken über die Schultern. Sein Blick erscheint benommen.

Zum ersten Mal kann eine große Öffentlichkeit die Holztafel in Augenschein nehmen. Nach dem Möbelhändler Kuntz und seiner Gattin ist 2004 auch ihr Neffe verstorben. Dessen Erben fanden offenbar kein renommiertes Auktionshaus, und so ist der „Salvator" im April 2005 bei einer wenig bekannten Galerie in New Orleans unter den Hammer gekommen.

Dort hat ihn der New Yorker Kunsthändler Robert Simon erstanden, auf gut Glück. Der begeisterungsfähige Mann träumt von einer Entdeckung. In der Hoffnung auf einen großen Fund lässt er das stark beschädigte Werk untersuchen und reparieren.

Die Restauratorin entdeckt auf dem Gemälde eine Unterzeichnung mit einer leicht anderen Fingerstellung: Der Künstler hat die Segenshand korrigiert. Offenbar war er beim Malen noch auf der Suche nach der richtigen Form, statt eine andere Arbeit zu kopieren. Restauratorin und Händler glauben nun, ein Original vor sich zu haben. Und dessen Schöpfer sei: Leonardo da Vinci.

2008 gelingt es Robert Simon, einige der renommiertesten Leonardo-Forscher in der Londoner National Gallery um das Gemälde zu versammeln. Es erscheint der britische Kunsthistoriker Martin Kemp, ein kulti-

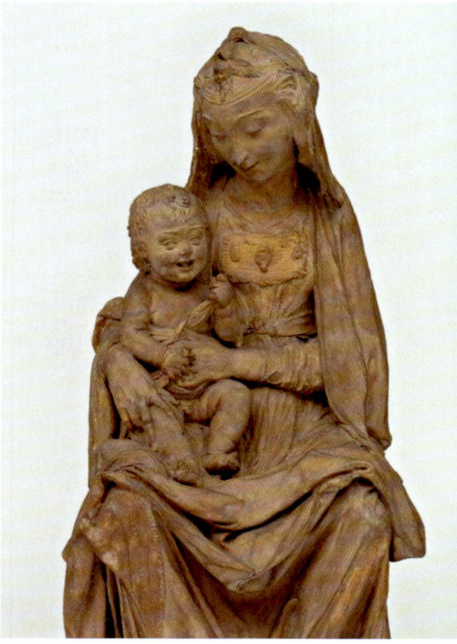

»Jungfrau mit dem lachenden Kind«. 2019 wird die Tonskulptur als ein Jugendwerk Leonardos präsentiert; tatsächlich ist sie aber wohl eine Arbeit aus der Werkstatt seines Lehrers Verrocchio

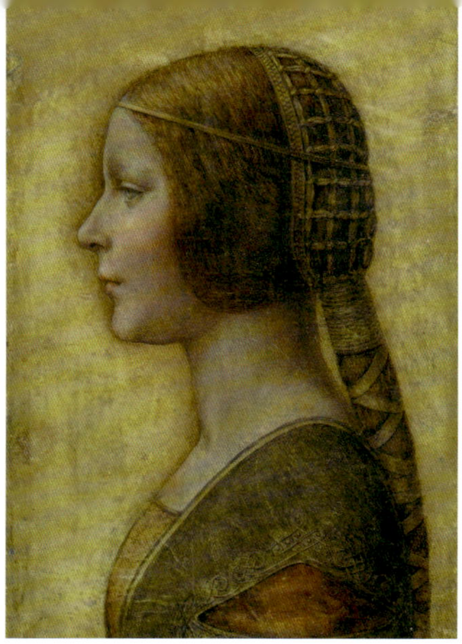

In der »Bella Principessa« soll Leonardo Bianca Sforza porträtiert haben, die Tochter des Herzogs von Mailand. Allerdings glaubt kaum ein Experte, dass der Mann aus Vinci der Künstler war

vierter, hagerer Mann, der in seiner extravaganten Eleganz seinem Idol Leonardo da Vinci nicht nachsteht. In Augen vieler Briten führt er das Werk Kenneth Clarks fort, des großen K. Sein Wort ist auf dem Kunstmarkt viele Millionen Dollar wert, und es zählt auch in der Welt der Museen.

Kemp erklärt später, er habe sofort die Aura des Gemäldes gespürt, als er das Labor in der National Gallery betrat. Viele Kopien und Varianten nach Leonardos Werken habe er in seinem Leben gesehen – „dies aber war etwas anderes".

Aus dem Gefühl wird ein Urteil: Kemp und einige Kollegen erkennen das Werk als Original Leonardos an.

Die Fürsprecher glauben, so wie sich der Künstler in der „Mona Lisa" der irdischen Natur zugewandt habe, so habe er sich im „Salvator Mundi" dem Kosmos gewidmet, den die Glaskugel in der Hand symbolisiert.

Dieser Argumentation folgt die National Gallery. Als Schöpfer des Gemäldes nennt sie im November 2011 auf einer Tafel im Ausstellungssaal neben dem matt blickenden Christus: „Leonardo da Vinci".

Die Zuschreibung macht Furore – und stößt sofort auf Widerstand. Andere Experten erklären, das Bild sei höchstens eine Arbeit aus Leonardos Werkstatt. Die Berliner Gemäldegalerie lässt durchblicken, sie habe abgelehnt, das Werk zu kaufen – nicht nur wegen des horrenden Preises, den das Händlerkonsortium forderte, sondern vor allem, weil das massiv beschädigte Bild eine „Ruine" sei, zu schlecht erhalten, um ein Urteil zu fällen. Auch andere Museen winken ab, als ihnen der „Salvator" nun für dreistellige Millionenbeträge angeboten wird.

Museumsdirektoren kennen das: Erst erhalten sie Fotos von einem angeblich verkannten Werk eines Meisters zugeschickt, von Leonardo, Michelangelo oder Caravaggio, dann versucht der Anbieter, sie davon zu überzeugen, das Gemälde vor Ort zu betrachten. Und schließlich zu kaufen.

Oft ist es zu dem Zeitpunkt schon von einer Restaurierungswerkstatt aufbereitet worden, zumeist in einer der weniger guten. Wenn sich indessen bereits ein bekannter Kunsthistoriker gefunden hat, der die Zuschreibung stützt, dann feiern Medien weltweit die vermeintliche Entdeckung.

Der allgemeine Enthusiasmus kann Museumskustoden in Versuchung führen, selber als Entdecker in die Kunstgeschichte einzugehen. Zumeist fehlen eindeutige Beweise; wer was gemalt hat, ist dann oft eine Frage der Wahrscheinlichkeiten.

Also müssen die Experten genau hinschauen, Quellen prüfen und fragen: Passt ein Werk zum Stil des Meisters? Lassen sich Lücken in der Herkunftsgeschichte erklären? Und wie schlüssig wirken Befunde der Experten sowie Röntgen- und Infrarotaufnahmen, Pigmentproben, Holzanalysen?

Technische Untersuchungen können klären, welche Untermalungen es gibt und wie alt das Holz ist. Sie geben Auskunft, ob zwei Tafeln vom gleichen Baum stammen und ob eine Pigmentmischung, eine Art des Farbauftrags auch auf anderen Bildern des Malers vorkommen. *Wer genau* aber in der Werkstatt einst den Pinsel geführt hat, das wissen auch Gemäldetechniker nicht.

Wenn ein Röntgenbild wie beim „Salvator" zeigt, dass der Maler sich korrigiert hat, so kann das bedeuten: Hier hat der Künstler seine Komposition erst an der Staffelei entwickelt und sie nicht bei einem Kollegen abgemalt. Es kann sich aber auch schlicht um einen Nachfolger handeln, der sich beim Malen vertan hat.

Selbst wenn das Alter eines Bildes mit den Lebensdaten des Künstlers übereinstimmt und auch sein Stil dem des Meisters entspricht, sind neue Zuschreibungen oft nicht zu halten, auch dann nicht, wenn der eine oder andere Kenner sie verteidigt. Denn häufig handelt es sich um Bilder, die Zeitgenossen des Künstlers angefertigt haben, um von der Malweise ihres Vorbildes zu lernen. Daher ähneln sie vage Werken des Meisters.

Kaum etwas erinnert beispielsweise bei der „Bella principessa" an Leonardos Können, einem im Profil gemalten Porträt auf Pergament, das Bianca Sforza zeigen soll, die uneheliche Tochter des Mailänder Herrschers. Und doch hält Martin Kemp, der von der malerischen Qualität überzeugt ist, da Vinci für den Schöpfer des Werkes.

Andere erkennen dagegen die Hand eines Künstlers aus dem 19. Jahrhundert. Leonardo pflegte nicht auf Pergament zu arbeiten, seine Figuren sind nie so süßlich wie diese Frau, und vor allem hat er in seinen Darstellungen junger Frauen schon früh mit der damals in Florenz üblichen Profilansicht von Mädchen gebrochen.

Kemp bleibt daher fast allein mit seiner Einschätzung der Prinzessin. Kein Museum will sie dauerhaft zeigen.

Der „Salvator Mundi" hingegen beginnt mit dem Zuspruch des Briten nun eine große Karriere. Die Schau in der National Gallery verhilft dem Werk zum Durchbruch auf dem Kunstmarkt.

In einem von Sotheby's vermittelten Privatkauf im März 2014 ersteht ein Kunstmakler die Tafel für vermutlich 75 bis 80 Millionen Dollar. Er gibt das Bild binnen weniger Tage für 127,5 Millionen Dollar an einen russischen Oligarchen weiter. Der fühlt sich betrogen, als er von der Preisdifferenz erfährt, es kommt zum Rechtsstreit, am Ende liegt das Gemälde bei Christie's.

Dort ahnen die Auktionatoren: Da geht noch mehr. Eine Ware, deren Preis innerhalb kürzester Zeit von 80 auf 127,5 Millionen Dollar klettert, hat ihr Potenzial noch nicht ausgeschöpft. Sie bieten das Gemälde nicht neben anderen Altmeistergemälden, sondern auf einer Auktion für Gegenwartskunst an. Die wird von Milliardären besucht, die sich nur bedingt dafür interessieren, wie viel Farbsubstanz eines Gemäldes nicht aus der Renaissance, sondern von einer Restauratorin stammt.

Am 15. November 2017, dem Tag der Versteigerung, stehen hinter einer dunkel vertäfelten Brüstung Mitarbeiter von Christie's. Wer von außerhalb bieten will, wird telefonisch durchgestellt. Ihre Gesichter sind konzentriert, als „Lot 9 B" aufgerufen wird – der „Salvator Mundi".

Das Anfangsgebot liegt bei 70 Millionen Dollar. Dann geht es schnell. 353 Millionen Dollar, 370 Millionen. Nach 19 Minuten fällt der Hammer bei 400 Millionen Dollar, mit Gebühren macht das 450,3 Millionen Dollar für den Käufer. Das Gemälde hat alle Auktionsrekorde gebrochen.

Das Bild, für das der Leonardo-Kenner Kenneth Clark rund 60 Jahre zuvor nicht einmal 45 Pfund ausgeben mochte, gilt nun als männliche Mona Lisa. So jedenfalls müssen es der Käufer aus dem arabischen Raum und sein Unterbieter an diesem Tag sehen. Das Werk soll im Louvre Abu Dhabi ausgestellt werden, einem neuen Museum am Persischen Golf, und vom Glanz und der Finanzkraft der Emirate künden.

Doch so schnell kommt der „Salvator Mundi" nicht in Abu Dhabi an. Offenbar wird der Christus mit der Glaskugel in der Schweiz zwischengelagert. Und die Diskussion darüber, was an diesem Bild überhaupt echt ist, intensiviert sich noch.

Die Restauratorin muss sich vorwerfen lassen, dass vieles, was in dem Bild an Leonardos weichen Stil erinnert, aus ihrer Hand stammt. Das Wenige, was an alter Farbe erhalten ist, hätte auch ein Werkstattmitarbeiter des Meisters aufgetragen haben können. Vielleicht hat der Maler auf den heute verlorenen Farbpartien einige Pinselstriche hinzugefügt, doch das bleibt reine Spekulation.

Zudem erwähnt keine Quelle aus der Renaissance ein Salvator-Gemälde Leonardos – und das, obwohl der Künstler ab dem Jahr 1500 von Zeitgenossen genau beobachtet wurde, die damals schon klagten, trotz seines immensen Talents male er so wenig.

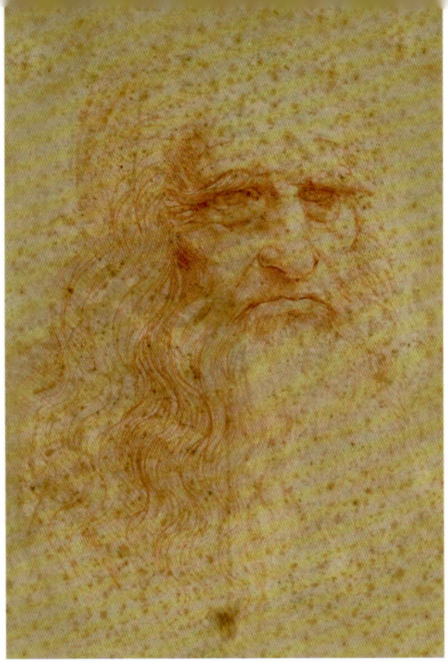

Neue Forschungen haben erwiesen, dass das vermeintliche »Selbstporträt« nicht Leonardo zeigt. Viele Wissenschaftler glauben überdies, dass es auch gar nicht von ihm gezeichnet worden ist

Bekannt ist das Motiv des Weltenretters hingegen aus dem Kreis der Schüler und Nachfolger Leonardos: Sie malten solche Christusfiguren immer wieder.

Was der Meister aus Vinci dagegen geschaffen hat, das geht weit über den „Salvator Mundi" hinaus. Seine so klugen wie zugewandten Figuren sind weitaus dynamischer als der frontal abgebildete Salvator-Christus mit den versteinerten Zügen.

Junge Frauen wie Cecilia Gallerani, die Belle Ferronière oder die Mona Lisa nehmen Kontakt auf zum Betrachter, locken ihn an, hören ihm zu, versprechen eine Gemeinsamkeit auf Augenhöhe. Und die Jünger des Abendmahls diskutieren miteinander, statt auf Ansagen von Jesus zu warten.

Ein herrischer Segensgestus ist Leonardos Sache gerade nicht. Seine Religiosität ist nicht autoritär, sie lebt vom Respekt vor der Schöpfung in all ihren Spielarten.

Nun, im Frühjahr 2019, dem Jahr der 500. Wiederkehr seines Todestages, wird Leonardo auch politisch zum Streitfall. Italien und Frankreich zanken längere Zeit darüber, zu wem der Künstler gehört.

Italiens Regierung droht vorübergehend, bereits zugesagte Leihgaben für eine große Leonardo-Schau im Louvre zurückzuhalten, da der Künstler ja Italiener gewesen sei und sein 500. Todesjahr daher eine nationale Angelegenheit. Das Museum in Paris aber besitzt die wichtigsten Leonardo-Gemälde – denn der Meister ist einst ja ausgewandert und in Frankreich gestorben.

Und wieder taucht ein vermeintliches Leonardo-Werk auf. Als im März 2019 in Florenz eine Ausstellung über seinen Lehrer Andrea del Verrocchio eröffnet wird,

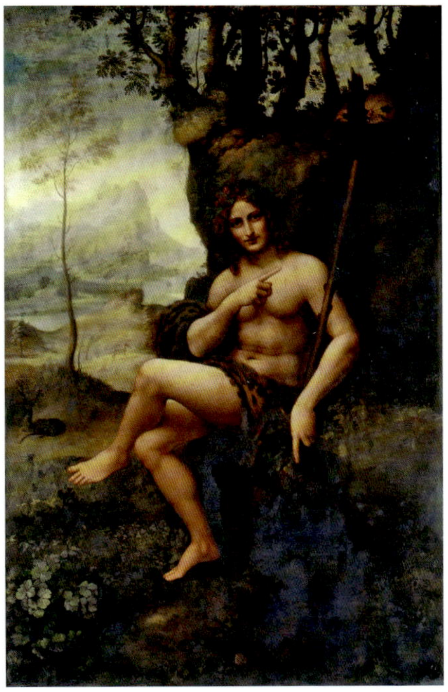

Nur der Entwurf ist von Leonardo, vollendet hat diesen »Johannes der Täufer« wohl ein Schüler des Meisters. Im 17. Jahrhundert wird es so umgemalt, dass es nun Bacchus zeigt, den antiken Gott des Weines

präsentieren die Kuratoren eine Madonnenskulptur aus Ton als ein noch nicht bekanntes Jugendwerk Leonardos. Das Lächeln der Maria erinnert sie an dessen Frauenbilder, auch das lebendig modulierte Kind scheint ihnen mit den Jesusknaben des Mannes aus Vinci verwandt.

Nur: Wie lässt sich das beweisen, wenn doch aus seiner Hand keine einzige Skulptur zum Vergleich überliefert ist?

Naheliegender ist, dass Leonardo Impulse aus der Werkstatt Verrocchios in seiner Malerei aufgegriffen (und seinerseits die Arbeiten der Kollegen beeinflusst) hat.

Daher wird es immer Arbeiten aus der Renaissance geben, die denen des Meisters ähneln, aber nicht seine eigenen sind. Er war kein Solitär, kein einsames Genie, sondern ein sensibler, nachdenklicher und aufmerksamer Mann, der ebenso wie seine Gestalten vom Austausch mit anderen lebte.

Verliebt machen wollte er die Betrachter in seine schönen Figuren. Das ist ihm bis heute gelungen. Denn mit ihrer besonderen Freiheit der Bewegung, des Gemüts und der Gedanken zeigen der Nachwelt, wie es sich im Einklang mit der Natur und den Menschen leben lässt. Und das, was sie vermitteln, ist unbezahlbar. ●

LEONARDO DA VINCI und seine Zeit

Die Lebenszeit des Universalgenies fällt in eine der kreativsten Epochen der Kunstgeschichte: die Renaissance. Das berühmteste Werk dieser Ära ist ein Gemälde Leonardos – die »Mona Lisa«, die in den Jahrhunderten seither immer wieder andere Maler zu Neuinterpretationen und Parodien inspiriert hat

UM 1430–1525
Die Zeit der Hochrenaissance. Neben Florenz, das von reichen Mäzenen wie der Bankiersfamilie Medici geprägt wird, ist Rom das Zentrum der neuen Kunst: Nach der Rückkehr des Heiligen Stuhls aus dem avignonesischen Exil wird die Stadt vor allem im Auftrag der Päpste Nikolaus V., Sixtus IV., Julius II. und Leo X. von den bedeutendsten Künstlern der Zeit zum neuen *Caput mundi* ausgebaut, zum Haupt der Welt.

1445
In Florenz kommt der Maler Sandro Botticelli zur Welt. Nach Lehrjahren bei Andrea del Verrocchio (um 1435–1488) und Fra Filippo Lippi (1406–1469) eröffnet er um 1470 seine Künstlerwerkstatt, zu deren wichtigsten Auftraggebern die Medici gehören. Botticelli malt nicht nur Bilder mit mythologischen („Die Geburt der Venus“, um 1485) oder religiösen Motiven („Madonna mit dem Granatapfel“, 1486/87), sondern illustriert auch Dantes „Göttliche Komödie“ (nach 1480).

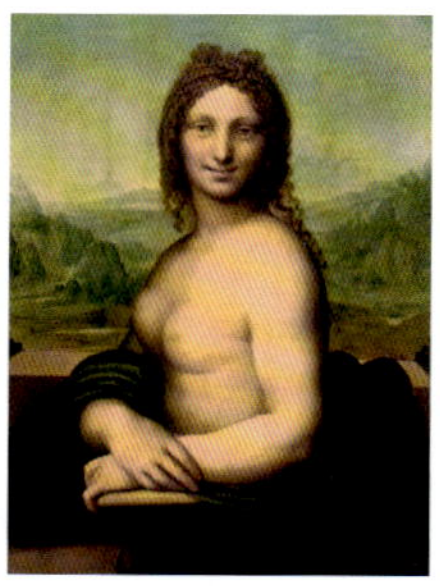

Leonardos Geliebter Salaì malt vermutlich diese **NACKTE MONA LISA** *um 1515* – noch zu Lebzeiten des Meisters

UM 1445
Nach dem Vorbild antiker Künstler erschafft der Florentiner Bildhauer Donatello (um 1386–1466) die erste frei stehende Aktskulptur seit dem Altertum. Donatello, der in jungen Jahren Rom besucht und die Überreste antiker Skulpturen studiert hat, zeigt den biblischen König David nicht als Triumphator, sondern als verspielten Jüngling.

1447
Nachdem Herzog Filippo Maria Visconti von Mailand ohne männlichen Erben gestorben ist, rufen Patrizier der Stadt die „Ambrosianische Republik“ aus (benannt nach dem Stadtheiligen und Kirchenvater Ambrosius). Als die Republik durch Venedig bedroht wird, erklären die Bürger Francesco Sforza (1401–1466) zum Heerführer. Nach seinem Sieg über den Feind proklamiert sich Francesco zum neuen Herrscher von Mailand und begründet eine mächtige, wenn auch kurzlebige Dynastie.

1452
Am 15. April wird in dem Ort Vinci nahe Florenz dem etwa 25-jährigen Notar Piero da Vinci und der mutmaßlichen Magd Caterina ein unehelicher Sohn geboren. Der auf den Namen Leonardo getaufte Junge wächst bei seinen Großeltern auf.

1454
In Mainz konstruiert der Goldschmied Johannes Gutenberg (um 1400–1468) eine Druckerpresse mit beweglichen, auswechselbaren Lettern. Dank des modernen Buchdrucks breitet sich der Humanismus, das Bildungsideal der Renaissance, rasant aus: Um 1500 sind wahrscheinlich bereits rund 40 000 Buchtitel mit einer Gesamtauflage von acht Millionen Exemplaren gedruckt, darunter zahlreiche griechische und römische Klassiker.

1462
Mit finanzieller Unterstützung der Medici begründet Marsilio Ficino (1433–1499), Übersetzer antiker Schriften, in Florenz die „Platonische Akademie“. Zwar sehen sich deren Mitglieder in der Tradition der 387 v. Chr. von Platon gegründeten Philosophenschule in Athen. Doch ist die Florentiner Akademie kein Lehrinstitut, sondern ein Gesprächskreis bedeutender Philosophen wie Giovanni Pico della Mirandola (1463–1494), der alle philosophischen Traditionen zu einem System zu vereinen trachtet.

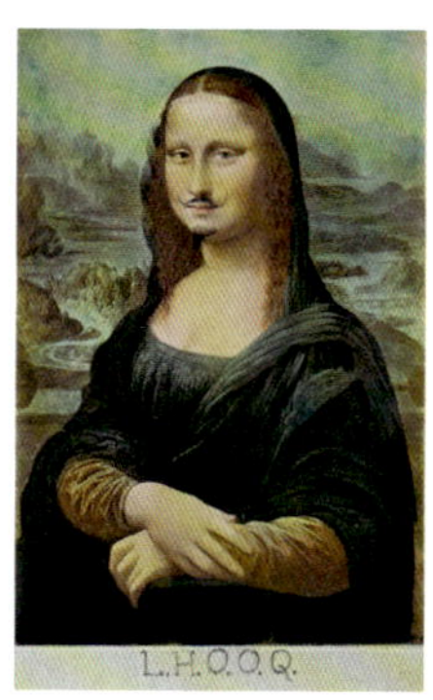

Marcel Duchamps **L.H.O.O.Q.** gibt Mona Lisa *1919* einen Bart – und spielt damit auf die homosexuelle Neigung des Malers an

1464
Cosimo de' Medici (geboren 1389) stirbt. Der Bankier ist in den 1430er Jahren durch sein Vermögen, eine vorteilhafte Heirat und großzügige Geldgeschenke zum mächtigsten Mann in Florenz geworden und hat so den Grundstein für die Jahrzehnte währende Vorherrschaft der Medici in der Stadt gelegt. Wie später sein Enkel Lorenzo (1449–1492, genannt „der Prächtige“), der die Stadt ab 1469 dominiert, übte Cosimo seine Macht ohne ein offizielles Amt aus. Die Förderung von Künstlern und Gelehrten durch die Medici untermauert die Stellung von Florenz als Zentrum der Renaissance. Humanistische Philosophen und Dichter lehren und studieren unter dem Patronat der Familie. Sie greifen philosophische Theorien der Antike auf, vor allem von Platon und Cicero. War das Leben des mittelalterlichen Menschen noch auf das Jenseits ausgerichtet und diente seine künstlerische Entfaltung vor allem der Ehre Gottes, so entwickeln die Humanisten nun das Ideal des zu freiem Denken fähigen, umfassend gebildeten, vielseitig interessierten und schöpferischen Menschen.

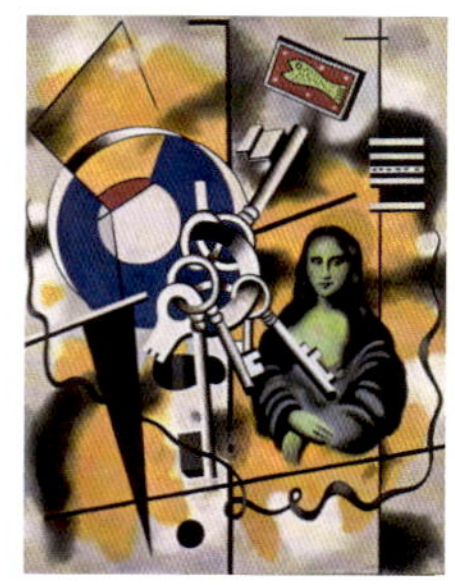

Zum beliebigen Versatzstück wird die Ikone *1930* in **MONA LISA MIT SCHLÜSSELN** von Fernand Léger

UM 1468
Leonardo da Vinci tritt eine Lehre in der Werkstatt des Florentiner Malers und Bildhauers Andrea del Verrocchio an.

1469
Niccolò Machiavelli, der spätere Diplomat und politische Theoretiker, wird in Florenz geboren. Er

studiert Jura und übernimmt 1498 als Staatssekretär Verantwortung für die Außen- und Verteidigungspolitik seiner Heimatstadt. Bei diplomatischen Besuchen an europäischen Fürstenhöfen beobachtet er die politische Taktik der Herrscher; den größten Eindruck hinterlässt ein Italiener: Cesare Borgia. Vor allem ihn nimmt er zum Vorbild für sein Hauptwerk „Il Principe" („Der Fürst"). In dieser 1532 erschienenen Schrift entwirft er das Ideal eines Fürsten, der im Interesse des Machterhalts auch ethische Normen verletzen muss: „Es darf sich ein Fürst um den Namen des Grausamen nicht kümmern, wenn er seine Untertanen einig und treu erhalten will."

1471
Francesco della Rovere wird zum Papst gewählt. Als Sixtus IV. lässt er die Sixtinische Kapelle bauen und gründet die Vatikanische Bibliothek, eine der wichtigsten Bildungseinrichtungen der Humanisten.

UM 1472
Leonardos Name findet sich erstmals in den Listen der Sankt-Lukas-Gilde, der Malervereinigung von Florenz. Doch der Künstler arbeitet noch für einige Jahre als Geselle in Verrocchios Werkstatt. In dieser Zeit entstehen erste Gemälde von Leonardos Hand,

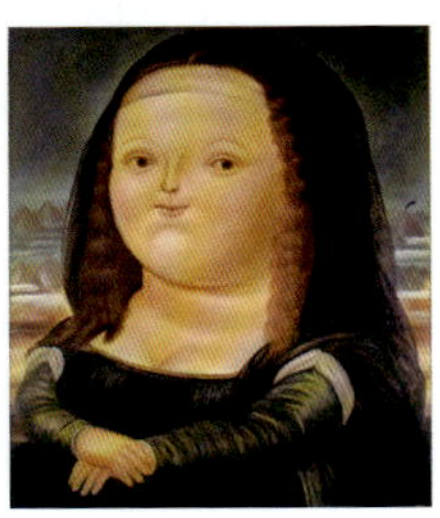

Unförmig wirkt die **MONA LISA, IM ALTER VON 12 JAHREN** des Kolumbianers Fernando Botero *(1977)*

etwa das Bildnis der Ginevra de' Benci (um 1475).

1475
Michelangelo Buonarroti kommt im toskanischen Caprese zur Welt. Der spätere Künstler, der den größeren Teil seiner Schaffenszeit in Rom verbringen wird, vereint in seinen Arbeiten die Ideale der Antike mit dem zeitgenössischen Menschenbild und wird durch die Perfektion seiner Schöpfungen zum bewunderten Universalkünstler.

1478
Am 26. April, während der Sonntagsmesse, verübt eine Gruppe von Attentätern, darunter Angehörige der mächtigen Bankiersfamilie Pazzi, einen Mordanschlag auf zwei Mitglieder der Familie Medici, Giuliano und Lorenzo, um die (informelle) Herrschaft des Clans zu beenden. Während Giuliano stirbt, überlebt Lorenzo das von Papst Sixtus IV. gebilligte Komplott. Er lässt die meisten der Verschwörer hinrichten, darunter auch einen Erzbischof. Daraufhin erklärt der Papst mit Unterstützung des Königs von Neapel Florenz den Krieg. Beendet wird der Konflikt erst, als es Lorenzo 1480 gelingt, mit Neapel einen Friedensvertrag auszuhandeln.

Leonardo da Vinci wird einen der hingerichteten Attentäter – der an einem Fensterkreuz des Rathauses gehängt wurde – zeichnen.

UM 1482
Leonardo verlässt Florenz und geht nach Mailand. Dort arbeitet er vor allem unter dem Patronat des Herrschers Ludovico Sforza.

Wohl als Geschenk Lorenzo de' Medicis für einen Verwandten entsteht mit dem Gemälde „Frühling" eines der bekanntes-

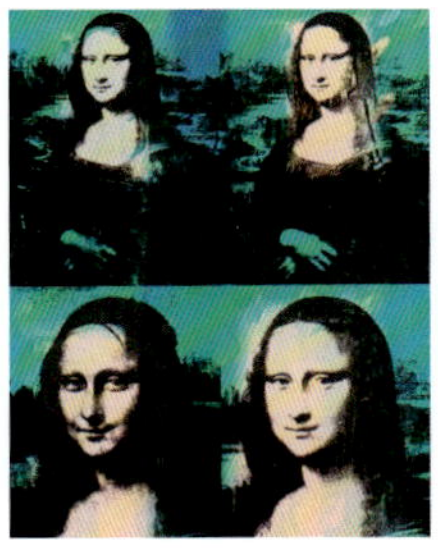

Andy Warhols Pop-Art **FOUR MONA LISAS** *(1978)* stellt die Einzigartigkeit des Kunstwerks infrage

ten Werke Sandro Botticellis. Ganz im Geiste der Renaissance greift der Florentiner Künstler hier Motive aus der antiken Mythologie auf. Zugleich dient das Gemälde wohl der subtilen Verherrlichung der Medici-Herrschaft über Florenz, die Botticelli symbolisch als Zeit der Blüte, der Schönheit und des Wachsens darstellt.

1483
Raffaello Santi, später Maler und Baumeister, wird in Urbino geboren. 1504 geht er nach Florenz, wo er Werke von Michelangelo und Leonardo studiert. So lernt er etwa von Leonardo die anatomisch korrekte Darstellung von menschlichen Bewegungen. Auch später orientiert sich Raffael immer wieder an den Arbeiten anderer Künstler und zitiert deren Bildelemente in seinen eigenen Werken. 1508 geht er nach Rom, wo er bis 1517 an Fresken für die neuen päpstlichen Gemächer arbeitet. 1515 wird er zum Bauleiter am Petersdom berufen.

UM 1485
Sandro Botticelli vollendet sein Gemälde „Die Geburt der Venus", die erste Darstellung einer unbekleideten Frau seit der Antike, die nicht der christlichen Überlieferung entspringt. Großformatige Allegorien wie diese zeugen davon, wie die antike Mythologie zu einem eigenständigen Thema der Kunst wird.

UM 1488
In Mailand beginnt Leonardo mit Entwürfen für ein überdimensionales Reiterstandbild aus Bronze, das den Vater des mailändischen Herrschers Ludovico Sforza zeigen soll. Doch das ehrgeizige Projekt scheitert: Wohl aufgrund von Schwierigkeiten mit dem Bronzeguss fertigt Leonardo lediglich ein Tonmodell der Statue an.

1490
Lorenzo de' Medici lädt den Mönch Girolamo Savonarola (1452–1498) an das Dominikanerkonvent San Marco ein, das Hauskloster der Medici. Der Geistliche

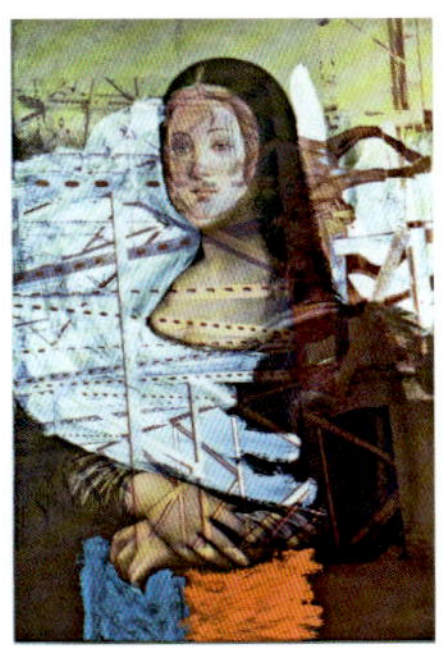

PNEUMONIA LISA: Robert Rauschenberg lässt das Gemälde zum Teil einer Collage werden *(1982, Ausschnitt)*

hat sich zuvor bereits in ganz Italien einen Namen als Bußprediger gemacht. Auch in Florenz ruft Savonarola, der sich zunehmend als von Gott berufenen Propheten sieht, in seinen Ansprachen zur moralischen Umkehr auf, der vor allem der luxuriöse, sündenhafte Lebenswandel der Reichen und Mächtigen im Wege stehe.

1492
Leonardo erhält von Ludovico Sforza den Auftrag, eine Wand

Werkverzeichnis

Leonardo und die FRAUEN

Dr. Kia Vahland, Autorin mehrerer Texte in diesem Heft, ist die Verfasserin einer neuen und hochgelobten Biografie über das Jahrtausendgenie

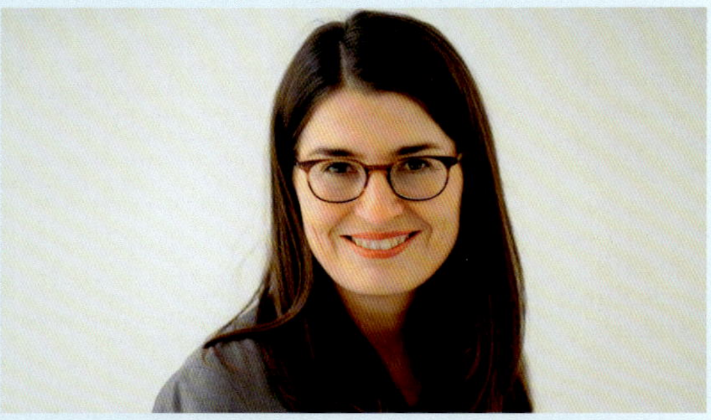

Kia Vahland hat schon viele Künstler für GEO*EPOCHE* EDITION porträtiert. Das vorliegende Heft nun führte die Kunsthistorikerin zu ihrem ausgewiesenen Spezialgebiet zurück, der italienischen Renaissance – und zu Leonardo.

Dem Mann aus Vinci ist die mehrfach ausgezeichnete Redakteurin der „Süddeutschen Zeitung" auf einem Umweg nahe gekommen: In ihrer Doktorarbeit über den venezianischen Maler Sebastiano del Piombo stieß sie immer wieder darauf, wie tiefgreifend Leonardos Einfluss auf das Kunstverständnis der Renaissance war. Denn er veränderte die Beziehung von Bild und Betrachter grundsätzlich: Sie wurde innig, es gibt in seinen Werken einen Dialog zwischen dargestellter Figur und Publikum, und das brachte die Malerei in Bewegung. Die gemalten Personen scheinen echte, beseelte Gegenüber ihrer Besucher zu sein.

Vor allem seinen weiblichen Modellen widmete Leonardo besondere Aufmerksamkeit – und erfand ein neues Bild der Frau, die in der Kunst nun ein Wesen mit komplexer Persönlichkeit sein konnte, eigenwillig, zugewandt, schön und intelligent. Aus dieser Erkenntnis erwuchs Kia Vahlands Buch: „Leonardo da Vinci und die Frauen". Die Künstlerbiografie, gerade im Insel-Verlag erschienen, erzählt auf Grundlage historischer Quellen das Leben und malerische Œuvre des Universalgenies derart anschaulich, dass es schon kurz nach seiner Veröffentlichung zu einem der besten Sachbücher des Jahres erklärt wurde.

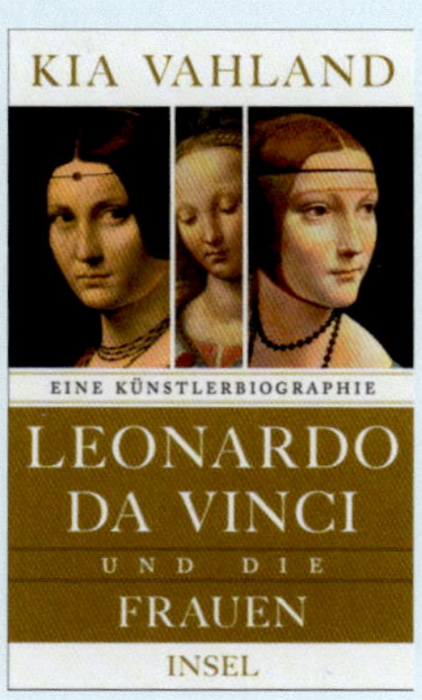

des Klosters von Santa Maria della Grazie mit einer biblischen Szene zu versehen, dem „Abendmahl". Da Vinci malt das Bild nicht als Fresko – also auf den frischen Putz einer Wand –, sondern er legt über den trockenen Putz eine Grundierung aus Leim und Kreide und malt darauf mit verschiedenen Mischungen aus Tempera und wohl auch Öl.

1494
Um angebliche Erbansprüche auf das Königreich Neapel geltend zu machen, fällt König Karl VIII. von Frankreich in Italien ein und bedroht auch Florenz. Als Piero de' Medici (1471–1503), Sohn des 1492 verstorbenen Lorenzo, den Franzosen die Stadttore öffnet, zwingen die aufgebrachten Florentiner die Medici ins Exil. Jetzt stellt sich Girolamo Savonarola an die Spitze der Stadtrepublik und errichtet einen theokratisch-republikanischen Staat.

1498
In Florenz sterben Savonarola und zwei seiner Mitstreiter am Galgen. In den Monaten zuvor hat der Bußprediger stark an Rückhalt in der Bevölkerung verloren – unter anderem deshalb, weil sich mehrere seiner Prophezeiungen nicht erfüllt hatten.

1500
Leonardo da Vinci zieht vorübergehend wieder nach Florenz.

1502
Da Vinci tritt in die Dienste Cesare Borgias. Für einige Monate begleitet er den Söldnerführer als Militäringenieur auf dessen Kriegszügen in Mittelitalien.

1503
Leonardo kehrt zurück nach Florenz. Dort beginnt er schon bald mit der Arbeit an seinem berühmtesten Gemälde, der

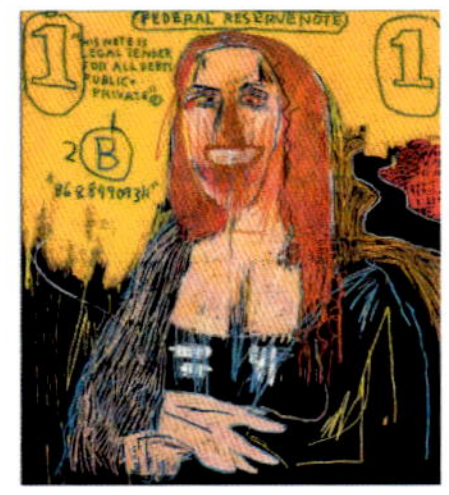

Zerstörte Schönheit, aber immer noch erkennbar: Jean-Michel Basquiats **MONA LISA** von *1983*

„Mona Lisa". Vollenden wird der Künstler dieses Porträt einer Kaufmannsgattin jedoch erst mehr als ein Jahrzehnt später.

1503
Giuliano della Rovere, Neffe von Papst Sixtus IV., wird zum Heiligen Vater gewählt und nennt sich Julius II. Seine Politik versucht den Anschluss an die einstige Größe des Römischen Reiches: militärisch, politisch und kulturell. Er kämpft für die päpstliche Herrschaft im Kirchenstaat, macht den Vatikan mit Hilfe von Künstlern wie Raffael und Michelangelo zum Zentrum der Renaissancekunst und führt jahrelang Krieg gegen die Franzosen in Italien.

Der Rat von Florenz gibt bei Leonardo ein großes Fresko in Auftrag, das die Anghiari-Schlacht zeigen soll, ein Gefecht zwischen Florenz und Mailand im Jahr 1440. Doch 1506 stellt Leonardo die Arbeit an dem Gemälde ein, wohl ohne größere Teile davon erschaffen zu haben.

1504
Vor dem Florentiner Rathaus wird eine monumentale Marmorstatue aufgestellt, die Michelangelo Buonarroti erschaffen hat. Das mehr als fünf Meter hohe Werk zeigt den biblischen König David als jungen Hirten, der sich anschickt, seinen Gegner Goliath zu besiegen. Dieses Bild von Mut und Stärke soll, so die Vorstellung der Stadtväter, den republikanischen Freiheitsgeist verkörpern und den Bewohnern der toskanischen Metropole Zuversicht einflößen.

1506
Der Grundstein des neuen Petersdoms, des wichtigsten Projekts von Julius II., wird gelegt. Der Neubau soll ein Denkmal der Macht des Papstes und insbesondere Julius II. werden, dem die spätantike Basilika, in der er seine Messen hält, nicht mehr zeitgemäß erscheint. Die Entwürfe liefert der Maler und Architekt Bramante (um 1444–1514). Nach dessen Tod übernehmen verschiedene Künstler, darunter Raffael, die Leitung, doch die Fertigstellung verzögert sich, und es kommt immer wieder zu Änderungen des Bauplans. Erst unter Michelangelo, der auch die Kuppel entwirft, gibt es wieder größere Fortschritte. Dennoch dauert es noch etwa 80 Jahre, bis der Neubau am 18. November 1626 geweiht wird.

Auf Einladung der dort nun herrschenden Franzosen geht Leonardo erneut nach Mailand und arbeitet unter anderem als Hofmaler und als Organisator von Festen.

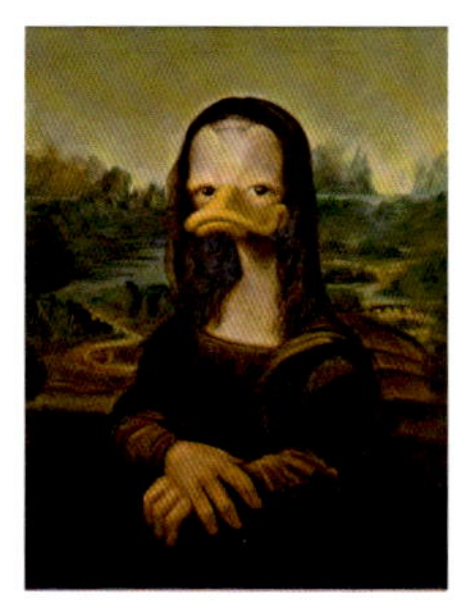

MONA LISA als Bewohnerin von Entenhausen: Gemälde von interDuck, *um 1985*

1512
Die Medici erobern Florenz mit Hilfe eines spanischen Heeres zurück. Sie werden nun – mit einer Unterbrechung zwischen 1527 und 1530 – bis 1737 Alleinherrscher der Stadt, ab 1532 als Herzöge von Florenz und ab 1569 als Großherzöge der Toskana.

1513
Giovanni de' Medici, (1475–1521), ein weiterer Sohn Lorenzos, besteigt als Leo X. den Thron Petri. Er forciert den Verkauf von Ablassbriefen, um den Weiterbau des Petersdoms zu finanzieren. In ganz Europa erwerben

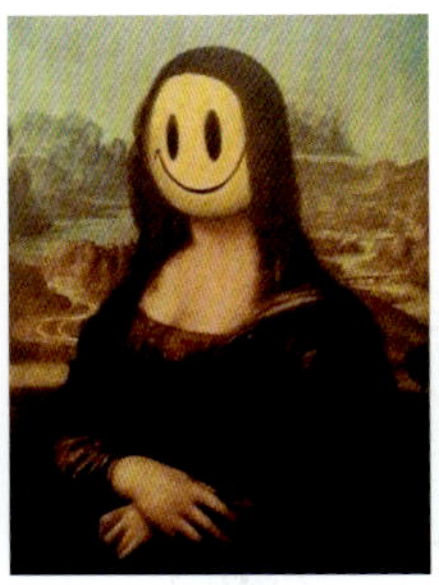

Der Street-Art-Künstler Banksy schmuggelt *2004* **MONA LISA SMILE** in den Louvre

Tausende Menschen solche Papiere – in dem Glauben, sich von der göttlichen Strafe für begangene Sünden freizukaufen.

Giuliano, der jüngere Bruder des Papstes, beruft Leonardo da Vinci nach Rom und stellt ihm eine Villa im Vatikan zur Verfügung.

1516
Nach dem Tod seines Förderers Giuliano de' Medici nimmt Leonardo ein Angebot des französischen Königs Franz I. an und bezieht ein Schlösschen bei Amboise an der Loire. Dort wird er die letzten Jahre seines Lebens verbringen, in denen er jedoch – wohl aufgrund gesundheitlicher Probleme – kaum noch malt.

1517
Der ausufernde Ablasshandel veranlasst den Augustinermönch Martin Luther in Wittenberg zu seinen 95 Thesen gegen die kirchlichen Missstände. Damit leitet er die Reformation ein, welche die westliche Christenheit in Protestanten und Katholiken spalten wird.

1518
Am 19. März wird in der Frari-Kirche in Venedig das Gemälde „Himmelfahrt Mariens" enthüllt. Sein Schöpfer, der Maler Tizian (um 1490–1576), verbindet die Traditionen seines Lehrers Giovanni Bellini mit neuen, eigenen Elementen: Seine Gemälde sind farbenfroh wie die Bellinis, doch ist der Bildaufbau dynamischer. Mit ihm erreicht die venezianische Malerei der Renaissance ihren Höhepunkt.

1519
Leonardo da Vinci stirbt am 2. Mai mit 67 Jahren in Amboise. Einige seiner bekanntesten Gemälde, darunter die „Mona Lisa", gelangen in den Besitz des französischen Königs.

1520
Der zu den erfolgreichsten Künstlern der Hochrenaissance zählende Raffael stirbt in Rom. Seine letzten Werke, insbesondere die Fresken der Stanza dell' Incendio (1514–1517) im Vatikan und das Ölgemälde „Die Verklärung Christi" (ca. 1518–1520), zeugen von einer Neuausrichtung des Renaissancestils und stellen den Ausgangspunkt des Manierismus dar, des populärsten Stils der Spätrenaissance.

UM 1525–1560
In ganz Europa verschärfen sich die

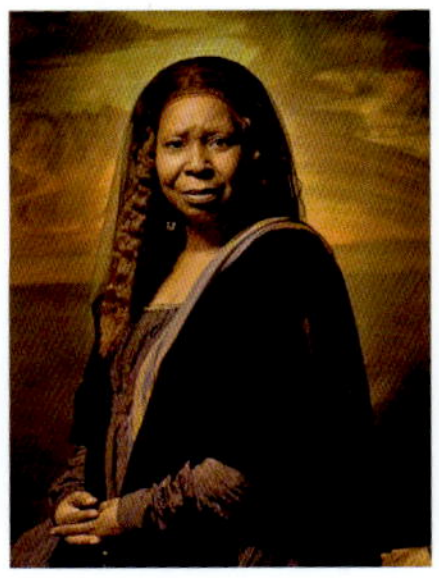

Für eine Werbekampagne posiert Hollywoodstar Whoopi Goldberg *2009* als **WHOOPI MONA LISA**

Gegensätze zwischen Katholiken und Protestanten: Das Zeitalter der Glaubenskämpfe bricht an. In Italien streiten französische, spanische und deutsche Truppen um die Vorherrschaft auf dem Kontinent.

Viele Künstler wenden sich jetzt vom Harmoniestreben der Hochrenaissance ab und entwickeln neue Formensprachen. Der dominante Stil ist nun der Manierismus: Maler konstruieren in ihren Werken eine verzerrte, fantastische, oft nahezu surreale Wirklichkeit – so stellen sie menschliche Körper beispielsweise verdreht und Raumfluchten zu lang dar.

1525
In der Schlacht von Pavia besiegt der römisch-deutsche Kaiser und spanische König Karl V. mit Unterstützung von Papst Clemens VII. (1523–1534) den französischen König Franz I. im Kampf um die Vorherrschaft in Italien. Mailand fällt an die spanische Krone. Doch gelingt es Franz noch im Jahr darauf, Venedig, Florenz und des Kaisers ehemaligen Bundesgenossen Clemens VII. für ein Offensivbündnis gegen Karl V. zu gewinnen. Es kommt erneut zum Krieg.

1527
Nachdem sich Papst Clemens VII. gegen Karl V. gestellt hat, ziehen dessen Landsknechte nach Rom. Weil sie seit Längerem keinen Sold mehr bekommen haben, plündern sie die Ewige Stadt, foltern und töten Tausende Bewohner („Sacco di Roma"). Der Papst flüchtet in die Engelsburg, wo er ein halbes Jahr ausharren muss.

1541
In der Sixtinischen Kapelle im Vatikan vollendet Michelangelo sein „Jüngstes Gericht", an dem er sechs Jahre gearbeitet hat. Bereits in den Jahren 1508–1512 hat der geniale Künstler die gewaltigen Deckenfresken des Saales gestaltet. Das Bildprogramm der Sixtinischen Kapelle ist nun komplett und wird nicht mehr verändert.

1550
Die „Lebensbeschreibungen" des Malers und Architekten Giorgio Vasari (1511–1574) erscheinen in Florenz. Eine zweite, stark erweitere Auflage folgt 1568 und dient noch heute als

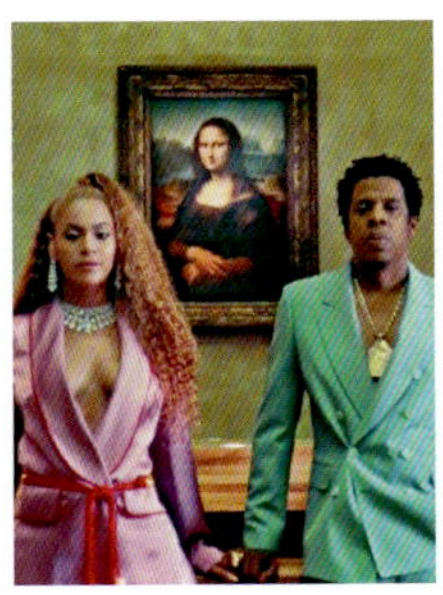

Aneignung durch Hip-Hop-Künstler: Beyoncé und Jay-Z drehten das Video **APESHIT** *2018* im Louvre

wichtige Quelle für die Kunstgeschichte. Darin stellt Vasari die bekanntesten Künstler der italienischen Renaissance vor, darunter Raffael, Michelangelo – und Leonardo da Vinci. ⬢

Fotovermerk nach Seiten
Anordnung im Layout: l. = links, r. = rechts, o. = oben, m. = Mitte, u. = unten

Titel: Czartoryski Museum, Krakau/Bridgeman Art Library
Titel Innenseite: Uffizien, Florenz/Scala Archives
Editorial: Katrin Trautner für GEO*EPOCHE*: 3 l. m.; Alessandra Schellnegger: 3 m. u.
Inhalt: Museo Storico Topografico di Firenze com'era/akg-images: 4 o.; Gallerie dell' Accademia, Venedig/Bridgeman Art Library: 4 l. m.; Louvre, Paris/bpk-images: 4 r. m.; Uffizien, Florenz/bpk-images: 4 r. u.; Royal Collection Trust, Windsor Castle/Bridgeman Art Library: 5 o.; Uffizien, Florenz/Scala Archives: 5 m.; Christie's Images/Bridgeman Art Library: 5 u.
Aufstieg eines Außenseiters: Royal Collection Trust, Windsor Castle/Bridgeman Art Library: 7; Museo Nazionale del Bargello, Florenz/Bridgeman Art Library: 8; Uffizien, Florenz/Alinari Archives/bpk-images: 9; Uffizien, Florenz/Bridgeman Art Library: 10; Uffizien, Florenz/akg-images: 12 o.; Biblioteca Trivulziana, Mailand/Bridgeman Art Library: 12 l. u.; Kunsthistorisches Museum, Wien/Luisa Ricciarini/Bridgeman Art Library: 12 m. u.; Schloss Miramare, Triest/Mondadori/Getty Images: 12 r. u.; Privatsammlung/akg-images: 13 l. o.; Louvre, Paris/akg-images: 13 r. o., 17; Metropolitan Museum, New York/Alamy/mauritius images: 13 l. m.; Palazzo Medici-Riccardi, Florenz/Bridgeman Art Library: 13 r. m.; Musée national du Château Fontainebleau/akg-images: 13 u.; Musée Bonnat, Bayonne/Bridgeman Art Library: 14; Royal Collection Trust, Windsor Castle/akg-images: 15, 16; Stanza della Segnatura, Vatikan/Scala Archives/bpk-images: 18/19; Royal Collection Trust, Windsor Castle/Alamy: 20
Im Zentrum einer neuen Kunst: Cappella Sistina, Vatikan/Scala Archives: 22/23; Uffizien, Florenz/akg-images: 23; Alamy: 24; National Gallery, London/akg-images: 25; Museo Storico Topografico di Firenze com'era/akg-images: 26/27; Tim Wehrmann für GEO*EPOCHE*: 28; Gemäldegalerie Berlin/bpk-images: 29; Uffizien, Florenz/Scala Archives: 30/31, 36/37; Santa Trinita, Florenz/akg-images: 33 o.; Ospedale degli Innocenti, Florenz/Bridgeman Art Library: 33 u.; Duomo San Zeno, Pistoia/akg-images: 34; National Gallery of Art, Washington/akg-images: 35
Der Maler der Seele: Louvre, Paris/bpk-images: 39, 55; Uffizien, Florenz/Scala Archives: 40/41, 60/61; Alte Pinakothek, München/Bayerische Staatsgemäldesammlung/bpk-images: 42, 57; Eremitage, St. Petersburg/Scala Archives/bpk-images: 43; National Gallery of Art, Washington/akg-images: 44; National Gallery of Art, Washington/Getty Images: 45; Uffizien, Florenz/Scala Archives/bpk-images: 46, 46/47; Louvre, Paris/akg-images: 48; National Gallery, London: 49; Czartoryski Museum, Krakau/Bridgeman Art Library: 50; Louvre, Paris/Bridgeman Art Library: 51, 65; Santuario di Santa Maria delle Grazie, Mailand/Scala Archives/bpk-images: 52/53; British Museum, London/bpk-images: 58 (2); National Gallery, London/Bridgeman Art Library: 59 o.; Royal Collection Trust, Windsor Castle/Bridgeman Art Library: 59 u.; Louvre, Paris/bpk-images: 62; Prado, Madrid/akg-images: 66 l. o.; Louvre, Paris/akg-images: 66 r. o.; Museumslandschaft Hessen Kassel/Alamy/mauritius images: 66 l. u.; Privatsammlung/Getty Images: 66 r. u.
Das Zeitalter der Genies: Uffizien, Florenz/bpk-images: 70/71, 80 o.; Privatsammlung: 72 l.; Uffizien, Florenz/Scala Archives: 72, 73, 77 r.; Palazzo Medici-Riccardi, Florenz/akg-images: 74 l.; Palazzo Medici-Riccardi, Florenz/Scala Archives: 74/75; Privatsammlung/akg-images: 76/77; Pinacoteca di Brera, Mailand/Scala Archives: 78/79; Kupferstichkabinett, Berlin/akg-images: 78 l. u.; Statens Museum for Kunst, Kopenhagen/akg-images: 78 r. u.; Metropolitan Museum, New York/Alamy/mauritius images: 80 u.; Cappella Sistina, Vatikan/Bridgeman Art Library: 81; Gemäldegalerie, Berlin/bpk-images: 82 l.; Palazzo Ducale, Mantua/Scala Archives/bpk-images: 82/83; Gemäldegalerie Alte Meister, Dresden/bpk-images: 84/85; Herzog Anton Ulrich-Museum, Braunschweig/akg-images: 85; Uffizien, Florenz/akg-images: 86 l.; Stanza della Segnatura, Vatikan/Scala Archives/bpk-images: 86/87
Forscher und Fantast: Gallerie dell' Accademia, Venedig/Bridgeman Art Library: 89, 94; Royal Collection Trust, Windsor Castle/akg-images: 90; Museum der Schönen Künste, Budapest/Alinari Archives/bpk-images: 91 l.; Museum der Schönen Künste, Budapest/Alinari Archives/Getty Images: 91 r.; Gallerie dell' Accademia, Venedig/bpk-images: 92; Britisch Museum, London/bpk-images: 93; Klassik Stiftung Weimar/bpk-images: 95; Royal Collection Trust, Windsor Castle/Bridgeman Art Library: 96–103, 108 u., 113 u., 115, 119, 120; Veneranda Biblioteca Ambrosiana, Mailand/Bridgeman Art Library: 104/105, 108 o., 109, 110/111; Biblioteca Nacional, Madrid/Bridgeman Art Library: 106; Biblioteca Nacional, Madrid/akg-images: 107 (2); Institut de France, Paris/Bridgeman Art Library: 111; Institut de France, Paris/Gérard Blot/RMN-Grand Palais: 112; Royal Collection Trust, Windsor Castle: 113 o.; Musei Reali di Torino, Turin/Bridgeman Art Library: 114; Institut de France, Paris/René-Gabriel Ojéda/RMN-Grand Palais: 116/117
Leonardo Superstar: Dianne Modestini/2011 Salvator Mundi LLC: 122; Christie's Images/Bridgeman Art Library: 123; Victoria & Albert Museum, London: 124 l.; Privatsammlung: 124 r.; Biblioteca Reale Torino, Turin: 125 l.; Louvre, Paris: 125 r.
Leonardo da Vinci und seine Zeit: Eremitage, St. Petersburg/Fine Art Images: 126 l. o.; Bridgeman Art Library: 126 m. u.; Musée National Fernand Léger, Biot/VG-Bildkunst, Bonn 2019/bpk-images: 126 r. o.; Museo Botero, Bogota/ VG-Bildkunst, Bonn 2019/Bridgeman Art Library: 127 l. u.; Art Institute of Chicago/Artists Rights Society, New York/bpk-images: 127 m. o.; Privatsammlung/VG-Bildkunst, Bonn 2019/akg-images: 127 r. m.; Alessandra Schellnegger/Insel Verlag: 128 l.; Collection Ambrous T. Young/VG-Bildkunst, Bonn 2019: 128 m. o.; interDuck GmbH/obs-news aktuell: 128 r. u.; Banksy: 129 l. m.; Bizarre Magazine/Timothy White: 129 m. o.; Planet Photos: 129 r. u.
Vorschau: National Gallery of Scotland, Edinburgh/akg-images: 130/131

Die **Bildbeschreibungen** zu »Madonna mit der Nelke« (S. 57), »Verkündigung« (S. 60) und »Belle Ferronière« (S. 65) sind zum Teil entnommen aus: Kia Vahland, „Leonardo da Vinci und die Frauen – Eine Künstlerbiographie". Berlin, Insel Verlag 2019. ISBN: 978-3-458-17787-6. Copyright © Insel Verlag 2019.

VORSCHAU

REMBRA

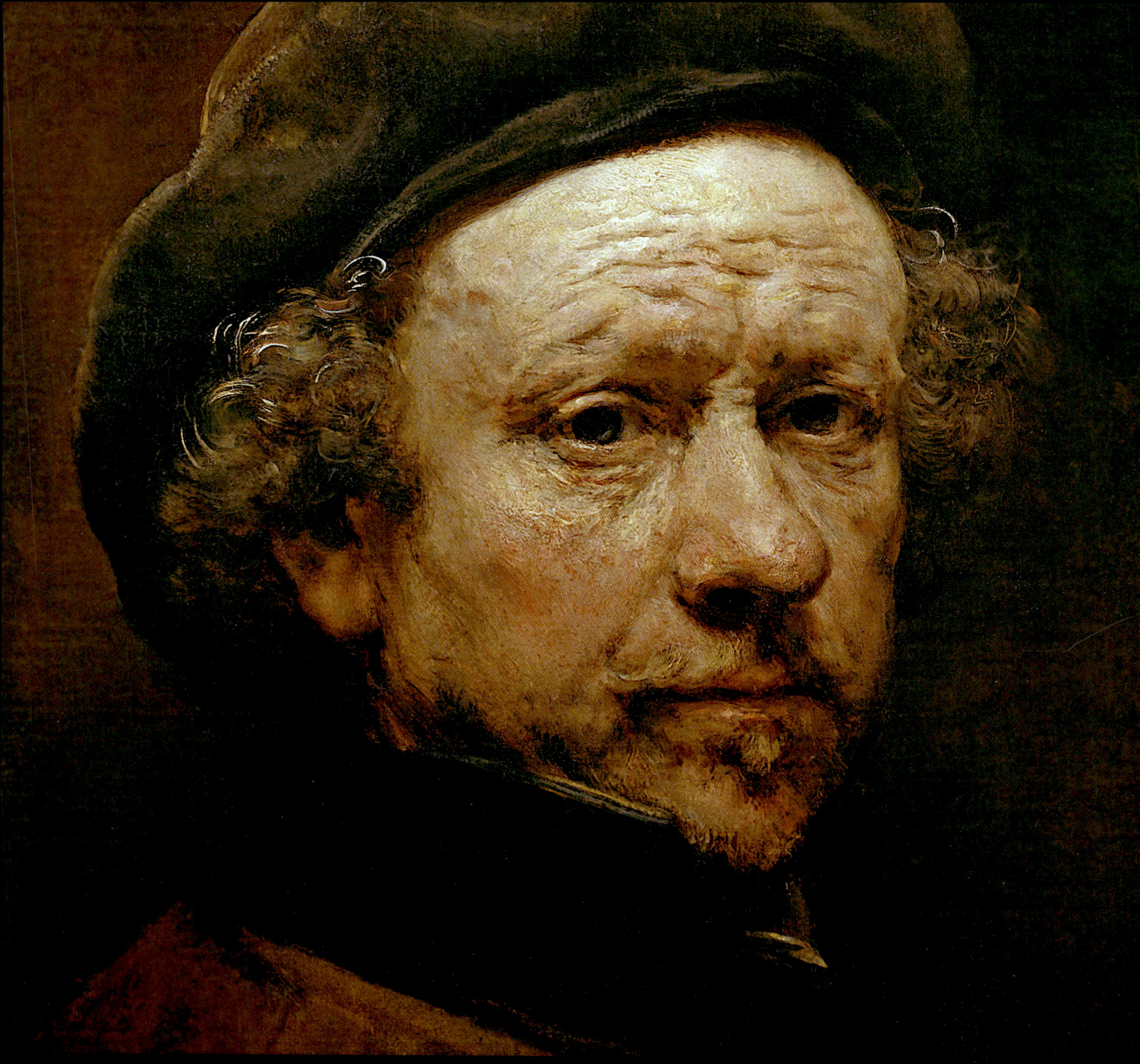

Je älter er wird, desto schonungsloser blickt Rembrandt auf die eigene Physiognomie, die aufgedunsene Haut, das ergrauende Haar. Dieses **»SELBSTPORTRÄT«** von 1657 zeigt den Maler im Alter von 51 Jahren – und in einer Zeit größter wirtschaftlicher Not